LE DROIT DE L'ENVIRONNEMENT DES ÉTATS DE LA CEMAC

Le cas du Tchad

Collection « Études africaines »

dirigée par Denis Pryen et son équipe

Forte de plus de mille titres publiés à ce jour, la collection « Études africaines » fait peau neuve. Elle présentera toujours les essais généraux qui ont fait son succès, mais se déclinera désormais également par séries thématiques : droit, économie, politique, sociologie, etc.

Dernières parutions

Nico Shambouy MUAMBI, *L'impact de la décentralisation sur les municipalités en Afrique. Stratégies de développement local à Klouékanmè (Bénin)*, 2022.

Joseph ZIDI, *Histoire et usages du nom Kongo, Essai d'interprétation onomastique*, 2022.

Mohamed Ousmane KEITA, *Le Mali : l'État inachevé*, 2022.

Dominique OBA et Hilaire Kevin NZOUSSI, *Histoire de la République du Congo de 1958 à 2017*, 2022.

Saliou dit Baba DIALLO, *Vieillir en migration. Le cas des Soninké,* 2022.

Jean-Luc MOUTHOU, Hilarion Bagel MIZHAIRE, *Pointe-Noire, Dynamique spatiale et équipements urbains au Congo*, 2022.

Benjamin N. LAWRANCE*, Les Éwé sous le joug français. Le colonialisme périurbain au Togo (1900-1960)*, 2022.

Justo BOLEKIA BOLEKA, *Repenser la francophonie en Afrique*, 2022.

Zacharie BAENDA FIMBO, *Diplomaties africaines et crises politiques congolaises, De Nelson Mandela au Clergé catholique national*, 2022.

Yves-Junior Manzanza Lumingu, Bill Augustin Mikambu Lutondo et Placide Ponzo B. Kabamba (dir.), *Intellectuels et responsabilité sociale, Mélanges en l'honneur du Professeur Ignace Matensi Takikangu*, 2022

Aliyou Sali
Djamto Galy

LE DROIT DE L'ENVIRONNEMENT DES ÉTATS DE LA CEMAC

Le cas du Tchad

Préface de Célestin SIETCHOUA DJUITCHOKO

Postface de HINDOU OUMAROU IBRAHIM

L'Harmattan

5-7, rue de l'École-Polytechnique, 75005 Paris

http://www.editions-harmattan.fr

ISBN : 978-2-14-027457-2
EAN : 9782140274572

DÉDICACE

À la jeunesse tchadienne et tous ces défenseurs des droits humains ainsi que divers autres acteurs qui, bon an mal an, contribuent à la réalisation des Objectifs de développement durable (ODD) au pays de Toumaï.

REMERCIEMENTS

Nous exprimons notre profonde gratitude aux Professeurs Célestin SIETCHOUA DJUITCHOKO et Édouard GNIMPIEBA TONNANG qui servent de repères à nos pas sur le sentier combien exaltant de la science juridique.

Aux Docteurs AZANGUE NGOUADJIO Josiane Ivette, MENZEPO Ange Joachim, TSAGMO TAMEKO Emmanuel, UMARU Hassan BUBA et MONGBAT Alassa pour leurs amitiés et soutien habituels.

À Madame SADATOU Abdou épouse ALIYOU pour sa compagnie quotidienne et ses encouragements sans cesse.

À la famille GALY, et singulièrement à notre père GALY OUAZIRE, à notre mère MAPAH GOU et à notre grand frère LIPELBA GALY pour leur immense contribution à notre devenir.

Aux Cabinets d'Avocats MOUNE KOUDANBE, GOUARA et DAINONET Consulting & Partner qui, à la faveur de leurs efforts conjugués, nous montrent le chemin.

Au demeurant, nous adressons nos humbles remerciements à tous ceux qui, innommés ici, ont participé de quelque manière que ce soit au rehaussement de la qualité de l'ouvrage.

TABLE DES SIGLES ET ABRÉVIATIONS

ABN	Autorité du Bassin du Niger
ADEDIT	Association pour la défense de l'environnement et le développement intégré au Tchad
ADER	Agence de Développement des Énergies Renouvelables
ADHET	Alliance des Défenseurs des droits humains et de l'environnement au Tchad
AEDE	Agence pour l'Énergie Domestique et l'Environnement
AFPAT	Association des Femmes Peuhls Autochtones du Tchad
AIHJA	Association Internationale des Hautes Juridictions Administratives
ANADER	Agence Nationale de Développement Rural
ANAM	Agence Nationale de la Météorologie
ARMP	Autorité de Régulation des Marchés Publics
ATPDH	Association Tchadienne pour la Promotion et la Défense des Droits de l'Homme
ATPGA	Association tchadienne pour la promotion de la gomme arabique
ATVPE	Association Tchadienne des Volontaires pour la Protection de l'Environnement
AUEp	Association des Usagers de l'Eau potable
CBLT	Commission du Bassin du Lac Tchad
CCIAMA	Chambre de commerce, d'industrie, d'agriculture, des mines et d'artisanat
CE	Conseil d'État
CEBEVIRHA	Commission Économique du Bétail, de la Viande et des Ressources Halieutiques

CECOQDA	Centre de Contrôle de Qualité des Denrées Alimentaires
CEFOD	Centre d'Étude et de Formation pour le Développement
CEMAC	Communauté économique et monétaire de l'Afrique centrale
CEN-SAD	Communauté des États sahélo-sahariens
CESCE	Conseil Économique, Social, Culturel et Environnemental
Cf.	*Confer*, qui renvoie à se reporter à telle source, tel document.
CIJ	Cour international de justice
CILDEB	Comité Interministériel de Lutte contre la Dégradation de l'Environnement et le Braconnage
CILSS	Comité inter-État de lutte contre la sécheresse au Sahel
CNDH	Commission Nationale des Droits de l'Homme
CNGE	Comité National de Gestion de l'Eau
CNIFD	Comité National d'Intégration de la Femme au Développement
CNT	Conseil National de Transition
CNT/POPs	Comité National Technique/Polluants Organiques Persistants
Coll.	Collection
CTD	Collectivité Territoriale Décentralisée
CTIE	Comité Technique Intersectoriel de l'Eau
dir.	Sous la direction de
éd.	Édition
EVS	Espace Vert du Sahel
FAO	Organisation des Nations Unies pour l'Alimentation et l'Agriculture
FEM	Fonds pour l'Environnement Mondial
FIR	Fonds d'intervention rural
FNE	Fonds National de l'Eau

FSE	Fonds Spécial en faveur de l'Environnement
GIEC	Groupe d'experts Intergouvernemental sur l'Évolution du Climat
HCNE	Haut Comité National pour l'Environnement
Ibidem	De la même source
ICPE	Installations Classées pour la Protection de l'Environnement
Idem	Ici même, au même endroit
IFDD	Institut de la Francophonie pour le développement durable
Infra	Ci-dessous
IRD	Institut de Recherche pour le Développement
ITRAD	Institut Tchadien de Recherche Agricole et de Développement
N°	Numéro
NEPAD	Nouveau Partenariat pour le Développement de l'Afrique
OCDE	Organisation de Coopération et de Développement Économiques
ODD	Objectifs de développement durable
OFT	Observatoire du Foncier au Tchad
ONASA	Office National de Sécurité Alimentaire
ONC	Office National des Céréales
ONG	Organisation Non Gouvernementale
ONU	Organisation des Nations Unies
op. cit.	Dans la source précitée
p./pp.	Page/Pages
PAM	Programme Alimentaire Mondial
PAN/LCD	Programme d'Action National de Lutte Contre la Désertification
PANA	Programme d'Action National d'Adaptation aux Changements Climatiques

PDAU	Plan Directeur d'Aménagement et d'Urbanisme
PDDAA	Programme Détaillé de Développement de l'Agriculture Africaine
PIDR	Plan d'Intervention pour le Développement Rural
PNAE	Plan National d'Action pour l'Environnement
PND	Plan National de Développement
PNE	Politique Nationale de l'Environnement
PNSA	Programme National de Sécurité Alimentaire
PNUE	Programme des Nations Unies pour l'environnement
PUD	Plan d'Urbanisme de Détail
PUR	Plan Urbain de Référence
PUF	Presses Universitaires de France
RADE	Revue Africaine de Droit de l'Environnement
RJE	Revue Juridique de l'Environnement
SDAU	Schéma Directeur d'Aménagement et d'Urbanisme
SIPED TCHAD	Soutiens aux initiatives de protection de l'environnement et de développement au Tchad
SNPA/DB	Stratégie Nationale et Plan d'Actions sur la Diversité Biologique
SODELAC	Société de Développement du Lac
UA	Union africaine
Rec.	Recueil
Supra	Ci-dessus
TPE	Taxe pour la Protection de l'Environnement
UNESCO	Organisation des Nations Unies pour l'Éducation, la Science et la Culture

SOMMAIRE

PRÉFACE

À la suite de la conférence internationale sur l'environnement du 05 au 30 juin 1992 à Rio de Janeiro au Brésil, qui avait converti nombre d'États d'Afrique à s'engager à l'avenir pleinement en faveur de l'environnement, la République du Tchad a pris à bras le corps cette importante préoccupation. Cet engagement se mesure sur le plan juridique à l'aune notamment de la Constitution du 31 mars 1996 révisée par les lois constitutionnelles n° 008/PR/2005 du 15 juillet 2005 et n° 013/PR/2013 du 03 juillet 2013 (abrogée), les lois n° 14/PR/95 du 13 juillet 1995 relative à la protection des végétaux, n° 14/PR/98 définissant les principes généraux de protection de l'environnement, n° 16/PR/99 du 18 août 1999 portant code de l'eau, avec les dispositions sur la gestion des eaux fluviales, lacustres et souterraines et exploitation des ouvrages hydrauliques, modifiée et complétée par l'ordonnance n° 018/PR/2011 du 1er mars 2011, n° 006/PR/2007 du 02 mai 2007 relative aux hydrocarbures, modifiée par l'ordonnance n° 001/PR/2010 du 30 septembre 2010, etc.

Davantage, le besoin d'instruments juridiques pour encadrer efficacement l'environnement se nourrit de lui-même et il est dès lors justifié que le Tchad soit devenu partie à de nombreuses conventions internationales sur l'environnement : la convention des Nations Unies sur la diversité biologique du 05 juin 1992, ratifiée par le Tchad le 07 juin 1994, le protocole de Cartagena sur la prévention des risques biotechnologiques relatif à la convention sur la diversité biologique, signé le 29 janvier 2000 et entré en vigueur le 11 septembre 2003 et ratifié par le Tchad le 1er novembre 2006, le protocole de Montréal sur la couche d'ozone relatif à la convention sur les polluants organiques persistants, ratifié par le Tchad le 26 mars 2019, le traité constitutif de la communauté des États saharo-sahéliens (CEN-SAD), signé le 04 avril 1998, etc.

L'ouvrage que vient de commettre M. **GALY Djamto**, de nationalité tchadienne, et le camerounais **ALIYOU Sali**, sous le titre savant : ***Le droit de l'environnement des États de la CEMAC : le cas du Tchad***, a considérablement accru la connaissance du droit de l'environnement de la République du Tchad et des progrès accomplis depuis Rio. Les auteurs y tentent, avec justesse, d'exposer les règles modernes du droit de l'environnement éclairées par leurs sources juridiques et les moyens qui en assurent l'application diligente.

Mais, les auteurs ne manquent pas à l'occasion de ramener le lecteur aux sources premières, en l'occurrence les sources coutumières du droit de l'environnement. Il fallait y penser. « Le droit coutumier que constituent les règles coutumières a prévalu depuis des temps immémoriaux et, de nos jours, il survit tant bien que mal à la concurrence du droit moderne. À la vérité, le mal du droit coutumier débute avec la colonisation européenne en Afrique, il a duré avec elle et demeure après elle dans la plupart des cas », renseignent-ils d'emblée à l'introduction du chapitre consacré au droit coutumier traditionnel de l'environnement au Tchad. Sans doute, gagneraient-ils à approfondir cette problématique du droit de l'environnement souvent négligée, ce, sur tous les aspects du droit de l'environnement. Cependant, le grand mérite reste pour les intéressés d'avoir reconstitué l'unité du droit de l'environnement tchadien partagé entre le legs colonial, les coutumes et le droit moderne.

Je laisse au lecteur de découvrir par lui-même les règles du droit de l'environnement tchadien exposées dans ce livre.

Aucun doute que les auteurs présentent un travail très complet sur le droit de l'environnement au Tchad avec en clôture un glossaire des termes usuels dont l'utilité pratique n'échappe à personne. Il ne faut donc pas se fier au titre de l'ouvrage.

Cet ouvrage ne signe pas seulement l'amorce d'une collaboration scientifique prometteuse entre deux jeunes auteurs, il montre également que les Universités participent pleinement à la coopération qui existe déjà entre le Cameroun et le Tchad. Il me reste à souhaiter que d'autres chercheurs puissent s'inscrire dans cette dynamique incontournable pour continuer à produire des travaux de droit comparé des États de la CEMAC.

Célestin SIETCHOUA DJUITCHOKO,
Professeur Titulaire des Universités,
Chef de Division des Affaires Juridiques,
Ministère des Arts et de la Culture (Cameroun).

AVANT-PROPOS

Au Tchad, le droit de l'environnement, et même l'environnement tout court, restent presque toujours aussi mal connus et également méconnus, non point seulement des citoyens, mais encore et surtout des décideurs. Si cette situation est déconcertante, elle est par contre explicable. En effet, les textes juridiques relatifs à l'environnement sont épars et faiblement ou pas du tout vulgarisés. Aussi, c'est un droit très peu commenté. Car il est très rare, même dans la doctrine faisant du droit comparé de l'environnement en Afrique plus généralement, et singulièrement en Afrique centrale, notamment dans l'espace CEMAC, qu'il soit fait référence à la législation tchadienne en matière environnementale.

Cependant, lorsqu'il est établi qu'en matière environnementale, le droit joue un rôle à la fois préventif, dissuasif et curatif[1], et sachant que certains dommages environnementaux sont incurables, il est curieux qu'au Tchad, certains citoyens et acteurs en charge de la préservation de l'environnement en soient ignorants ou y soient réfractaires[2]. Et pourtant, la voix officielle affirme sans balbutier que « la protection de l'environnement est une priorité des politiques publiques au Tchad »[3]. Mais l'on doit malgré tout considérer

---

[1] KAMTO (Maurice), *Droit de l'environnement en Afrique,* Paris, EDICEF/AUPELF, 1996, p. 17.

[2] L'exemple le plus achevé de cet état des choses est celui du conseiller à l'environnement du chef de l'État qui a été arrêté puis jugé pour coupe de bois. V. Le Progrès, *Le conseiller à l'environnement du chef de l'État et autres sont en prison : Soukaya est arrêté pour coupe de bois, 5 autres personnes sont emprisonnées avec lui*, n° 4135, 10 juin 2015, pp. 1-3.
C'est un constat général. L'un des titres du trimestriel *Abba Garde* en est, à cet égard, révélateur. V. Abba Garde, *Dans les institutions publiques, les latrines sont insalubres*, n° 077, 30 juillet-10 août 2014.

[3] Ministère de l'Économie et de la Planification du Développement, *Plan national de développement 2017-2021*, chapitre I, titre I.4, §95, p. 25. Le §96 dudit Plan, pour appuyer le §95, fait référence aux divers textes législatifs et réglementaires existants relatifs à l'environnement.

que par-dessus les discours, l'environnement se dégrade fortement et l'ignorance semble atteindre un seuil inquiétant.

Cette réalité, au-delà du domaine environnemental, est valable pour le droit tchadien dans son ensemble, alors même qu'il est impérieux que toute la collectivité nationale connaisse les lois de la République qui créent à son égard et à celui de chacun de ses membres des droits et obligations. Il revient alors essentiellement, mais pas exclusivement, aux pouvoirs publics, qui les ont faites, d'assurer leur vulgarisation afin de les rendre plus accessibles tant matériellement que substantiellement par leurs sujets (citoyens, collectivités publiques, entreprises privées, institutions associatives, etc.)[4].

Pour Aenza KONATÉ, « les principaux facteurs entretenant cette situation [d'ignorance des textes] sont, notamment, la culture du secret, le faible niveau de sensibilisation du public et les barrières institutionnelles »[5].

Dans un tel contexte, est-il sensé de dire que *nemo censetur ignorare legem* (nul n'est censé ignorer la loi) ? Cela peut paraître insensé, certes, mais à la réalité, nul ne peut se retrancher derrière son ignorance du droit ou sa mauvaise compréhension pour échapper à ses obligations (*ignorantia legis non excusat*, l'ignorance de la loi n'est pas une excuse). Car, et il importe de le préciser, c'est une fiction juridique qui assure l'efficacité de la loi. *Dura lex, sed lex* (la loi est dure, mais c'est la loi), dit-on. Il ne pouvait d'ailleurs en être autrement, dans la mesure où l'ignorance du droit porte

---

[4] Cela consiste à mettre à la disposition du public des données de référence. Ce qui recèle un double intérêt, aussi bien pour les pouvoirs publics que pour les citoyens : d'une part, les données rendues publiques sont, à cet égard, mieux contrôlées par la puissance publique et constituent de ce fait, d'autre part, une ressource fiable pour les usagers. Cf. CLUZEL-MÉTAYER (Lucie), « La construction d'un service public de la donnée », *Revue française d'administration publique*, n° 167, 2018, pp. 493-494.

[5] KONATÉ (Aenza), « Pour une démocratie environnementale en Afrique : de nouveaux droits de citoyenneté indispensables à l'effectivité du droit de l'environnement », *RADE*, n° 1, 2014, p. 41.

préjudice (*nocet ignorantia juris*) et tout préjudice mérite réparation.

Bien que l'application des normes édictées par les pouvoirs publics ne se subordonne pas toujours à leur connaissance ou leur compréhension, on peut observer du moins qu'en matière environnementale, il est plus aisé d'atteindre les objectifs de préservation de l'environnement avec des acteurs conscients de l'importance de ce dernier et des sanctions qui peuvent découler de sa dégradation qu'avec des acteurs mal, peu ou pas du tout renseignés sur les enjeux attachés à sa préservation et sa dégradation. Cela ne relève que du bon sens ou, en matière environnementale, du principe de participation[6].

C'est justement dans l'esprit de ce principe que s'inscrit cet ouvrage : participer à vulgariser le droit tchadien de l'environnement et de cette façon, contribuer à l'incitation à un élan éco-citoyen au Tchad car, comme a pu l'écrire Honoré de BALZAC (1799-1850), « le véritable patriote est le citoyen assez pénétré de l'importance des lois pour les faire exécuter »[7]. Il suit de là que l'effectivité, l'effectuation, l'efficience et surtout l'efficacité du droit tchadien de l'environnement ne peuvent être que proportionnelles au niveau de connaissance par les citoyens des règles qui le font.

Toutefois, le présent ouvrage ne consiste pas à faire l'inventaire de tous les textes relatifs à l'environnement au Tchad[8]. Ce serait un dédale d'embarras dans une « jungle

---

[6] Cf. Principe 10 de la Déclaration de Rio sur l'environnement et le développement de 1992.

[7] Cité par NAAH NAH (Sylvestre), *Aperçu sur la procédure pénale au Cameroun*, Yaoundé, Afrédit, 2015, p. 17.

[8] Il existe déjà en ce sens, bien qu'incomplet et non actualisé, le *Recueil des textes relatifs à l'environnement au Tchad*, publié par le Centre d'Étude et de Formation pour le Développement (CEFOD) en 2010. Les plaidoyers tendant à la codification des textes relatifs à l'environnement se succèdent depuis belle lurette, mais ils ne prospèrent malheureusement pas.
Cependant, ces plaidoyers semblent être parvenus aux pouvoirs publics. Cf. Ministère de l'Économie et de la Planification du Développement, *Plan national de développement 2017-2021*, chapitre I, titre I.4, §96, p. 25.

normative ». D'aucuns, plus incisifs, parleraient même d'une « chienlit normative ». Il n'est pas non plus une étude sectorielle du droit tchadien de l'environnement.

En revanche, cet ouvrage propose de faire une étude systémique en donnant une vue panoramique de l'architecture du droit de l'environnement au Tchad tout en mettant l'emphase sur sa mise en œuvre. Pour dire plus, ce n'est pas un Traité du droit tchadien de l'environnement, mais plutôt les prémices de ce droit. C'est une véritable et modeste antichambre ou contrefort des études futures plus sectorisées et approfondies.

Puisse l'idée de participation guider chacun dans la lecture de cet ouvrage. Car, comme le disait remarquablement François-Marie AROUET (1694-1778), dit VOLTAIRE, « les livres les plus utiles sont ceux dont les lecteurs font eux-mêmes la moitié ; ils étendent les pensées dont on leur présente le germe ; ils corrigent ce qui leur semble défectueux, et fortifient par leurs réflexions ce qui leur paraît faible »[9]. Merci aux lecteurs qui voudront bien, avec nous, faire cette autre moitié du chemin…

---

9 VOLTAIRE *in* Préface *Œuvres complètes de Voltaire. Dictionnaire philosophique*, Tome VI, Paris, A. Ozanne, 1838, p. 1.

INTRODUCTION GÉNÉRALE

Le réchauffement climatique est indéniable, et l'Homme en est pour une large part responsable, quoique les climatosceptiques[10] tentent de servir à l'humanité de la sucrerie puérile. On aurait souhaité, comme ceux-ci, que le dérèglement climatique ne se justifie que par des facteurs climatiques et que par ainsi, la situation écologique mondiale ne soit pas aussi alarmante qu'on le croit.

Cependant, même si on peut concéder aux climatosceptiques que l'altération environnementale peut être imputable aux simples facteurs climatiques (causes exogènes aux activités humaines)[11], il y a lieu d'observer par ailleurs que les facteurs anthropiques ne sont pas du reste[12]. On peut alors s'apercevoir de ce que les « climatosceptiques défendent une ligne d'action trompeuse »[13].

Il ne résiste en effet à aucun constat lucide, et ce au grand dam de l'écologie, que la préservation du patrimoine commun de l'humanité, à savoir l'environnement, s'efface devant l'égoïsme des individus. Et pourtant, les richesses engrangées au prix fort de l'altération environnementale ne peuvent

---

[10] « Douter, sinon du réchauffement climatique, du moins de la responsabilité des activités humaines dans ce phénomène ». C'est en ces termes que les linguistes ont fait entrer les climatosceptiques dans le dictionnaire en 2015. Cf. CHAPELLE (Sophie), « Les nouvelles figures du climatoscepticisme », *Passerelle*, n° 13 du 11-2015, p. 49.

[11] MAGRIN (Géraud), LEMOALLE (Jacques) et RAIMOND (Christine), « Les futurs du lac Tchad : réflexions prospectives en guise de conclusion » *in* LEMOALLE (Jacques) et MAGRIN (Géraud) (dir.), *Le développement du lac Tchad : situation actuelle et futurs possibles*, Marseille, IRD Editions, coll. Expertise collégiale, 2014, p. 611.

[12] Cf. KOLBERT (Elizabeth), *La 6e extinction. Comment l'homme détruit la vie*, Laval, Guy Saint-Jean Éditeur, 2015, pp. 8-9.

[13] SHIVA (Vandana), « Le sol, pas le pétrole : l'ère du pétrole, du dérèglement climatique et des guerres contre la planète et les peuples », *Passerelle*, n° 13 du 11-2015, p. 157.

prémunir l'humanité contre les conséquences qui s'attachent aux dérèglements climatiques.

Les générations futures pourraient aisément pardonner aux générations ayant précédé celles actuelles d'avoir été impuissantes face aux mutations écologiques car, à l'impossible nul n'est tenu. Cependant, les générations actuelles, au regard des informations, connaissances et moyens nécessaires dont elles disposent pour être résilientes et éco-responsables, n'auront aucune excuse d'avoir brillé par leurs agissements et mutisme somme toute écologiquement pernicieux.

Il est donc impérieux de priser le développement durable, bien que pour beaucoup, parce qu'il est consacré un droit au développement[14], « se développer, c'est combler le retard des pauvres sur les riches grâce à une croissance plus élevée »[15]. Comme le dit un proverbe indien, souvent attribué à Antoine de SAINT-EXUPÉRY (1900-1944), pour évoquer ce devoir intergénérationnel, « nous n'héritons pas de la terre de nos parents, nous l'empruntons à nos enfants »[16].

Cela étant dit, les générations présentes sont probablement les dernières qui ont la capacité de prévenir un changement climatique catastrophique[17]. À cet égard, la préservation de l'environnement constitue pour elles une gageure.

Aussi, le droit constitue à ce titre l'une des réponses formulées par l'ensemble des États ou un ensemble d'États (droit international et droit communautaire) et par chaque État

---

[14] Cf. article 1er alinéa 1 de la Déclaration sur le droit au développement du 04 décembre 1986.

[15] GUILHAUDIS (Jean-François), *Relations internationales contemporaines*, Lonrai, Éditions du Juridis-Classeur, 2002, p. 616.

[16] Cité par DELORD (Julien) et SÉBASTIEN (Léa), « Éthique et environnement à l'aube du 21ème siècle : la crise écologique impliquc-t-elle une nouvelle éthique environnementale ? », *VertigO – La revue en sciences de l'environnement*, vol. 10, n° 1, avril 2010, p. 10.

[17] Confédération Syndicale Internationale (CSI), « Une transition juste : proposition des syndicats pour s'assurer que personne n'est laissé sur la touche dans un avenir sans carbone », *Passerelle*, n° 13 du 11-2015, p. 224.

(droit interne) aux préoccupations environnementales qui se font de plus en plus pressantes. Il s'agit du droit de l'environnement dont l'évolution au sein des États procède d'un consensus mondial croissant donnant la priorité à la résolution des problèmes environnementaux. C'est ainsi qu'aujourd'hui, la protection juridique de l'environnement a fini par s'imposer à la conscience universelle comme une nécessité[18]. Mais il faut relever que ce sursaut résulte d'un processus de longue haleine.

En effet, au cours des dernières décennies, la problématique environnementale n'a cessé de prendre de l'importance. La prise de conscience écologique a pu se faire à travers la médiatisation des découvertes scientifiques et l'action des groupes de pression. Mais, les conséquences éduquant mieux que les conseils, l'historique de cette prise de conscience est aussi ponctué par des accidents nucléaires, pollutions chimiques, scandales sanitaires, catastrophes naturelles, etc. En dépit de cette litanie de catastrophes écologiques, la grenouille plongée dans la casserole d'eau bouillante s'autopersuade en boucle : « Le changement climatique est une fiction ».

Tout de même, face à cette crise multidimensionnelle, la communauté internationale a commencé à se mobiliser à partir des années 1970. Le coup d'envoi a été donné par la première grande conférence sur l'environnement à Stockholm (Ukraine) de 1972 et la publication du controversé « Halte à la croissance du Club de Rome » (aussi connu sous le nom de rapport Meadows). De cette conférence est née la Déclaration de Stockholm qui est unanimement considérée comme l'acte fondateur du droit international de l'environnement. La même année, était mis sur pied le Programme des Nations Unies pour l'environnement (PNUE), dont le siège social est à Nairobi (Kenya). Au cours des décennies qui suivent, les conventions internationales se multiplient : la Convention internationale sur le commerce international des espèces menacées (aussi connue sous le nom de CITES, 1973), le Protocole de Montréal sur la

---

[18] KAMTO (Maurice), *Droit de l'environnement en Afrique*, *op. cit.*, p. 15.

protection de la couche d'ozone (1987), la Convention de Bâle sur les mouvements transfrontaliers de déchets (1989), suivie en 1991 par un accord spécifique à l'Afrique (la Convention de Bamako sur l'interdiction d'importer en Afrique des déchets dangereux et sur le contrôle des mouvements transfrontaliers et la gestion des déchets dangereux produits en Afrique)[19].

En 1987, la Commission mondiale sur l'environnement et le développement publie le rapport de la Commission Brundtland « Notre avenir à tous », qui sera suivi par la Conférence de Rio sur l'environnement et le développement en 1992. Il faut surtout préciser que le ton de ce sursaut a été donné par l'Afrique avec la Convention africaine pour la conservation de la nature et des ressources naturelles adoptée à Alger le 15 septembre 1968, révisée à Maputo le 11 juillet 2003.

Ces trois dernières décennies, on peut relever les différentes COP (*conferences of parties*), nées lors du Sommet de la Terre de Rio de 1992, dont la plus récente (26e édition) s'est tenue à Glasgow (Écosse) du 1er au 12 novembre 2021, à laquelle ont pris part deux cents (200) pays, y compris ceux de l'espace CEMAC, afin de définir les orientations climatiques de ces prochaines années.

La prééminence des questions environnementales ne laisse pas en effet insensibles les États de la CEMAC qui s'inscrivent dans un élan régionaliste. Ayant une orientation purement économique à sa création, la CEMAC prend en compte aujourd'hui, quoique timidement, les préoccupations environnementales, notamment au travers de ses institutions telles que l'Organisation de coordination pour la lutte contre les endémies en Afrique centrale (OCEAC), la Commission internationale du Bassin Congo-Oubangui-Sangha (CICOS), la Commission Économique du Bétail, de la Viande et des

[19] Cette convention a été ratifiée par le Tchad suivant la loi d'autorisation n° 018/PR/2012 du 03 juillet 2012.

Ressources Halieutiques (CEBEVIRHA) et le Comité inter-État des pesticides d'Afrique centrale (CPAC)[20].

Ces différents instruments internationaux et communautaires, juridiques et non juridiques, sont diversement repris par les États, en l'occurrence par l'État tchadien. Ainsi, on peut parler d'un droit tchadien de l'environnement et ce, en vertu de l'existence des règles juridiques en vigueur au Tchad intéressant l'environnement. Mais alors, le droit étant traditionnellement scindé en droit privé et droit public, faut-il envisager le droit tchadien de l'environnement sous ces deux prismes ? À ce sujet, on peut relever que, arcbouté sur la matière environnementale, le droit fait fi de la fameuse *summa divisio* tant entretenue depuis l'époque romaine.

Ainsi, il faut observer que la chose environnementale, de par sa précarité, verrait sa préservation alourdie, annihilée, inhibée voire phagocytée si, au sein de la discipline juridique, elle devait être envisagée distinctement au sens du droit privé ainsi qu'à celui du droit public. Comme le dirait la Professeure Jacqueline MORAND-DEVILLER, « le droit de l'environnement est un droit de solidarité »[21]. Le choix de solidariser donc la discipline juridique autour des questions environnementales, tient au fait que les impacts néfastes que subit l'environnement « ignorent les distinctions juridiques »[22]. Mieux, en ce qui concerne par exemple les pollutions, « il n'y a pas, pour ceux qui en sont victimes, des pollutions de droit

[20] Aussi, la CEMAC a adopté en 2012 le Code de la marine marchande qui encadre les activités marines commerciales pour en annihiler les effets pernicieux sur l'environnement marin. Elle s'est également dotée des programmes en matière environnementale, à l'exemple du Pôle régional de recherche appliquée des savanes d'Afrique centrale (PRASAC) créé en 1997, devenu depuis 2008 le Pôle régional de recherche appliquée des systèmes agricoles d'Afrique centrale.

[21] MORAND-DEVILLER (Jacqueline), *Droit de l'environnement,* Paris, PUF, 2010, p. 7.

[22] Jean RIVERO (1910-2001) *in* Préface de la thèse de CABALLERO (Francis), *Essai sur la notion juridique de nuisance*, Paris, L.G.D.J, 1979, p. 7.

public et des pollutions de droit privé, il y a les pollutions tout court, dont les effets nocifs sont identiques quelle que soit la qualité de ceux qui les produisent »[23].

Au demeurant, certains auteurs vont même plus loin en plaidant en faveur d'une plus forte autonomisation du droit de l'environnement[24].

Cependant, pour Mahamat NASSER HASSANE, le droit de l'environnement ne peut s'affranchir totalement de ces autres disciplines, « car il est voué à la prise en compte d'un objet, influencé par l'écologie, ou milieu, qui suppose que soit développée une vision globale du problème »[25]. C'est pourquoi, le Professeur Raphaël ROMI pense qu'il ne peut être qu'un « droit carrefour » du droit interne et du droit international, du droit privé et du droit public[26].

Bref, le droit de l'environnement est pluridimensionnel. Il est l'arbre qui cache la forêt car, de nos jours, il est devenu la clé de voûte de tout développement qui se veut durable, l'épicentre voire le creuset d'une multitude de disciplines.

Sur la base de ces considérations, l'on ne saurait étudier le droit de l'environnement, fut-il tchadien, sans l'envisager du point de vue de sa généralité. Cela étant dit, il apparaît judicieux de mettre en exergue la portée du droit de l'environnement **(II)**, mais avant, il importe de procéder à une appréhension contextualisée de la notion d'environnement **(I)**.

---

[23] *Ibidem.*

[24] V. MAGARIÑO DE MELLE (Mateao J.), « The role of law in the problems of environment and development : Necessary transformations » *in Policy on Environment and Development Uruguay in the Rio World Conference*, Editor : The author, Montevideo, 1992, (version dactyl., pp. 13 et s), cité par KAMTO (Maurice), *Droit de l'environnement en Afrique*, *op. cit.*, p. 21.

[25] NASSER HASSANE (Mahamat), *Dispositions et normes environnementales des lois pétrolières en Afrique centrale. Projets d'exportation du brut tchadien et du pipeline Tchad-Cameroun*, Paris, L'Harmattan, coll. Les études africaines, 2017, p. 20.

[26] ROMI (Raphaël), *Droit de l'environnement*, 7e éd., Paris, Montchrestien, 2010, p. 5.

I. APPRÉHENSION CONTEXTUALISÉE DE LA NOTION D'ENVIRONNEMENT

La compréhension d'une thématique passe nécessairement par la définition des différents concepts qui la composent et la situation de ceux-ci dans leur contexte. Dans le cadre de cet ouvrage, l'une des notions phares, sinon le concept majeur, c'est l' « environnement ». Il faut donc le définir **(A)** avant de le présenter dans le contexte tchadien **(B)**.

A. DÉFINITION DE L'ENVIRONNEMENT

L'environnement « ne fait pas encore l'objet d'une définition générale universellement admise en droit positif »[27]. C'est un concept que l'on retrouve presque partout, tant il est polysémique que pluridisciplinaire[28]. C'est surtout un néologisme relativement récent de la langue française[29].

En Afrique, on trouve rarement une langue ayant un vocable qui pourrait correspondre à « environnement ». Cependant, on trouve dans plusieurs langues africaines des mots qui désignent les éléments constitutifs de l'environnement : l'air, le sol, l'eau, la forêt, les animaux, etc.[30]

Pour le juge international, « (...) l'environnement n'est pas une abstraction, mais bien l'espace où vivent les êtres humains et dont dépend la qualité de leur vie et de leur santé, y compris pour les générations à venir »[31].

La doctrine, quant à elle, présente plusieurs variétés de conceptions de l'environnement. Ces dernières sont certes profuses, mais pas inextricables. C'est ainsi que le Professeur

---

[27] KAMTO (Maurice), *Droit de l'environnement en Afrique*, *op. cit.*, p. 16.

[28] CANIVET (Guy), LAVRYSEN (Luc) et GUIHAL (Dominique) (dir.), *Manuel judiciaire de droit de l'environnement*, Nairobi, PNUE, 2006, p. 26.

[29] Cf. PRIEUR (Michel), *Droit de l'environnement*, 7e éd., Paris, Dalloz, 2016, pp. 1-2.

[30] KAM YOGO (Emmanuel Dieudonné), *Manuel judiciaire de droit de l'environnement en Afrique*, Québec, IFDD, 2018, p. 1.

[31] CIJ, Avis sur la licéité de la menace ou de l'emploi d'armes nucléaires, 8 juillet 1996, § 29.

Vincent REBEYROL les synthétise et en distingue trois : restrictive, médiane ou écologique, et extensive[32]. Cette dernière (définition extensive) est celle qui est adoptée par le législateur tchadien.

Au Tchad en effet, l'environnement est défini aux termes de l'article 2 (1) de la loi-cadre de 1998[33] comme étant « l'ensemble des éléments naturels et artificiels qui favorisent l'existence, l'évolution et le développement du milieu, des organismes vivants et des activités de l'homme dans le respect de l'équilibre écologique ».

Ces différentes définitions proposées donnent une idée générale sur ce qu'est l'environnement, mais laissent cependant subsister des zones de clair-obscur en ce qui concerne le contenu même de la notion. C'est la Convention sur la responsabilité civile des dommages résultant d'activités dangereuses pour l'environnement de Lugano du 21 juin 1993 qui a eu la primeur, à son article 2, paragraphes 12-16, de sortir de cette pénombre en faisant la taxinomie de l'environnement[34]. Cela permet de présenter le paysage environnemental tchadien sous ses différents aspects.

---

[32] La définition la plus large (extensive), est celle qui couvre les « biens-environnements », les éléments de la nature et l'équilibre auquel ils participent, et aussi tout ce qui environne l'Homme y compris ce qu'il a créé. V. REBEYROL (Vincent), *L'affirmation d'un ''droit à l'environnement'' et la réparation des dommages environnementaux*, Paris, Lextenso, 2010, p. 51.

[33] Il s'agit de la loi n° 14/PR/98 du 17 août 1998 définissant les principes généraux de protection de l'environnement. Cette loi ne porte pas la mention « loi-cadre » comme c'est le cas par exemple au Cameroun avec la loi n° 96/12 du 05 août 1996 portant loi-cadre relative à la gestion de l'environnement.

[34] Aux termes de l'article 2, paragraphes 12-16, de cette convention, il ressort que l'environnement comprend : les ressources naturelles abiotiques et biotiques, telles que l'air, l'eau, le sol, la faune et la flore, et l'interaction entre les mêmes facteurs ; les biens qui composent l'héritage culturel ; et les aspects caractéristiques du paysage.

B. PRÉSENTATION DU PAYSAGE ENVIRONNEMENTAL TCHADIEN

Le Tchad, pays d'Afrique centrale, est d'une superficie de 1 284 000 km². C'est un pays enclavé, limité au nord par la Libye, à l'est par le Soudan, au sud par la Centrafrique et à l'ouest par le Niger, le Nigeria et le Cameroun.

Le paysage environnemental tchadien, vu par Antoine MALAFOSSE, c'est « de magnifiques paysages montagneux dans le nord, sur l'ensemble du massif du Tibesti, le désert magique alentour, avec sa faune sauvage si spécifique, et, plus au sud, la savane, le contraste du rouge latéritique avec le blanc des champs de coton prometteurs de jours meilleurs »[35]. Cet environnement est cependant fortement empreint des effets du changement climatique. Toutefois, le Tchad offre un potentiel naturel important[36].

Le relief du Tchad est très accidenté. Des plaines alternent avec des montagnes plus ou moins hautes. Dans l'ensemble, il se présente sous forme de dépression bordée de zones montagneuses dont les points culminants sont : au Nord, le massif d'Emi-koussi (3 415 m), le Pic Toussidé (3 315 m) et au Centre, le Mont Guéra (1 615 m)[37].

Le climat tchadien, quant à lui, est fonction des trois (3) zones qui se dessinent sur son territoire : une zone saharienne, où il pleut rarement et où par conséquent il n'y a pas de végétation, à part des « palmeraies » ; une zone sahélienne, où il pleut pendant une période courte de l'année et où l'on trouve un peu de végétation ; et enfin, une zone soudanienne où il y a souvent une pluviométric relativement bonne couvrant à peu près la moitié de l'année, une zone favorable aux activités agricoles et également celle la plus peuplée.

---

[35] MALAFOSSE (Antoine), « Tchad, une continuité de conflits », *S.E.R.*, 2008, Tome 409, p. 20.

[36] Cf. Deuxième Stratégie Nationale de Réduction de la Pauvreté et lien cciama-tchad.com, consulté le 27/07/2020.

[37] Ministère de l'Environnement et de la Pêche, *Stratégie Nationale et Plan d'Actions sur la Diversité Biologique*, 2e éd., 2016, p. 14.

Sur le plan de son hydrographie, le Tchad dispose d'un potentiel énorme en eaux souterraines, environ 500 milliards de m^3, réparties dans différents aquifères. Certains de ces écosystèmes aquatiques ont une importance nationale et internationale, et sont classés sur la liste des zones humides de la Convention RAMSAR et patrimoine mondial de l'Unesco[38]. C'est le cas, à titre d'exemple, du lac Tchad[39]. Mais le lac Tchad n'est bien évidemment pas la seule zone humide d'importance internationale au Tchad[40].

Dans le domaine d'urbanisme, il faut dire que le Tchad, comme beaucoup de pays africains, amorce une nouvelle ère, celle d'une urbanisation de plus en plus poussée. Cette mutation s'accompagne d'une dynamique foncière marquée par l'inconsistance du cadre réglementaire y relatif. La régulation de l'accès aux ressources naturelles dépend entièrement des rapports de force sur le terrain.

Il apparaît donc que loin d'être totalement verdoyant, l'environnement tchadien fait l'objet d'inquiétudes. En effet, il subit une dégradation inquiétante caractérisée par l'assèchement troublant du lac Tchad qui n'est d'ailleurs que le vestige d'un vaste paléo-Tchad (Tilho, 1910) qui a dû couvrir environ 350 000 km^2 (Pias, 1970) lors des paroxysmes humides dont le dernier date de 5 à 6 millénaires (Schneider, 1967)[41].

---

[38] Ministère de l'Environnement et de la Pêche, *op. cit.*, p. 15.

[39] Cf. décret n° 560/PR/PM/MEE/2002 du 31 décembre 2002 portant désignation de la Partie tchadienne du Lac-Tchad sur la liste des zones humides d'importance internationale ou liste Ramsar.

[40] Il y a par ailleurs le lac Fitri qui est devenu une réserve de biosphère en octobre 1989, le lac Léré en novembre 2005 en même temps que les dépressions Toupouri, le lac Iro en mai 2006 avec la plaine d'inondation du Salamat. Cf. RAIMOND (Christine), SYLVESTRE (Florence), ZAKINET (Dangbet) et MOUSSA (Abderamane) (éd.), *Le Tchad des lacs. Les zones humides sahéliennes au défi du changement global*, Marseille, IRD Éditions, 2019, p. 19.

[41] POUYAUD (Bernard) et COLOMBANI (Jacques), « Les variations extrêmes au lac Tchad : l'assèchement est-il possible ? », *Annales de Géographie*, Tome 98, n° 545, janvier-février 1989, p. 4.

Aussi, le déficit pluviométrique dont les conséquences sont fâcheuses, telles qu'observées lors des sécheresses des années 1970[42], impacte sérieusement la répartition démographique sur les territoires[43] marquée par un glissement des populations vers le sud des transhumances[44]. Aujourd'hui, le désert avance à la vitesse inquiétante de 7 km par an, et le lac Tchad, naguère réserve incomparable d'eau et de poisson en plein désert, est sans doute en voie d'assèchement[45].

Au surplus, depuis 1963, le Tchad est entré dans un cycle infernal de guerres[46] qui a fragilisé les bases des institutions étatiques. Lesquelles guerres, le Professeur Ibni Oumar MAHAMAT SALEH a su en révéler les causes profondes et en présenter les principaux acteurs[47]. La Professeure Marielle DEBOS pense à ce sujet qu'au Tchad, « la guerre et la paix forment un continuum : des périodes d'une paix fragile alternent avec des éruptions soudaines de violence »[48].

---

42 BOUQUET (Christian), « Le déficit pluviométrique au Tchad et ses principales conséquences », *Cahiers d'outre-mer*, n° 107, juillet-septembre 1974, pp. 245-270.

43 Il n'est plus à démontrer que les facteurs climatiques s'imposent au rang des causes des déplacements anthropiques, voire de ceux des espèces animales. Lire à ce propos LAFLEUR (Jean-Michel) et MARFOUK (Abdeslam), *Pourquoi l'immigration ?*, Liège, Academia-L'Harmattan, coll. Carrefours, 2017, pp. 22-23 ou WIHTOL DE WENDEN (Catherine), *L'immigration. Découvrir l'histoire, les évolutions et les tendances des phénomènes migratoires*, Paris, Eyrolles, 2017, p. 18.

44 Ministère de l'Économie et de la Planification du Développement, *Plan national de développement 2017 2021*, Introduction, §26, p. 12.

45 COQUERY-VIDROVITCH (Catherine), *Petite histoire de l'Afrique. L'Afrique au sud du Sahara. De la préhistoire à nos jours*, Paris, La Découverte, 2011, p. 32.

46 NÉBARDOUM (Derlemari), *Le labyrinthe de l'instabilité politique au Tchad*, Paris, L'Harmattan, 1998,170 p.

47 MAHAMAT SALEH (Ibni Oumar), « Le Tchad objet d'un double enjeu », *Nouvelles Fondations*, n° 5, 2007/1, pp. 134-138.

48 DEBOS (Marielle), « Fluid loyalties in a regional crisis: chadian ex liberator's in the Central Africa Republic », *African Affairs*, vol. 107, n° 107, April 2008, p. 236.

Cette situation de guerre a non seulement eu de sérieuses conséquences sur le développement, l'organisation administrative et institutionnelle du pays, mais a encore et surtout lourdement ricoché sur son environnement physique. Ce d'autant que « la guerre exerce une action intrinsèquement destructrice sur le développement durable [...] »[49] et que par conséquent, « la paix, le développement et la protection de l'environnement sont interdépendants et indissociables »[50]. À ce propos, pour le Professeur Jean-Claude TCHEUWA, les conflits effondrent la gouvernance environnementale[51].

Sous un autre angle, l'environnement tchadien est directement pris pour cible du fait des conflits armés[52]. Lesquels mettent en péril aussi bien les ressources naturelles que les composants du patrimoine culturel tchadien dont certains, comme le crâne de Toumaï[53], sont inscrits au patrimoine commun de l'humanité.

Il suit de là qu'au Tchad, des changements apparaissent comme une urgence[54]. Mais ces changements n'interviendront

---

[49] Principe 24 de la Déclaration de Rio sur l'environnement et le développement de 1992.

[50] Principe 25, *op. cit.*

[51] Préface *in* NGUINTA HEUGANG DIEKOUAM (Léonelle Flore), *La protection de l'environnement en période de conflit armé*, Paris, L'Harmattan, coll. Problématiques africaines, 2015, p. 13.

[52] ABDELKERIM (Marcelin) et NDINGANGAR TEADOUM (Emmanuel), *Traité du droit de l'environnement. La problématique de la protection de l'environnement en droit positif tchadien*, Saint-Denis, Edilivre, Tome 1, 2018, p. 19.

[53] Le crâne de Toumaï (*Sahelanthropus tchadensis*) est le plus ancien représentant de la famille humaine. Lire à ce propos GUY (Franck), LIEBERMAN (Daniel), PILBEAM (David), PONCE DE LEON (Marcia), LIKIUS (Andossa), MACKAYE (Hassane), VIGNAUD (Patrick), ZOLLIKOFER (Christoph) et BRUNET (Michel), « Affinités morphologiques du crâne de *Sahelanthropus tchadensis*, Toumaï : le plus ancien représentant de la famille humaine », *M/S : médecine sciences*, vol. 22, n° 3, mars 2006, pp. 250-251.

[54] TUBIANA (Marie-José), « Tchad 1989 : les changements », *Journal des africanistes*, Tome 59, fascicule 1-2, 1989, pp. 185-200.

pas sans la prise en compte au préalable de la précarité du Tchad qui est en effet, classé parmi les pays les plus pauvres au monde[55]. Ce constat place le Tchad sur une mauvaise pente car, on peut s'accorder avec le Professeur Ibrahima LY sur le fait que la préservation de l'environnement « ne peut réussir avec la pauvreté et la misère des populations humaines »[56]. Lutter contre la pauvreté devient alors un défi prioritaire à relever pour le berceau de l'humanité. Le droit de l'environnement s'en trouve, par ricochet, marginalisé. Ce qui ne le rend pas pour autant inintéressant car, à l'évidence, c'est un droit multidimensionnel et divers dans ses caractéristiques.

II. LE DROIT DE L'ENVIRONNEMENT : SES DIMENSIONS ET SES CARACTÉRISTIQUES

Le droit de l'environnement, selon le Professeur Michel PRIEUR, est « un droit pour l'environnement »[57] et a pour but « la protection de la nature, des ressources, la lutte contre les pollutions et les nuisances et l'amélioration de la qualité de la vie et de la santé publique »[58]. Toutefois, ce but est poursuivi suivant des dimensions, approches ou, à tout le moins, des conceptions singulières **(A)**. Mais ce n'est pas ce qui détermine les caractères du droit de l'environnement **(B)**.

A. LES PRINCIPALES CONCEPTIONS DE PRÉSERVATION DE L'ENVIRONNEMENT

Il existe différentes conceptions de préservation de l'environnement dont les plus connues sont : la conception anthropocentrique **(1)** et celle écocentrique **(2)**.

---

[55] Cf. Ministère de l'Économie et de la Planification du Développement, *Examen National Volontaire 2019 de la République du Tchad*, p. 10.

[56] LY (Ibrahima), *Problématique du Droit de l'environnement dans le Processus de développement économique et social d'un pays africain : l'exemple du Sénégal*, Thèse de Doctorat d'État en Droit, Université Cheikh Anta Diop, 1994, p. 246.

[57] PRIEUR (Michel), *Droit de l'environnement*, 5e éd., Paris, Dalloz, coll. Précis, 2003, p. 7.

[58] *Idem*, *Le droit de l'environnement*, Paris, Dalloz, 2004, p. 8.

1. La conception anthropocentrique

Prise du point de vue de cette conception, la notion d'environnement est anthropocentrée. Cela dit, protéger l'environnement, revient pour l'Homme à se protéger lui-même car, la surexploitation par ce dernier des composantes de l'environnement peut aboutir à l'épuisement des ressources naturelles non renouvelables ou à la rupture des écosystèmes. Ce qui produirait un effet boomerang pour toute l'humanité.

Ainsi, plantes, animaux ou objets naturels peuvent être préservés, sans pour autant se voir attribuer une valeur intrinsèque[59]. La nature est donc protégée en fonction des désirs humains[60].

Plus poussée cependant, la conception anthropocentrique peut faire passer en priorité, au détriment des composantes de l'environnement, non seulement l'Homme, mais également les biens de celui-ci. C'est ce que l'on peut remarquer à la lecture de la législation tchadienne. En effet, le législateur pose sans détours dans la loi n° 14/PR/2008 du 10 juin 2008 portant régime des forêts, de la faune et des ressources halieutiques qu' « aucune infraction ne peut être relevée contre quiconque a fait acte indûment, dans la nécessité immédiate de sa défense, de celle d'autrui ou de leurs biens »[61].

On peut donc observer que la conception anthropocentrique de la préservation de l'environnement épouse fort bien l'idée de PROTAGORAS (481 av. J.-C.-411 av. J.-C.) selon laquelle : « L'homme est la mesure de toute chose ». En fait,

---

59 FAOHOM (Bernard), « Rapport introductif n° 1 : Forêts et équilibre écologique mondial » *in* PRIEUR (Michel) et DOUMBÉ-BILLÉ (Stéphane) (dir.), *Droit, forêts et développement durable*, Bruxelles, Bruylant, 1996, p. 21.

60 *Ibidem*.

61 Article 205 alinéa 1er de la loi n° 14/PR/2008 du 10 juin 2008 portant régime des forêts, de la faune et des ressources halieutiques. Il est tout de même précisé au dernier alinéa de l'article 205 de ladite loi qu' « en outre, l'intéressé devra fournir à l'autorité en charge de la faune les preuves tangibles et irréfragables de son acte ».

l'environnement apparaît ici plutôt comme un objet serviable que comme un sujet sacralisé (écocentrisme)[62].

2. La conception écocentrique

Connue tantôt sous le nom de biocentrisme, d'écocentrisme ou d'écologisme, cette conception pose que dans toutes ses décisions, l'Homme doit privilégier la Terre et faire passer l'humanité en deuxième. Cela, parce que les Hommes sont toujours nocifs pour l'environnement.

Seulement, au milieu des années 1980, certains tenants de cette conception vont la déplacer sur le champ du radicalisme. À titre illustratif, en 1987, quelqu'un a pu déclarer que : « Si les écologistes radicaux devaient inventer une maladie qui ramènerait la population humaine à une échelle saine pour l'environnement, celle-ci ressemblerait probablement au sida. [...] En tant qu'écologistes radicaux, nous pouvons concevoir le sida non comme un problème, mais comme un mal nécessaire. [...] Pour paraphraser Voltaire, si l'épidémie du sida n'existait pas, les écologistes radicaux devraient l'inventer »[63].

Mais finalement, toutes ces conceptions, dépouillées de radicalité, se recoupent car en dernière analyse, que ce soit le « droit à », le « droit pour » ou le « droit de » l'environnement,

---

[62] Lire à ce propos avec intérêt STONE (Christopher), « Should trees have standing? Towards legal rights for natural objects », *Southern California Law Review*, n° 45, 1972, pp. 450-501. Traduction du titre de l'article en français : « Les arbres doivent-ils pouvoir plaider ? Vers la reconnaissance de droits juridiques aux objets naturels ».

[63] Christopher MANES, un dirigeant d'*Earth First!*, cité par EGAN (Michael), *Barry Commoner and the Science of Survival. The Remaking of American Environmentalism*, MIT Press, 2007, pp. 229-230.
À lire une telle déclaration, l'on pourrait être emmené à s'interroger sur les origines réelles de la pandémie de la Covid-19. De toutes les façons, cette affirmation sus-citée méprise frontalement la Déclaration universelle sur l'élimination définitive de la faim et de la malnutrition du 16 novembre 1974.

le point commun, c'est qu'il s'agit d'un droit relatif à l'environnement[64].

Par ailleurs, ces différentes conceptions de préservation de l'environnement dessinent fortement, à bien des égards, la diversité des traits caractéristiques du droit de l'environnement.

B. LES CARACTÈRES DU DROIT DE L'ENVIRONNEMENT

Le droit de l'environnement, on l'a déjà démontré précédemment, se démarque des autres disciplines sur plusieurs points. Pour davantage étayer sa spécificité, il faut relever que le droit de l'environnement comporte quelques caractères dont les plus proéminents sont sa jeunesse **(1)** et sa transversalité **(2)**.

1. La jeunesse du droit de l'environnement

D'emblée, il faut observer que le droit de l'environnement est né des inquiétudes du XXe siècle face aux dommages infligés à la nature par le progrès industriel. Puis sont apparues les inquiétudes pour le devenir de l'humanité tout entière[65].

C'est dire que le droit de l'environnement est un droit récent, encore en totale construction[66]. Sa naissance, pour beaucoup, est marquée par la Déclaration de Stockholm issue de la Conférence de Stockholm de 1972. Cette Déclaration constitue l'acte fondateur du droit international de l'environnement[67] qui, *mutatis mutandis*, a été diversement repris par les États dans leurs ordres juridiques respectifs.

---

[64] PRIEUR (Michel) (dir.), *Droit de l'environnement*, 7e éd., Paris, Dalloz, 2016, p. 9.

[65] ROCHE (Catherine), *L'essentiel du droit de l'environnement*, 7e éd., Paris, Gualino, coll. Les Carrés, 2014-2015, p. 15.

[66] KAMTO (Maurice), « La singularité du droit international de l'environnement » *in Études en hommage à Alexandre KISS, Les hommes et l'environnement*, Frison-Roche, 1998, p. 322.

[67] SIME (Rose Nicole), « L'intégration et l'harmonisation des normes de droit international de l'environnement dans le droit africain » *in* GRANIER (Laurent) (coord.), *Aspects contemporains du droit de l'environnement en Afrique de l'Ouest et Centrale*, Gland, UICN, 2008, p. 166.

En effet, avant 1972, il existait des textes internationaux sur les composantes de l'environnement, mais intéressant isolément ces dernières. Les premiers traités sur l'environnement remontent au début du XXe siècle[68].

Au Tchad, l'avènement du droit de l'environnement se situe quasiment à l'aube du XXIe siècle. La première loi portant exclusivement sur l'environnement, et prenant en compte les différents éléments constitutifs de ce dernier, est la loi n° 14/PR/98 du 17 août 1998 définissant les principes généraux de protection de l'environnement.

Toutefois, il convient de relativiser la jeunesse du droit de l'environnement dans la mesure où, certes jeune, il est bâti sur le socle de disciplines plus anciennes[69]. C'est d'ailleurs à ce niveau que gîte le trait d'union entre le droit de l'environnement et les autres disciplines, preuve la plus éloquente de sa transversalité.

2. La transversalité du droit de l'environnement

De prime abord, il importe de relever que la transversalité du droit de l'environnement procède de ce que c'est une discipline qui comprend non seulement le droit des ressources naturelles comme la forêt, l'eau ou l'air, mais aussi et de manière non limitative le droit de l'urbanisme, le droit rural, le droit de l'énergie, le droit de la consommation, et celui de l'aménagement du territoire[70].

Selon le Professeur Michel PRIEUR, le droit de l'environnement, en considération de l'immensité de son champ

---

[68] Il s'agit notamment de la Convention de Paris de 1902 sur la protection des oiseaux utiles à l'agriculture, la Convention des animaux à fourrure du Pacifique Nord de 1911, la Convention de Londres de 1933 relative à la conservation de la faune et de la flore à l'état naturel, etc.

[69] KAMTO (Maurice), *Droit de l'environnement en Afrique*, *op. cit.*, p. 21.

[70] KAM YOGO (Emmanuel Dieudonné) et KOUA (Éric), « Les litiges environnementaux devant les juridictions camerounaises » *in* RUPPEL (Olivier Christian) et KAM YOGO (Emmanuel Dieudonné) (dir.), *op. cit.*, p. 666.

d'application, peut être représenté par une série de cercles concentriques dont chacune contient des matières connexes à l'environnement.[71]. À la limite, c'est un droit « tentaculaire ».

Ces traits caractéristiques du droit de l'environnement sont également perceptibles en droit tchadien de l'environnement qui dispose d'un contenu assez fourni **(première partie)** et jouit d'une dynamique probante **(seconde partie)**.

III. PLAN DU LIVRE

Le droit de l'environnement des États de la CEMAC : le cas du Tchad est divisé en deux parties comportant chacune deux titres, lesquels sont composés respectivement de deux chapitres. Le tout chapeauté d'une introduction générale.

La **première partie** expose le contenu du droit tchadien de l'environnement et cela, en donnant d'une part un aperçu historico-juridique de l'environnement au Tchad **(Titre I)** et d'autre part, en dégageant subséquemment les règles du droit tchadien de l'environnement **(Titre II)**. Au terme de cette première partie, on devrait cerner la construction théorique du droit tchadien de l'environnement.

La **seconde partie** de l'ouvrage, quant à elle, met en relief la dynamique du droit tchadien de l'environnement qui repose, respectivement, sur l'administration **(Titre I)** et le contentieux de l'environnement **(Titre II)**. À l'issue de cette seconde partie, on devrait être éclairé sur les méandres de la mise en œuvre du droit de l'environnement au Tchad.

---

[71] V. PRIEUR (Michel), *Droit de l'environnement*, 2e éd., Paris, Dalloz, 1991, p. 6, cité par KAMTO (Maurice), *Droit de l'environnement en Afrique*, *op. cit.*, p. 20.

PREMIÈRE PARTIE : LE CONTENU DU DROIT TCHADIEN DE L'ENVIRONNEMENT : OBJET ET RÈGLES

Le contenu du droit, pour reprendre le Professeur Hans KELSEN (1881-1973), « varie selon les époques et (...) le droit positif est un phénomène conditionné par des circonstances de temps et de lieu »[72]. Mieux, la science juridique, selon KELSEN, « ne définit pas seulement la structure logique des règles de droit, mais aussi leur contenu, car elle indique un des éléments matériels des ordres sociaux qu'elle qualifie de juridiques »[73]. De fait, le contenu du droit est révélateur de l'évolution dans le temps et dans l'espace de la construction de ses règles autour d'un élément matériel. En droit de l'environnement, l'élément matériel qui en constitue l'objet, c'est bien évidemment l'environnement ou, à tout le moins, les différentes composantes de ce dernier.

C'est ainsi que dans son contenu, le droit tchadien de l'environnement se caractérise de prime abord par la particularité de son objet ainsi que par une diversité de règles. Pour qui s'appuie sur l'éparsement de la législation tchadienne intéressant l'environnement, il peut en résulter une perspective faussée du droit de l'environnement au Tchad. Sous cette seule considération en effet, celui-ci risque d'apparaître plus comme un droit primitif, inepte et sans logique d'ensemble, que comme un droit doté d'une cohérence propre.

Cette logique et cette cohérence, le droit tchadien de l'environnement n'en est bien entendu pas dépourvu. D'ailleurs, c'est un droit qui possède une histoire car sa formation procède d'une longue évolution et est émaillée de règles qui lui sont propres. Si l'étude de ces dernières, en l'occurrence celle des

[72] KELSEN (Hans), *Théorie pure du droit. Introduction à la science du droit*, Neuchâtel, Éditions de la Baconnière, 1953, p. 57.
[73] *Ibidem*, p. 62.

règles du droit tchadien de l'environnement **(Titre II)**, s'avère importante, il faut cependant préalablement partir de l'objet même de ce droit, c'est-à-dire donner un aperçu historico-juridique de la notion d'environnement au Tchad **(Titre I)**.

TITRE I : APERÇU HISTORICO-JURIDIQUE DE L'ENVIRONNEMENT AU TCHAD

Du droit et l'environnement au droit de l'environnement. Sans pourtant être antinomiques, il a fallu du chemin pour que les liens entre le droit et l'environnement soient identifiés par l'opinion publique[74]. Mais à la réalité, le droit et l'environnement ont des relations qui sont déjà anciennes[75].

Au Tchad, tout comme ailleurs, l'environnement fait l'objet d'une prise en compte par le droit. Cependant, il faut dire que cela est le résultat d'une construction progressive, d'où la nécessité d'ausculter l'historicité de la juridicisation de l'environnement au Tchad. La juridicisation est définie par le Professeur Hans KELSEN lorsqu'il écrit que : « De même que tout ce que le roi Midas touchait se transformait en or, tout objet auquel le droit s'applique acquiert une existence juridique »[76]. C'est donc, comme on l'a déjà dit, la prise en compte par le droit d'une chose ou d'une personne qui devient, dès lors, son objet ou son sujet, selon les cas.

Bien évidemment, l'histoire pèse dans la formation du droit. D'ailleurs, Aimé CÉSAIRE (1913-2008)[77], lui, en appelait au « droit à l'histoire » plutôt qu'au « devoir de mémoire ». L'histoire permet de connaître les conditions dans lesquelles les règles juridiques passées sont nées, se sont développées et ont disparu. Cette connaissance permet de porter sur ces règles de droit un jugement de valeur qui éclaire la compréhension des règles

---

74 MARTIN (Gilles), « Rapport introductif : Le droit et l'environnement » *in* FONBAUSTIER (Laurent), MARTIN (Gilles), FONTAINE (Lauréline), ROBERT (Jacques-Henri), GRARE-DIDIER (Clothilde), TRÉBULLE (François Guy), LE BARS (Thierry) et VAN LANG (Agathe) (dir.), *op. cit.*, p. 1.

75 PRIEUR (Michel), *Droit de l'environnement*, 5e éd., Paris, Dalloz, coll. Précis, 2003, p. 13.

76 KELSEN (Hans), *op. cit.*, p. 133.

77 BAYART (Jean-François), *Les études postcoloniales. Un carnaval académique*, Paris, KHARTALA, 2010, p. 98.

actuelles et inspire le législateur de l'avenir. On parle alors de l'histoire du droit. Dans certains cas, on parle même de l'histoire législative[78].

C'est pour ainsi dire que le droit tchadien de l'environnement n'est pas un droit *ex nihilo*.

Par contre, si l'on part du postulat de la jeunesse du droit de l'environnement[79], l'on pourrait penser que les préoccupations relatives à l'environnement soient également récentes au Tchad. Et pourtant, ce n'est pas qu'à la faveur de la règle de droit que le souci de préservation de l'environnement est né au pays de Toumaï. Car, l'environnement tchadien, préalablement à sa consécration subséquemment dans le droit colonial ainsi que dans celui postcolonial **(chapitre II)**, faisait déjà l'objet des règles coutumières **(chapitre I)**.

---

[78] Lire à ce sujet CANIVET (Guy), LAVRYSEN (Luc) et GUIHAL (Dominique) (dir.), *op. cit.*, p. 22.

[79] KAMTO (Maurice), *Droit de l'environnement en Afrique*, *op. cit.*, p. 21.

CHAPITRE I : LE DROIT COUTUMIER TRADITIONNEL DE L'ENVIRONNEMENT AU TCHAD

Le droit coutumier que constituent les règles coutumières a seul prévalu depuis des temps immémoriaux et, de nos jours, il survit tant bien que mal à la concurrence du droit moderne. À la vérité, le mal du droit coutumier débute avec la colonisation européenne en Afrique, il a duré avec elle et demeure après elle dans la plupart des cas[80]. Toutefois, pour mieux sonder sa nécessité en matière environnementale **(section II)**, il faut d'abord définir son cadre conceptuel et structurel **(section I)**.

SECTION I : LE CADRE CONCEPTUEL ET STRUCTUREL DU DROIT COUTUMIER TRADITIONNEL DE L'ENVIRONNEMENT

L'étude du droit coutumier traditionnel de l'environnement commande que soit abordé son cadre notionnel **(§ I)** préalablement à l'examen de l'organisation politique coutumière en matière environnementale **(§ II)**.

PARAGRAPHE I : LES ÉLÉMENTS DÉFINITIONNELS ET DISTINCTIFS DU DROIT COUTUMIER TRADITIONNEL DE L'ENVIRONNEMENT

Le droit coutumier traditionnel de l'environnement recèle des caractéristiques qui permettent de tenter son appréhension **(A)**. Mais ce n'est, fondamentalement, pas ce qui le diffère des autres types de droits coutumiers, notamment le droit coutumier international de l'environnement **(B)**.

---

[80] LE CORNEC (Jacques), *Les chefferies du Tchad et l'évolution politique*, Thèse de Doctorat en science politique, Université de Paris, présentée et soutenue publiquement le 5 juillet 1961, mise à jour au 31 décembre 1962, p. 2.

A. LA RECHERCHE D'UNE DÉFINITION DU DROIT COUTUMIER TRADITIONNEL DE L'ENVIRONNEMENT

Le droit coutumier traditionnel a pour socle la coutume et la tradition.

Si la tradition renvoie à des idées, des croyances et à leur transmission dans le temps, la coutume, quant à elle, pour reprendre Émile LIITRÉ (1801-1881), est « la manière à laquelle la plupart se conforment [notamment à la tradition] ». Mieux, elle est perçue comme étant « l'ensemble des normes et des règles non écrites qui régissaient les populations avant la conquête coloniale et qui continuent encore de nos jours à être appliquées, surtout à la campagne »[81].

Cette dernière (la coutume) se compose de deux éléments caractéristiques dont l'un est matériel et l'autre psychologique.

L'élément matériel renvoie au comportement habituel de la vie sociale, à la pratique constante (usage). L'usage devient coutume à une triple condition cumulative. Il doit être général, c'est-à-dire largement répandu dans un milieu professionnel ou local ; constant, c'est-à-dire régulièrement suivi, avec la force de l'habitude ; et ancien, c'est-à-dire ayant une durée certaine, ancrée dans le temps (*repetitio*), comme quoi « une fois n'est pas coutume ». L'élément psychologique, quant à lui, se rapporte à l'obligatoriété de l'usage créateur de la coutume (*opinio necessitatis*).

Ainsi, celui-ci doit être perçu comme un comportement obligatoire par l'opinion commune. Cette conviction d'agir en vertu d'une règle distingue la coutume des autres usages qui, eux, ne sont pas ressentis comme obligatoires[82]. La coutume renferme donc des normes locales dotées d'une force

---

[81] BANIARA YOYANA (Jean) et MAGNANT (Jean-Pierre), *Introduction aux droits coutumiers du Tchad*, Yaoundé, Afrédit, 2013, 362 p.

[82] COURBE (Patrick) et BERGÉ (Jean-Sylvestre), *Introduction générale au droit*, 13e éd., Paris, Dalloz, coll. Les mémentos Dalloz, 2013, pp. 66-67.

obligatoire. Tant qu'elles ne sont pas *contra legem* (contraires à la loi), elles jouissent d'une applicabilité probante.

Cependant, pour distinguer la norme écrite de la norme coutumière, le Professeur Hans KELSEN postule qu' « une norme générale est édictée quand elle est créée de façon consciente par un organe central. Elle est coutumière quand elle est créée de façon inconsciente et décentralisée par les sujets de droit eux-mêmes »[83]. Cette affirmation, au-delà d'être distinctive, est définitoire. De cette définition, il ressort que les règles coutumières résultent du comportement habituel des sujets de droit coutumier. Lesquels sujets de droit coutumier forment, pour reprendre les termes de KELSEN, « les communautés juridiques primitives, préétatiques »[84].

Tirant les conséquences de ce qui précède, on peut appréhender le droit coutumier traditionnel de l'environnement comme étant l'ensemble des pratiques établies comme normes dans une société traditionnelle et axées sur la gestion de ses ressources naturelles ainsi que du cadre de vie des âmes qui y vivent. Cependant, ces normes doivent avoir l'avantage d'avoir résisté à l'épreuve du temps et subsister dans la durée au sein d'une société traditionnelle.

L'histoire du droit coutumier traditionnel de l'environnement est riche de contenu. Son étude renseigne en effet que dès les temps antiques, il y a des normes élémentaires et informes relatives aux choses de la nature (interdiction de souiller l'eau des puits, éloignement des activités sources de miasmes...)[85]. À l'évidence, c'est un droit séculaire revêtant quelques traits qui, en plus de le distinguer du droit coutumier international de l'environnement, nourrit ce dernier.

[83] KELSEN (Hans), *op. cit.*, p. 125.

[84] *Ibidem*, p. 156.

[85] NAIM-GESBERT (Éric), « Maturité du droit de l'environnement », *RJE*, n° 2, 2010, p. 233.

B. LE DROIT COUTUMIER TRADITIONNEL DE L'ENVIRONNEMENT ET LE DROIT COUTUMIER INTERNATIONAL DE L'ENVIRONNEMENT

Le droit coutumier international de l'environnement n'est pas une excroissance du droit coutumier traditionnel de l'environnement, mais il tire son fondement de la coutume en droit international classique. Celle-ci, définie par l'article 38 (1b) du Statut de la CIJ comme « la preuve d'une pratique générale acceptée comme étant le droit », est le résultat d'une pratique des États *(consuetudo)* et d'une acceptation par eux de son caractère obligatoire *(opinio juri)*.

Dans l'affaire de *l'interprétation de l'accord aérien du 6 février 1948 opposant les États-Unis à l'Italie* (cf. sentence arbitrale du 17 juillet 1965), il a été admis que « seule une pratique constante effectivement suivie et sans changement peut devenir génératrice d'une règle de droit international coutumier ».

Il se dégage alors deux (02) caractéristiques de la pratique génératrice d'une coutume internationale à savoir la constance et l'uniformité. Si l'uniformité dans la pratique de la coutume internationale est facilement perceptible, il se trouve cependant que la constance de celle-ci, elle, s'apprécie avec le temps.

Or, le droit international de l'environnement, en raison de sa jeunesse, semble ne pas avoir secrété une pratique et assez duré dans le temps pour amener à conclure à l'apparition de la coutume. C'est ainsi que la notion de coutume « sauvage » est avancée comme une réponse à la jeunesse du droit international de l'environnement. Le Professeur Pierre-Mary DUPUY invoque par exemple cette notion, dont l'opposée est la coutume « sage », pour qualifier ce changement dans la formation de la règle. La coutume sauvage serait à ce titre une coutume se formant beaucoup plus rapidement[86].

---

[86] DOUMBÉ-BILLÉ (Stéphane), MIGAZZI (Caroline), NERI (Kiara), PACCAUD (Françoise) et SMOLINSKA (Anna Maria), *Droit international de l'environnement*, Bruxelles, Larcier, 2013, p. 59.

Toutefois, il est établi qu'historiquement, ce sont les règles coutumières qui ont contribué en premier au développement de la protection de l'environnement et malgré les obstacles quant à la formation de coutume environnementale, certaines ont malgré tout pu être consacrées et se révèlent être d'une importance capitale en matière de protection de l'environnement.

À ce titre, les règles procédant de la coutume traditionnelle peuvent trouver écho dans les rapports entre les États ayant en commun des traits culturels ou si lesdites règles se révèlent plus opérantes face à une situation donnée. Le Tchad, sur la scène internationale, peut donc être porteur de ses pratiques traditionnelles en matière environnementale qui, au cas où elles seraient épousées par d'autres États, intégreraient dans la durée la coutume internationale de l'environnement.

Il suit de là que la coutume en droit international a vocation à s'appliquer aux États et tous les autres acteurs du droit international. Par contre, sous réserve d'être exportée à l'international, la coutume traditionnelle, elle, ne s'applique que dans une communauté plus réduite d'un État. Aussi, elle est en général plurielle.

Au Tchad en l'occurrence, on compte par plusieurs dizaines le nombre de groupes ethniques. Il existe donc autant de coutumes. Mais il demeure que l'organisation politique de l'effectuation du droit coutumier traditionnel est une tâche d'élites, notamment en matière environnementale.

PARAGRAPHE II : L'ORGANISATION POLITIQUE COUTUMIÈRE EN MATIÈRE ENVIRONNEMENTALE AU TCHAD

Les sociétés traditionnelles sont de tout temps structurées en unités sociales **(A)** et avec à leur tête des leaders traditionnels, chacun jouant le rôle qui est le sien **(B)**. En matière environnementale, cette réalité est invariable.

A. LES UNITÉS SOCIALES TRADITIONNELLES : BASE TERRITORIALE DE L'ORGANISATION POLITIQUE COUTUMIÈRE EN MATIÈRE ENVIRONNEMENTALE

Si l'on examine les projections de l'ONU, le peuple tchadien, estimé à 13 millions en 2015[87], pourrait, dans les années 2020, dépasser les 15 millions[88] qui se répartissent de manière inégale entre plus d'une centaine d'ethnies[89]. Ces dernières ont des pratiques coutumières diversifiées vis-à-vis de l'environnement. Alors que certaines coutumes se caractérisent par des pratiques de chasse, d'autres s'appesantissent sur des pratiques d'élevage ou d'agriculture voire sur la pratique de la pêche.

Néanmoins, le point commun des sociétés traditionnelles, c'est qu'elles ont évolué de manière à faire en sorte que l'individu trouve l'ensemble des ressources et des relations sociales dont il a besoin au cours de sa vie. Cela implique donc le devoir de transmettre aux générations futures une Terre non exsangue en ressources et en biodiversité. Et à ce propos, il faut relever que le continent africain, que ce soit hier ou aujourd'hui, est la partie du monde qui altère le plus faiblement l'environnement[90].

Au Tchad du moins, la protection de la nature et les relations sociales ont évolué dans un cadre où chaque unité sociale traditionnelle avait sa propre organisation politique : un empire, un royaume, un sultanat, une chefferie, ou même parfois une communauté plus réduite, comme un village ou une tribu. Lesquelles unités sociales constituent une « niche écologique » pour leurs membres. Toutes ces unités avaient leur propre droit

---

[87] Ministère de l'Économie et de la Planification du Développement, *Plan national de développement 2017-2021*, p. 12.

[88] DUMONT (Gérard-François), « Géopolitique et populations au Tchad », *Outre-Terre*, n° 20, 2007/3, p. 265.

[89] *Ibidem*, p. 271.

[90] Le continent africain représente 4,5% des émissions de gaz à effet de serre. Cf. SARR (Felwine), *Afrotopia*, Paris, Éditions Philippe Rey, 2016, p. 154.

coutumier, ou droit traditionnel, pour gérer leurs terroirs. Bien évidemment, il faut noter que ces unités sont de nos jours recomposées en : sultanat, canton, tribu, groupement, village et ferrick[91]. Les leaders traditionnels de ces unités traditionnelles sont d'un apport notable en matière environnementale.

B. LES ACTEURS DE LA POLITIQUE COUTUMIÈRE EN MATIÈRE ENVIRONNEMENTALE

Au Tchad, chaque ethnie ou groupe ethnique présente des spécificités. Mais fondamentalement, à l'observation de l'organisation politique des unités sociales traditionnelles, se dessinent des traits communs, en l'occurrence en matière environnementale.

En pays *moundang* par exemple (un groupe ethnique vivant principalement dans la province du Mayo-Kebbi Ouest)[92], il existe une organisation politico-juridique de la protection de l'environnement. En effet, conscient de ce que les ressources naturelles sont une bénédiction de Dieu ou *« Massing »*, le Moundang reconnaît par contre que leur gestion relève de la compétence des chefs ou *« Gong »*. De fait, la vie politique est conduite, à des niveaux hiérarchisés (canton, village, tribu…), par les *Gong*, secondés des *Wadjiri*, qui se font assister des spécialistes désignés par la communauté villageoise parmi ses membres en fonction de leur connaissance du milieu. Il s'agit :

- d'un chef de terre ou *« Passeuri »*, descendant du lignage fondateur du village et véritable prêtre chargé d'officier les rites agraires, qui implore la bénédiction divine afin que les pluies soient abondantes et régulières, demande également aux esprits des ancêtres de protéger les plantations contre les ennemis des cultures ; et il arbitre, dans une certaine mesure, les

[91] Article 3 de la loi organique n° 13/PR/2010 du 25 août 2010 portant statuts et attributions des autorités traditionnelles et coutumières.

[92] Cette étude occulte la dichotomie, certes réelle mais négligeable, souvent opérée entre les Moundang de Torrock et ceux dits de Léré.

conflits fonciers et ce, sans préjudicier le pouvoir du chef de village en matière de justice coutumière[93] ;

- d'un maître de brousse ou *« Patchouki »* qui réglemente les rapports de la communauté villageoise avec la brousse (forêts) où les villageois tirent leurs pitances ; cependant, ses pouvoirs lui sont substantiellement retirés de nos jours au profit des agents des services forestiers, chargés d'appliquer les textes de la République y relatifs[94] ;
- d'un maître de l'eau ou *« Pah bii »*, chargé de surveiller tout ce qui se passe comme activités sur les eaux et d'exécuter les rites de pêche[95] ; et
- d'un chargé de l'élevage ou *« Sarki-sanou »* qui contrôle l'effectivité des entrées des recettes procédant de la taxe sur le pâturage, sans cependant perdre de vue les conflits agriculteurs-éleveurs[96].

Par ailleurs, d'autres personnes sont chargées de quelques domaines connexes pouvant participer à la protection de l'environnement. On peut relever :

- le chargé de la défense ou *« Kaïgama »* et celui de la sécurité ou *« Wakilou »* qui veillent respectivement à la sûreté du terroir contre les menaces externes ou internes, lesquelles menaces peuvent intéresser les ressources naturelles ou le patrimoine culturel ;
- le chargé de la justice ou *« Alkali »* qui veille à la bonne administration de la justice coutumière et donc devrait jouer un rôle non négligeable dans le règlement des litiges environnementaux devant les *Gong* ; et
- les agents de renseignements généraux ou *« Zah tchoutchou/Laa firon »* qui recherchent des informations et investiguent sur toutes les questions se rapportant à la chefferie

---

[93] DAGOU (Paboung), « Les pratiques foncières dans le bassin occidental du Mayo-Kebbi » *in* Actes de Colloque Scientifique de N'Djaména : *La question foncière au Tchad*, 28 juin au 1er juillet 2004, p. 61.

[94] *Ibidem*, p. 71.

[95] *Ibidem*, p. 70.

[96] *Ibidem*, p. 67.

et plus largement, à la communauté villageoise ; à ce titre, ils peuvent éventuellement déjouer une atteinte environnementale en livrant des informations y relatives aux autorités de police coutumière compétentes.

L'histoire du Tchad enseigne aussi l'existence autrefois des féodalités dans le centre et le nord du pays. Il s'agit respectivement des royaumes du Baguirmi, du Kanem et du Ouaddaï.

En pays *baguirmi*[97], le sultan se faisait entourer de dignitaires afin de mener à bien l'administration royale. C'était, pour ce qui concerne l'administration de l'environnement, le cas de l' *« Alifa Ba »*, le maître du fleuve, c'est-à-dire du Chari. En tout, il y aurait eu soixante-dix-neuf (79) dignitaires. Mais le sultan, régnant en seul maître, de même qu'il conférait quelques charges aux dignitaires, pouvait les révoquer à tout instant[98].

La justice (celle environnementale confondue) est assurée par des *« cadis »* mais il n'y avait pas de séparation stricte des autorités administratives et judiciaires, et tous les chefs, en fonction de leurs niveaux de responsabilité, réglaient les « palabres » à eux soumis[99].

Il faut souligner que le royaume du Baguirmi d'hier, est réduit de nos jours en sultanat.

Au Kanem[100] cependant, l'administration impériale, organisée autour du *« Maï »*, empereur désigné par le prince régnant parmi ses enfants ou ses frères, comprenait : la reine-mère ou *« Maguira »*, la première femme ou *« Goumsa »* ; les conseillers ou *« Koganas »* ; les princes de la famille royale ou *« Maïnas »* ; les lettrés et juristes musulmans ou *« Mallams »* ; et les grands officiers et fonctionnaires en principe révocables

97 L'empire du Baguirmi, situé au sud du lac Tchad, traversé par le Chari, s'étendait sur une terre fertile où l'on cultivait le sorgho, l'indigo et le coton.

98 LE CORNEC (Jacques), *op. cit.*, p. 24.

99 *Ibidem*, p. 25.

100 Aujourd'hui partagé entre la province du Kanem et celle du Barh el Ghazel, l'empire du Kanem (fondé au VIIIe siècle) fut l'un des plus grands d'Afrique. Pour en savoir plus, consulter Wikipédia.

sont désignés par le sultan parmi les *Maïnas* et les *Koganas* que sont par ordre de préséance le chef militaire ou « *Kaïgamma* », deux gouverneurs territoriaux, le « *Yerima* » et le « *Galadima* », le prince héritier « *Tchiroma* », etc.[101]

Ces différents acteurs de l'administration impériale du Kanem veillaient, chacun en ce qui le concerne, à défendre entre autres le territoire kanembou et ses ressources contre les menaces d'agressions et de spoliations des conquérants de l'époque.

Pour sa part, le Ouaddaï, dont l'histoire et l'organisation sont la reproduction des modèles baguirmien et bornouan (Kanem-Bornou), a été étudié par Gustav NACHTIGAL (1834-1885) et d'autres auteurs[102]. Le noyau initial du Ouaddaï est constitué par les *Maba*, tribus noires autochtones investies par des Arabes. Le sultan ou « *Kokak* » exerce un pouvoir absolu mais limité autrefois en fait par la puissance des grands dignitaires féodaux, les « *Adjaouids* ». Certains de ceux-ci avaient des fonctions domestiques, les « *Kémakils* », et d'autres un commandement militaire et territorial, le « *Djerma* », premier chef de guerre, et les « *Aguids* », gouverneurs des provinces[103]. Le royaume du Ouaddaï a survécu en devenant de nos jours un sultanat, mais avec des pouvoirs amoindris.

Ces différents autorités ou dignitaires sont/étaient à la communauté traditionnelle ce que les ministres et autres agents publics sont à un État. Ils sont/étaient, sous l'autorité du chef, et chacun en ce qui le concerne, compétents pour la mise en œuvre de la politique de gestion harmonieuse et rationnelle du patrimoine commun et cela, conformément aux règles coutumières.

---

[101] LE CORNEC (Jacques), *op. cit.*, p. 26.

[102] NACHTIGAL (Gustav), « Sahara und Sudan », 1879-1889. VAN VOLLENHOVEN (Joost), « Le voyage de Nachtigal au Ouadaï ». CARBOU (Henri), « La Région du Tchad et du Ouadaï », Tome I, 1912.

[103] LE CORNEC (Jacques), *op. cit.*, pp. 27-28.

Une étude plus approfondie sur le droit coutumier traditionnel de l'environnement au Tchad serait certes ingrate, mais elle offrirait un large éventail d'éléments y relatifs. Cet échantillon, loin de léser d'autres ethnies ou groupes ethniques, ne sert qu'à avancer l'idée qu'une telle organisation est observable dans quasiment tout le reste du Tchad. En effet, du Nord au Sud, de l'Est à l'Ouest, en passant par le Centre, les réalités sont relativement les mêmes, du moins pour ce qui concerne l'organisation de la politique environnementale dans les sociétés traditionnelles tchadiennes. Il est toujours question de chefferies, de sultanats, etc., ayant à leurs têtes des leaders œuvrant à la gestion harmonieuse du patrimoine commun de leurs communautés respectives[104].

Il faut donc souligner que dans le Tchad traditionnel, « l'administration s'exerce par les chefs de villages, les chefs de tribus et les dignitaires féodaux, plus exactement il y a autant de hiérarchies administratives que de groupes ethniques »[105]. La nature du rôle que peuvent jouer ces leaders dépend bien étendu de la légitimité dont ils jouissent au sein de leurs communautés[106]. Une autorité traditionnelle réputée illégitime n'aura en effet aucune influence ou du moins, n'aura qu'une influence réduite sur la communauté à la tête de laquelle elle est établie.

Eu égard à cette étude de l'organisation politique coutumière se rapportant à l'environnement, on peut comprendre que le droit coutumier traditionnel se trouve être indéniablement une nécessité en matière de préservation de l'environnement au Tchad.

---

104 On retrouve notamment le Wang chez les Toupouri, le Mbang ou Ngar en pays sara (Ngama, Sara-kaba, Gor, Daï…), le Lamido de Binder, le Maï chez les Kanembou…

105 LE CORNEC (Jacques), *op. cit.*, p. 24.

106 Sur la question de légitimité, Max WEBER (1864-1920) propose une typologie dans *Économie et société* (1922). Il relève en effet trois types de légitimité : traditionnel, charismatique et rationnel.

SECTION II : LA NÉCESSITÉ DU DROIT COUTUMIER TRADITIONNEL DE L'ENVIRONNEMENT

Le droit coutumier est nécessaire à la préservation de l'environnement et ce, pour au moins deux raisons : d'une part, de par son efficacité **(§ I)** et d'autre part, parce qu'il constitue, dans une certaine mesure, une alternative au droit écrit **(§ II)**.

PARAGRAPHE I : L'EFFICACITÉ DU DROIT COUTUMIER TRADITIONNEL DE L'ENVIRONNEMENT : APPROCHE *PRAXIS*

L'application des règles coutumières peut se révéler bien souvent très efficace en matière de préservation de l'environnement et cela, à plusieurs points de vue. Toutefois, cette efficacité est doublement perceptible : d'une part de par la sacralisation de certaines composantes de l'environnement **(A)** et d'autre part, de par l'effet de la rationalisation de l'utilisation des ressources naturelles **(B)**.

A. L'EFFICACITÉ DU DROIT COUTUMIER TRADITIONNEL DE L'ENVIRONNEMENT DE PAR LA SACRALISATION DE CERTAINES COMPOSANTES DE L'ENVIRONNEMENT

Dans les sociétés traditionnelles, il existe des aires qui sont dites sacrées et donc interdites d'accès au grand public (parties réservées aux rites initiatiques ou considérées comme abritant les esprits)[107] ; des espèces animales et végétales qui, à la faveur de leur sacralisation, sont partiellement ou intégralement protégées (les totems ou espèces jugées maléfiques)[108] ; des activités qui ne sont pratiquées que par quelques rares

---

[107] C'est le cas de *djak-siri*, zone d'accès très limité, chez les Toupouri.

[108] En guise d'exemple, on peut citer le *dil* (caïlcédrat) en pays sara dont la coupe n'est autorisée que par l'autorité traditionnelle et ce, en cas de nécessité avérée. D'ailleurs, il est nécessaire que ladite autorité donne le premier coup de hache.

personnes réputées pour leurs connaissances technique et/ou mystique[109].

Pour les paysans *ngambay* et *laka* par exemple, et c'est valable un peu partout au Tchad, il n'existe pas *a priori* d'arbres inutiles. S'ils ne sont pas consommables ou thérapeutiques, ils sont souvent chargés de pouvoirs occultes, positifs ou négatifs[110].

En conséquence de quoi, en Afrique de manière générale et au Tchad plus particulièrement, peut-être en un peu moins accru de nos jours, les sociétés traditionnelles vouent une profonde déférence aux ancêtres en veillant au respect de leurs prescriptions sacrées. On fait en effet le culte des générations passées parce qu'on estime avoir reçu d'elles un patrimoine naturel et culturel sacré et duquel la collectivité traditionnelle tout entière tire ses moyens de subsistance.

C'est pourquoi, il pèse sur chaque individu, famille, clan, village, canton ou tribu l'obligation de léguer ce patrimoine dans un état convenable aux générations futures afin de mériter d'elles la même considération. D'ailleurs, les morts n'étant pas morts, les générations passées sont des constants observateurs de la gouvernance des sociétés traditionnelles actuelles. On a pu écrire en ce sens qu' « exister en Afrique, c'est renoncer à l'être individuel, particulier, compétitif, égoïste, agressif, conquérant, pour être avec les autres dans la paix et l'harmonie, avec les vivants et les morts, avec l'environnement naturel et les esprits qui le peuplent ou l'animent »[111].

---

109 Chez les Moundang, on peut remarquer par exemple l'existence des *« Gao »* ou chasseurs, seuls habilités à exercer l'activité de chasse à titre professionnel. Cependant, de manière circonstancielle, comme c'est le cas lors de la fête de chasse des pintades (*fing-loo*), les hommes des différents villages moundang se livrent à la pratique de chasse.

110 SEIGNOBOS (Christian) et MADJIGOTO (Robert), « Le prix des "arbres sauvages" : petite chronique des compensations du Consortium Esso aux paysans tchadiens », *Annales de Géographie*, Tome 114, n° 646, 2005, p. 644.

111 Cf. Professeur COLOMB, cité par MBAYE (Kéba), *Les droits de l'homme en Afrique*, 2e éd., Paris, A. Pedone, 2002, p. 52.

Mieux, les sociétés traditionnelles se montrent respectueuses des règles coutumières parce que celles-ci, en plus d'être faites par elles-mêmes, reflètent aussi fidèlement leurs réalités locales.

Aussi, anciennement, la transgression de certaines règles coutumières était sévèrement sanctionnée. C'est le cas chez certains groupes Haoussa, où *l'acacia albida*, un arbre de la zone sahélienne, était protégé par la coutume et tout individu ayant abattu illégalement des arbres adultes était passible de la peine de mort[112]. Dans un livre culte, le Professeur Claude DURAND renseigne fort à propos[113].

La sacralisation des composantes de l'environnement par les règles coutumières produit donc des effets préservateurs de l'environnement. Toutefois, en plus de la privation, il existe en droit coutumier traditionnel des règles permettant de rationaliser l'utilisation des ressources naturelles.

B. L'EFFICACITÉ DU DROIT COUTUMIER TRADITIONNEL DE L'ENVIRONNEMENT PAR L'EFFET DE LA RATIONALISATION DE L'UTILISATION DES RESSOURCES NATURELLES

Au-delà de la raison occultiste (privative), les sociétés traditionnelles parviennent à jouir des ressources naturelles tout en demeurant respectueuses de l'environnement.

En effet, au Tchad, il est des ressources naturelles qui offrent aux sociétés traditionnelles de nombreuses vertus. C'est le cas de la flore, notamment certains arbres tels que le néré qui est utilisé comme condiment (ses graines ou la pulpe jaune de ses gousses) ou le karité qui, bien que ses fruits soient consommés, est essentiellement envisagé comme un arbre oléifère. D'autres

---

[112] GIFFARD (Pierre-Louis), *Les essences de reboisement au Sénégal : le Kad Acacia albida Del (Faidherbia albida Chev)*, 1974, CTFT, Dakar, Mimeo, 35 pages, cité par TIEGA (Anada), « Fondement, défis et perspectives d'une justice environnementale », *Revue Liaison Énergie-Francophonie*, n° 98, 3e trimestre 2014, p. 81.

[113] DURAND (Claude), *Les anciennes coutumes pénales du Tchad*, Paris, L'Harmattan, coll. Pour mieux connaître le Tchad, 2002, 500 p.

arbres complètent la liste : caïlcédrat, savonnier, tamarinier, jujubier, etc.[114] Tous ces produits sont par ailleurs commercialisés. Ce qui participe de l'économie verte.

Dans la partie septentrionale du Tchad, désertique (zone saharienne)[115], il existe aussi des raisons, mais pour une large part économiques, de protéger la nature. De fait, il existe dans cette zone, des plantes gommifères[116]. L'*acacia albida* et le tamarinier apparaissent propices à ce titre, quoiqu'ils ne soient pas les seuls à produire des gommes[117]. Il va de soi que ces types de plantes reçoivent une protection particulière de la part de tous et de chacun car, pour reprendre SITACK YOMBATINA Béni, « à court et long terme, la gomme arabique, constitue une composante non négligeable de l'économie rurale dans le cadre de la valorisation des produits et ressources du terroir »[118].

Ce sont autant de pratiques, de restrictions et de vertus, et la liste est longue, qui favorisent la conservation ou la rationalisation de l'exploitation des ressources naturelles par les sociétés traditionnelles.

Au demeurant, on peut ajouter également que les sociétés traditionnelles sont fortement grégaires, non pas dans le sens

---

[114] SEIGNOBOS (Christian) et MADJIGOTO (Robert), *op. cit.*, p. 645.

[115] La zone saharienne se situe sensiblement entre les 16e et 23e parallèles Nord, et entre les 15e et 24e méridien Est. Elle couvre une superficie de 600 350 km², soit 48% de la superficie totale du pays. Cf. à ce propos Ministère de l'Environnement et de l'Eau, *Programme d'Action National de lutte contre la désertification*, N'D2jaména, 2003, p. 5.

[116] « Le Tchad est deuxième producteur mondial de la gomme kitir (environ 30% de la production tchadienne) et le premier producteur mondial de la gomme friable ». V. Agence Nationale des Investissements et des Exportations, *L'abécédaire des exportations du Tchad*, 2020, p. 18.

[117] KOPP (André), « L'exploitation de la Gomme au Territoire du Tchad », *Revue de botanique appliquée et d'agriculture coloniale*, 20e année, bulletin n° 228-229, août-septembre 1940, p. 566.

[118] SITACK YOMBATINA (Béni), *Droit et filière intégrée de la gomme arabique au Tchad*, Bruxelles, Editions Academia, coll. Publications de l'Institut universitaire André Ryckmans, n° 3, 2009, p. 18.

moutonnier du terme mais parce qu'elles ont la propension à se conformer, peut-être moins rigoureusement de nos jours, à leurs us et coutumes. Le non-conformisme y étant exclu[119], la crainte de l'excommunication pour désobéissance aux normes et valeurs locales est aussi bien persuasive que dissuasive, selon les cas[120]. Ce qui peut favoriser dans une certaine mesure la préservation de l'environnement, singulièrement la rationalisation de l'utilisation des ressources naturelles.

De ce point de vue, les anciennes règles coutumières, et même certaines de celles encore applicables de nos jours, sont plus respectées que ne le sont celles issues du droit écrit et constitue, à cet égard, une alternative à celui-ci.

PARAGRAPHE II : LE DROIT COUTUMIER TRADITIONNEL DE L'ENVIRONNEMENT : UNE ALTERNATIVE AU DROIT ÉCRIT

Les règles coutumières constituent, en droit tchadien, une alternative au droit écrit. Cette place accordée à la coutume n'est pas sans fondement **(A)** et son alternativité au droit écrit est mesurable **(B)**.

A. LE FONDEMENT DU CARACTÈRE ALTERNATIF DU DROIT COUTUMIER TRADITIONNEL DE L'ENVIRONNEMENT AU DROIT ÉCRIT

En deux décennies, le Tchad a connu trois assises de grande importance, toutes tenues à N'Djaména. Il s'agit d'une part de la Conférence Nationale Souveraine du 15 janvier au 7 avril 1993 et d'autre part, du Forum National Inclusif du 19 au 27 mars 2018 suivi du Deuxième Forum National Inclusif du 29

---

[119] LE CORNEC (Jacques), *op. cit.*, p. 28.

[120] C'est à juste titre que le Juge Kéba MBAYE (1924-2007) avançait que : « Les droits [en Afrique] empruntent la forme du rite auquel il faut obéir, parce qu'il commande comme à un impératif catégorique au sens kantien du terme ». MBAYE (Kéba), « Le Monde Noir et les Droits de l'homme », *Revue internationale des Droits de l'homme*, 1970, p. 690 et suiv.

octobre au 1er novembre 2020. L'une, la Conférence Nationale Souveraine, marque l'ère de la démocratisation du Tchad et les autres, les deux Forums Nationaux Inclusifs (bientôt le troisième en marge de la Transition en cours), visent le renforcement de la démocratie plus ou moins intégrée. Ces trois assises ont vu la participation des autorités traditionnelles, en sus des autres composantes de la société tchadienne. Ce sont là deux éloquents témoignages de l'intégration des communautés traditionnelles, et certaines de leurs règles avec elles, dans la gouvernance publique.

Les règles coutumières de manière générale sont reconnues par la constitution, même si leur applicabilité est conditionnée. Cette reconnaissance semble être la transposition de la Charte africaine des droits de l'homme et des peuples du 27 juin 1981[121], ratifiée par le Tchad en 1986.

Pour sa part, la loi fondamentale laisse en effet entendre qu'elles peuvent faire l'objet de codification ; que bien que ne pouvant pas s'appliquer à tous les Tchadiens, elles peuvent du moins l'être dans les communautés où elles sont reconnues ; mais que pour autant, elles ne doivent pas contrarier l'ordre public et le principe d'égalité entre les citoyens[122]. Autres restrictions, la loi nationale est seule applicable en cas de conflit entre deux (2) ou plusieurs règles coutumières[123] et les réparations issues de l'application des règles coutumières ne peuvent faire obstacle à l'action publique[124].

Ceci donne une idée de la consistance de l'alternativité des règles coutumières au droit écrit dans l'ordre juridique tchadien.

---

[121] Cf. article 17 (3) de la Charte africaine des droits de l'homme et des peuples de 1981.

[122] Article 176 de la Constitution révisée du 04 mai 2018.

[123] Article 162 alinéa 3, *op. cit.*

[124] Article 163, *op. cit.*

B. LA CONSISTANCE DE L'ALTERNATIVITÉ DES RÈGLES COUTUMIÈRES AU DROIT ÉCRIT EN MATIÈRE ENVIRONNEMENTALE

La constitution fait état de la consécration de la suppléance de la loi nationale écrite par des règles coutumières. Cette consécration constitutionnelle, non reprise dans les textes relatifs à l'environnement, peut à tout le moins être transposée *ad libitum* en la matière.

Si au Cameroun voisin par exemple, la loi-cadre relative à la gestion de l'environnement prévoit le principe de subsidiarité[125], au Tchad par contre, la loi n° 14/PR/98 du 17 août 1998 définissant les principes généraux de protection de l'environnement est muette à ce sujet.

Ainsi, la place de la coutume dans l'ordre juridique tchadien justifie que l'on la qualifie d'alternative. À la vérité, la coutume au Tchad est *secundum legem* (elle s'applique en vertu de la loi) et ce, rien qu'à la faveur de sa reconnaissance par la loi fondamentale comme norme alternative à la loi nationale (normes écrites). À l'évidence, elle n'est pas, comme au Cameroun et dans bien d'autres ordres juridiques nationaux, *praeter legem* (pouvant remédier à une lacune et compléter la loi) puisque la loi nationale ne l'autorise pas à combler ses lacunes.

Il ne résiste donc à aucun constat lucide qu'à cet égard, la législation tchadienne se passe d'un apport non des moindres car, les règles coutumières pourraient non seulement combler son silence, mais surtout apparaître, dans certains cas, mieux préservatrices de l'environnement que les normes écrites.

---

[125] L'article 9 (f) de la loi n° 96/12 du 05 août 1996 prévoit en effet que le principe de subsidiarité, c'est le principe selon lequel, « en l'absence d'une règle de droit écrit, générale ou spéciale en matière de protection de l'environnement, la norme coutumière identifiée d'un terroir donné et avérée plus efficace pour la protection de l'environnement s'applique ».

CONCLUSION DU CHAPITRE I

D'un droit absolu, le droit coutumier est devenu successivement une alternative, d'abord au droit colonial et ensuite au droit postcolonial.

Pourtant, comme a pu l'écrire le Juge Kéba MBAYE, il existait, bien avant même l'ère coloniale, un droit africain traditionnel. Sauf que l'application de ce dernier « a été contrariée (...) sous domination étrangère par un ensemble de faits, de textes, de décisions et pratiques fondés sur la distinction dans la société coloniale de deux groupes aux droits différents »[126].

Au Tchad, ce constat se vérifie. Les structures traditionnelles ont certes perdu leur envergure d'antan, mais elles demeurent actrices de base de la gouvernance publique et du développement local. En matière environnementale, en l'occurrence, ce chapitre met en lumière le rôle que jouent ou peuvent jouer les autorités traditionnelles et coutumières.

Par conséquent, quoiqu'amoindri par les droits colonial et postcolonial, il serait toutefois injuste de qualifier d'inexistant le droit coutumier traditionnel de l'environnement au Tchad.

---

[126] MBAYE (Kéba), *Les droits de l'homme en Afrique*, *op. cit.*, p. 55.

CHAPITRE II : DU DROIT COLONIAL AU DROIT POSTCOLONIAL DE L'ENVIRONNEMENT AU TCHAD

Le droit écrit tchadien plus généralement, et particulièrement celui intéressant l'environnement, étaient successivement, avant l'ère actuelle dite moderne, et sont toujours par endroits, sous l'emprise du droit colonial **(section I)** et du droit postcolonial **(section II)**.

SECTION I : LE DROIT COLONIAL RELATIF À L'ENVIRONNEMENT

Le droit colonial relève de l'histoire du droit. En plus d'intéresser diversement l'environnement **(§ II)**, il se caractérise par quelques éléments qui le définissent **(§ I)**.

PARAGRAPHE I : LES CARACTÉRISTIQUES DU DROIT COLONIAL DE L'ENVIRONNEMENT

Par définition, le droit colonial est un droit de la domination. C'est à ce titre non seulement un droit de source étrangère **(A)**, mais il assure surtout une protection indirecte et utilitariste **(B)**.

A. LE DROIT COLONIAL DE L'ENVIRONNEMENT : UN DROIT DE SOURCE ÉTRANGÈRE

La domination de laquelle procède le droit colonial (y compris celui intéressant l'environnement) est marquée par la mise en place institutionnelle et politique de la colonisation qui débuta souvent entre les années 1890 et 1919. C'est notamment le cas du Tchad[127].

Ayant adhéré en septembre 1958, avec plusieurs autres pays (Congo, Côte-d'Ivoire, Dahomey, Gabon, Haute Volta, Madagascar, Mauritanie, Niger, République centrafricaine,

[127] COQUERY-VIDROVITCH (Catherine), *op. cit.*, p. 17.

Sénégal et Soudan), à l'Union des territoires d'outre-mer (Union française), le Tchad a acquis son indépendance en 1960. De ce fait, les colonies ne se présentaient que comme les excroissances des États métropolitains.

Il convient de souligner aussi que la littérature sur le droit colonial de l'environnement au Tchad n'est pas prolifique[128]. De toutes les manières, même les documents et textes existants et intéressant l'environnement, n'assuraient qu'une protection indirecte et utilitariste.

B. LE DROIT COLONIAL : UN DROIT ASSURANT UNE PROTECTION INDIRECTE ET UTILITARISTE DE L'ENVIRONNEMENT

Le droit colonial, tirant ses sources du droit applicable dans l'État colonisateur, secrète des normes pour la cause du besoin dans les colonies.

Le droit colonial assure une protection indirecte et essentiellement utilitariste de l'environnement. Le colon s'est contenté en effet d'exploiter les ressources naturelles africaines et, pour ce faire, a bâti des villes, des infrastructures routières et portuaires, une administration coloniale, etc.[129]

C'est donc, le droit colonial, un droit d'opportunité qui ne s'est ramenée qu'à faciliter la tâche à l'administration coloniale et, en matière environnementale, à optimiser l'approvisionnement de la métropole en ressources naturelles. Il s'agit littéralement de spoliation des ressources naturelles des colonies. Le Commissaire du gouvernement, Jean-Pierre-Louis ROMIEU (1858-1953) en a donné bonne illustration, lorsqu'il définissait le contrat de concession de terres coloniales dans ses

---

[128] Cécile SOUCHON écrit à ce propos que : « La pénétration tardive de la France en Afrique centrale rend peu nombreux les documents intéressant l'environnement pour la période concernée ». V. SOUCHON (Cécile), « Archives nationales : Centre d'Aix-en-Provence, Centre des Archives d'Outre-mer » *in* CORVOL (Andrée) (dir.), *Les sources de l'histoire de l'environnement. Le XIXe siècle*, Paris-Québec, L'Harmattan, 1999, p. 433.

[129] COQUERY-VIDROVITCH (Catherine), *op. cit.*, p. 17.

conclusions en 1897, à propos du procès intenté par deux concessionnaires de Côte d'Ivoire pour invalider la déchéance par l'État français de leurs concessions[130].

Mieux, la Déclaration des Nations Unies sur les droits des peuples autochtones du 13 septembre 2007 reconnaît sans ambages cette réalité historique dans son préambule[131].

Il procède de ce qui précède que la puissance coloniale s'est octroyé le droit d'exploiter les ressources naturelles des colonies. Ce droit trouvait d'autant une existence juridique qu'il était justiciable. Lesquelles ressources naturelles ainsi que d'autres composantes de l'environnement constituent les grands domaines du droit colonial de l'environnement.

PARAGRAPHE II : LES GRANDS DOMAINES DU DROIT COLONIAL DE L'ENVIRONNEMENT

L'ultime motif de la colonisation de l'Afrique par l'Europe était avant tout économique[132]. C'est ainsi que le droit colonial de l'environnement se rapporte essentiellement à deux domaines : l'aménagement du territoire **(A)** et les ressources naturelles **(B)**.

---

[130] Il postulait à ce titre que : « Le contrat de concession aux colonies n'a d'analogue ni en droit civil, ni en droit administratif ; c'est un contrat do ut facias, dans lequel l'autorité concédante confère certains droits à la compagnie concessionnaire en échange de certaines obligations. Ces obligations consistent quelquefois à mettre en valeur ou à exploiter des territoires ». Cf. Jean-Pierre-Louis ROMIEU, « Des contrats de concession aux colonies », *Penant*, 1897, p. 16, cité par FABRE (Martine), « Le contrat de concession aux colonies : norme molle et impact environnemental » *in* DE MARI (Éric) et TAURISSON-MOURET (Dominique) (dir.), *L'impact environnemental de la norme en milieu contraint. Exemples du droit colonial et analogies contemporaines*, Paris, Victoires Éditions, 2012, p. 190.

[131] En effet, dans le préambule de cette Déclaration, l'Assemblée générale des Nations Unies reconnait être « préoccupée par le fait que les peuples autochtones ont subi des injustices historiques à cause, entre autres, de la colonisation et de la dépossession de leurs terres, territoires et ressources, ce qui les a empêchés d'exercer, notamment, leur droit au développement conformément à leurs propres besoins et intérêts ».

[132] COQUERY-VIDROVITCH (Catherine), *op. cit.*, p. 93.

A. L'AMÉNAGEMENT DU TERRITOIRE

La colonisation étant essentiellement axée sur la gestion des territoires, on constate que le droit colonial intéressant l'environnement au Tchad est fondamentalement foncier.

À ce titre, on peut citer, entre autres textes, le décret du 28 mars 1899, modifié en décembre 1920, fixant le régime de la propriété foncière, le décret du 20 juillet 1900 et du 24 juillet 1906 organisant le système de l'immatriculation, le décret du 8 octobre 1925 relatif à la constatation des droits coutumiers, le décret du 15 novembre 1935 incorporant au domaine privé les terres inexploitées depuis plus de dix ans, le décret du 20 mai 1955 portant réorganisation foncière et domaniale, le décret du 10 juillet 1956 portant application du décret du 20 mai 1955. On ne saurait omettre au rang de ces textes la loi n° 04 du 31 octobre 1959 sur le nomadisme, intervenue quasiment à l'ère où le Tchad, bien que proclamé République (28 novembre 1958), n'était pas encore solennellement indépendant.

Cependant, pour une certaine opinion, le droit colonial, dicté par la métropole, avait plutôt pour objectif de « substituer l'ordre civilisé au désordre sauvage »[133]. Or, l'histoire coloniale rend compte de ce que l'encadrement juridique relatif à l'aménagement du territoire était opéré à dessein de favoriser l'exploitation des ressources naturelles dans toute leur diversité.

B. LES RESSOURCES NATURELLES

En période coloniale, les normes directrices édictées en métropole étaient répercutées au Tchad au travers des mesures d'application. De manière générale, ces mesures d'application correspondent à des réglementations sectorielles. Ainsi, en est-il par exemple en matière environnementale, du régime domanial, du régime forestier, du régime minier, etc.

---

133 POUCHEPADASS (Jacques), « Colonisation et environnement », *Revue française d'histoire d'outre-mer*, société française d'histoire d'outre-mer, Paris, 2e trimestre 1993, p. 11.

S'il semble que « l'idée de départ était de mettre en valeur, à peu de frais, les territoires conquis et donc, de compter sur les concessionnaires pour construire les infrastructures essentielles au développement économique de la région [colonisée] (...), en fait de mise en valeur, il y a eu un pillage des richesses naturelles sans apport durable »[134]. Selon la Professeure Andrée CORVOL en tous cas, la mainmise économique française sur l'Afrique laissera une empreinte profonde et durable[135].

Aussi, pour un naturaliste du Tarn, « jusqu'ici, toutes les fois que l'homme civilisé (?) a colonisé un pays précédemment inhabité ou livré à des peuplades sauvages, il s'est empressé de faire disparaître tout ce qui tentait trop fortement ses appétits, ou qui gênait son œuvre d'expansion »[136].

En fait, la colonisation a fortement contribué à spolier les ressources naturelles des colonies[137]. Et aussi curieux que cela puisse paraitre, le droit colonial demeure en vigueur, par endroits, dans la plupart des pays africains et fait donc encore partie de leurs corpus juridiques. C'est dire qu'au Tchad, le droit colonial a fortement influencé la construction de son successeur, le droit postcolonial.

SECTION II : LE DROIT POSTCOLONIAL DE L'ENVIRONNEMENT

Pour comprendre l'évolution du droit postcolonial au Tchad, du moins en matière environnementale, il est nécessaire de le

---

[134] FABRE (Martine), *op. cit.*, p. 203.

[135] CORVOL (Andrée) (dir.), *op. cit.*, p. 432.

[136] *Revue scientifique et littéraire du département du Tarn*, 1888-1889, p. 8, cité par CORVOL (Andrée) (dir.), *op. cit.*, p. 81.

[137] Comme le rappelle avec force la Commission Africaine des Droits de l'Homme et des Peuples (CADHP) dans l'affaire *Peuple Ogonie*, la période coloniale était une « période durant laquelle les ressources matérielles et humaines de l'Afrique ont été largement exploitées au profit des puissances étrangères, créant ainsi une tragédie pour les Africains eux-mêmes, les privant de leurs droits inaliénables et de leurs terres ». Cf. 155/96 : Social and Economic Rights Action Center (SERAC) and Center for Economic and Social Rights (CESR) / Nigeria, paragraph 55.

délimiter aussi bien dans le temps que matériellement **(§ I)**, sans toutefois occulter le bilan dont il est porteur **(§ II)**.

PARAGRAPHE I : LA DÉLIMITATION TEMPORELLE ET MATÉRIELLE DU DROIT POSTCOLONIAL DE L'ENVIRONNEMENT

Le droit postcolonial de l'environnement s'inscrit dans un cadre temporel défini **(A)** et se rapporte à quelques matières limitatives **(B)**.

A. LE TEMPS DU DROIT POSTCOLONIAL DE L'ENVIRONNEMENT

Le droit postcolonial est formé par un ensemble de textes secrétés pendant la période d'après indépendance s'étalant sur trois décennies, c'est-à-dire allant des années 1960 aux années 1980[138]. C'est un droit fortement mimétique et cela, en ce qu'il est fortement inspiré du droit colonial, car ayant du mal à se dépoussiérer de ce dernier.

La législation tchadienne n'a pas échappé à l'influence de l'héritage colonial. Dans le domaine environnemental au Tchad, il est perceptible dans un certain nombre de domaines indentifiables.

B. LES MATIÈRES DU DROIT POSTCOLONIAL DE L'ENVIRONNEMENT

En matière environnementale, le droit postcolonial intéresse essentiellement la gestion de la terre liée aux systèmes agricoles. Le cadre juridique du foncier a hérité d'une situation

[138] Cette délimitation tient compte des années 1990, l'ère marquant le constitutionnalisme africain dont l'idée directrice était de faire des constitutions africaines et partant, des législations africaines, des textes ancrés par les réalités et les valeurs multiformes propres à l'Afrique et aux Africains. Cette époque marque évidemment l'éclosion du droit dit moderne en Afrique, au Tchad y compris (avec notamment l'adoption de la Constitution du 31 mars 1996 et la loi-cadre de 1998).

juridique marquée par la coexistence difficultueuse de deux régimes juridiques (moderne et traditionnel).

C'est ainsi que nonobstant la création de l'Observatoire du Foncier au Tchad (OFT)[139], des difficultés subsistent. En effet, les problèmes majeurs demeurent la vétusté du cadre juridique (cf. les lois de 67)[140] hérité du système colonial et la non-codification des lois coutumières après soixante années d'indépendance. Or, pour un pays ayant un fort ancrage traditionnel, il est nécessaire, pour paraphraser l'adage, de « replacer nos us et coutumes au cœur de notre gouvernance ».

La majorité des populations tchadiennes étant rurale, l'adaptation des textes hérités de la colonisation aux réalités actuelles devient une urgence, surtout pour ce qui concerne la gestion des terroirs.

À l'analyse, l'influence du droit colonial sur le droit foncier postcolonial au Tchad s'est ancrée avec l'introduction par le colon de la culture du coton. Cette culture s'est faite d'abord collectivement sous contrainte, et s'est ensuite libéralisée pour ses avantages pécuniaires[141]. L'intérêt d'appropriation des terres est donc d'abord né aux fins de maximiser la production du coton avant de s'étendre à ses nouvelles dimensions.

Aujourd'hui en effet, deux facteurs rendent la réforme du régime foncier urgente : l'un est d'ordre climatique et l'autre, politique. De fait, il faut noter d'une part que la sécheresse et la dégradation de l'environnement provoquent un important mouvement migratoire vers le sud (où les pluies sont plus ou moins abondantes et les terres, fertiles) et un phénomène de compétition accrue sur la terre. D'autre part, il faut relever que

---

139 Cf. décret n° 215/PR/MES/2001 du 24 avril 2001 portant création de l'OFT.

140 Il s'agit des lois n° 23 du 22 juillet 1967 portant statut des biens domaniaux, n° 24 du 22 juillet 1967 sur le régime de la propriété foncière et des droits coutumiers et n° 25 du 22 juillet 1967 sur la limitation des droits fonciers.

141 YONOUDJIM (Charles) et CHERIF (Abdelsalam), *La problématique foncière au Tchad*, N'Djaména, Janvier 1994, p. 12.

l'appel pressant du feu président de la République, Idriss DÉBY ITNO (1952-2021), au retour à la terre nourricière, suscite une forte affluence des Tchadiens vers les activités de culture à l'effet de réaliser la politique d'autosuffisance alimentaire. Ces deux facteurs, climatique et politique, entrainent tous deux une forte pression anthropique sur la terre.

À l'évidence, par une réforme du régime foncier, qui serait prioritairement agraire, on réaménagerait les conditions et mécanismes d'accès à la terre ainsi qu'on fiabiliserait les titres fonciers et partant, on préviendrait les dissensions intestines liées à la terre qui n'ont que trop duré. Pour parvenir à ces réformes, il est plus que nécessaire de faire le bilan du droit postcolonial de l'environnement.

PARAGRAPHE II : LE BILAN DU DROIT POSTCOLONIAL DE L'ENVIRONNEMENT

Il est de constat que le droit postcolonial de l'environnement n'est pas consistant. Mais il n'y a pas que ce facteur qui mitige ses effets **(A)**. Toutefois, il n'en reste pas moins que c'est un droit qui reste substantiellement applicable **(B)**.

A. LES EFFETS MITIGÉS DU DROIT POSTCOLONIAL EN MATIÈRE ENVIRONNEMENTALE

Léopold SÉDAR SENGHOR (1906-2001), en interpellation aux experts chargés de la rédaction de la Charte africaine des droits de l'homme et des peuples de 1981, disait sans ambages ceci : « Il ne s'agira, pour nous Africains, ni de copier, ni de rechercher l'originalité pour l'originalité. Il nous faudra faire preuve, en même temps, d'imagination et d'efficacité. Celles de nos traditions qui sont belles et positives pourront nous inspirer. Vous devrez donc avoir constamment à l'esprit nos valeurs de civilisation et les besoins réels de l'Afrique »[142].

---

[142] Cité par MBAYE (Kéba), *Les droits de l'homme en Afrique*, *op. cit.*, p. 152.

On peut lire dans ces propos de SENGHOR un appel à se démarquer des pratiques anciennes qui consistaient à copier paresseusement les textes des anciens colons. Et cela, au mépris des contextes propres à chaque pays africain.

Le Tchad, bien qu'ayant, comparativement à d'autres États africains, pris beaucoup de temps à réformer son système foncier (1967) après son indépendance (1960), n'a pas su adapter le cadre juridique foncier aux réalités des communautés locales. Il ressort, en effet, de l'analyse des textes y relatifs que « la puissance publique est la principale bénéficiaire des terres et que la propriété privée au sens absolu n'est qu'illusoire »[143].

Le Professeur DJIKOLOUM Benjamin BÉNAN relève à ce titre des insuffisances du corpus juridique en matière foncière. En effet, il constate que le législateur, au-delà d'accorder à l'État une place de « grand maitre du sol », a institué une sorte de présomption universelle de vacance calquée sur le décret colonial du 20 mai 1955 qui met à mal les droits coutumiers. Aussi, il déplore l'alourdissement de l'acquisition de la propriété foncière ainsi que les atteintes y relatives. Il en appelle à l'élaboration et l'adoption d'un Code foncier car, pour l'heure, les textes de 1967 demeurent applicables. Lesquels textes font subsister le droit postcolonial dans le droit applicable à ce jour au Tchad.

B. LES RELIQUATS DU DROIT POSTCOLONIAL DE L'ENVIRONNEMENT DANS LE DROIT APPLICABLE

Les sociétés africaines ont été fortement affectées par les effets multiformes de la colonisation. Beaucoup d'entre elles en gardent encore les stigmates[144].

---

[143] DJIKOLOUM BÉNAN (Benjamin), « Analyse critique du droit foncier tchadien » *in* Actes de Colloque Scientifique de N'Djaména : *La question foncière au Tchad*, 28 juin au 1er juillet 2004, p. 42.

[144] On a pu écrire à ce propos que « cette rencontre [le contact entre l'Afrique et le monde indo-européen] a eu les conséquences d'un télescopage dévastateur dont les séquelles mettront du temps à se cicatriser ». V. KUASSI

Pour mieux se rendre compte de l'impact du droit postcolonial sur le droit en vigueur, il est nécessaire de faire observer que celui-ci (droit postcolonial) a, lui, été assez influencé par le droit colonial. Ce dernier, pour sa part, s'étant occupé du redécoupage des territoires africains, a notablement redessiné le paysage du continent, tant culturel qu'environnemental, empreint de conflits (conflits d'identité, de pouvoirs, etc.).

Au Tchad, le droit postcolonial de l'environnement, qui ne porte de manière essentielle que sur le foncier, n'a pas connu une réforme jusqu'à ce jour. C'est dire que le droit applicable en matière foncière au Tchad reste constitué des lois de 1967 et leurs textes d'application.

MONKOTAN (Jean-Baptiste), « La protection de l'environnement en Afrique, une responsabilité de l'Administration : soliloque sur une idée aussi « sotte que grenue », *Revue juridique Thémis*, 1999, p. 123.

CONCLUSION DU CHAPITRE II

L'un, un droit de domination et l'autre, un droit hérité du dominateur, les droits colonial et postcolonial ont fortement influencé l'organisation et le fonctionnement du Tchad. L'environnement physique de cet État membre de la CEMAC n'y a pas échappé.

L'un, un droit utilitariste et l'autre, mimétique, ces deux droits ont pour trait commun de méconnaitre les réalités propres des peuples autochtones ou du moins des communautés vivant sur le territoire tchadien dans leurs diversités. Toutefois, ils se distinguent l'un de l'autre par leurs finalités.

En effet, si le droit colonial relatif à l'environnement n'avait pour but essentiel que l'aménagement du territoire et l'exploitation des ressources naturelles de la colonie tchadienne, le droit postcolonial intéressant l'environnement, lui, s'est prioritairement intéressé, quoique maladroitement, à la fixation d'un régime de redistribution des terres autrefois accaparées par le colon.

Il en ressort que l'un, le droit colonial, s'est fondu dans l'autre, le droit postcolonial. Ce dernier, quand bien même qu'il s'est dépoussiéré du premier, demeure cependant porteur de ses limites. C'est pourquoi, il est impérieux de réformer les domaines auxquels il s'applique encore. En l'occurrence, les lois de 1967 fixant le régime juridique foncier. Le législateur est, à ce titre, fortement interpellé.

CONCLUSION DU TITRE I

« Du passé, on ne saurait faire table rase ni aujourd'hui ni demain ni après demain. Le fil rouge qui relie les générations court ainsi des actes qu'elles ont conçus et commis aux actes qu'elles nous ont légués »[145]. Or, on a pu relever à cet effet que : « Le droit positif de l'environnement se nourrit jusqu'ici d'empirisme sans parvenir à construire les bases conceptuelles et méthodologiques fondamentales, nécessaires à l'essor de toute discipline autonome. Un recours à l'histoire juridique (...) permettrait sans nul doute de mieux appréhender la cohérence interne de cette donnée fondamentale de la vie des sociétés : l'équilibre entre l'homme et son milieu »[146].

C'est ainsi que, sans remettre en cause la jeunesse du droit positif tchadien de l'environnement, ce titre a, sinon de faire de l'histoire du droit de l'environnement au Tchad, du moins permis de mettre en exergue trois types de règles (coutumières, coloniales et postcoloniales) qui influençaient ou influencent encore plus ou moins la gestion de l'environnement tchadien. Lesquelles règles ont pour trait commun d'être surplombées aujourd'hui par le droit positif.

D'abord le premier type de règles (droit coutumier), plus ancien car existant depuis des temps immémoriaux, est fortement inhibé aujourd'hui par les normes écrites. Ensuite le deuxième (droit colonial), n'ayant à ce jour presque plus de valeur juridique, survit toutefois dans le troisième type de règles (droit postcolonial) qui, lui, est certes quasi-inopérant face aux réalités de l'heure, mais n'en demeure pas moins applicable dans bien des cas.

Toutefois, même s'il faut convenir de ce que le droit postcolonial, à la faveur de certains de ses textes, demeure

---

[145] CORVOL (Andrée) (dir.), *op. cit.*, pp. XX-XXI.

[146] LUNEL (Pierre), BRAUN (Pierre), FLANDIN-BLETY (Pierre) et TEXIER (Pascal), « Pour une histoire du droit de l'environnement », *RJE*, n° 1, 1986, p. 43.

fortement ancré dans la législation tchadienne intéressant l'environnement, il faut également et surtout mettre en avant d'autres règles plus ou moins récentes qui forment le droit positif tchadien de l'environnement.

TITRE II : LES RÈGLES DU DROIT TCHADIEN DE L'ENVIRONNEMENT

Le droit de l'environnement est encadré par une kyrielle de règles. Ces règles sont essentiellement secrétées par le droit international avant d'être diversement reprises par les États. Le Tchad n'en fait pas abstraction.

Sur la scène internationale, il se pose avec acuité le problème de la contraignabilité de certaines normes produites par les acteurs du droit international. C'est notamment le cas des textes non juridiques, aussi qualifiés de « droit mou », dont le plus illustre en matière environnementale est la Déclaration de Rio sur l'environnement et le développement de 1992. En effet, cela va sans dire, mais par prétérition, il est judicieux de rappeler que la règle de droit est par essence, au-delà d'être abstraite et nécessaire, obligatoire.

Toutefois, la problématique tant accrue d'applicabilité et d'opposabilité des textes non juridiques sur le plan international, disparait au plan interne dès lors qu'un État en intègre leurs dispositions dans son ordonnancement juridique. *Mutatis mutandis*, lesdites dispositions tirées des textes internationaux non juridiques, intégrées dans l'ordre juridique dudit État, deviennent des règles de droit au sens propre du terme. Ainsi que le souligne le Professeur Filali OSMAN, « le droit mou n'est [...] pas condamné à une ineffectivité en raison de son caractère non contraignant. Sa juridicité doit être dissociée de son effectivité »[147].

[147] OSMAN (Filali), « Avis, directives, codes de bonne conduite, recommandations, déontologie, éthique, etc. : réflexion sur la dégradation des sources privées du droit », *RTD civ.*, 1995, 509-531, spéc. 525, cité par FONTAINE (Lauréline), « Les sources nouvelles en droit de l'environnement » *in* FONBAUSTIER (Laurent), MARTIN (Gilles), FONTAINE (Lauréline), ROBERT (Jacques-Henri), GRARE-DIDIER (Clothilde), TRÉBULLE (François Guy), LE BARS (Thierry) et VAN LANG (Agathe) (dir.), *op. cit.*, p. 51.

Ceci étant, les règles du droit tchadien de l'environnement sont constituées de toutes les normes, intégrées explicitement ou pas dans la législation tchadienne, qui trouvent leur application effective au pays de Toumaï.

Au demeurant, comme le dirait le Professeur Hans KELSEN, ces règles désignent tous les actes juridiques ayant à la fois pour fonction de créer et d'appliquer des normes juridiques[148]. Ce qui renvoie aux différentes sources classiques du droit tchadien de l'environnement **(chapitre I)**. Mais bien plus, le droit de l'environnement au Tchad s'articule également autour des règles principielles **(chapitre II)**.

---

148 KELSEN (Hans), *op. cit.*, p. 129.

CHAPITRE I : LES SOURCES CLASSIQUES DU DROIT TCHADIEN DE L'ENVIRONNEMENT

Le terme « sources du droit » peut revêtir deux sens différents. D'une part, il peut désigner les institutions (parlement ou gouvernement) qui créent les règles juridiques ou peuvent conclure des traités internationaux. D'autre part, le terme désigne les textes ou instruments dans lesquels on peut trouver les règles juridiques[149]. Le droit tchadien de l'environnement, qui procède essentiellement des textes, n'est donc pas un phénomène *ex nihilo*. La plupart des actes juridiques qui en découlent sont à la fois des actes de création et d'application du droit. Ils appliquent une norme d'un degré supérieur et créent une norme d'un degré inférieur[150]. D'où, les sources supra-législatives et législatives **(section I)** et, celles infra-législatives **(section II)**[151].

SECTION I : LES SOURCES SUPRA-LÉGISLATIVES ET LÉGISLATIVES

Constituent des sources supra-législatives, les normes qui revêtent une valeur supérieure à celle des lois, et législatives,

---

[149] KISS (Alexandre), Introduction au droit international de l'environnement, 2e éd., Cours d'enseignement à distance en droit international de l'environnement de l'UNITAR (Institut des Nations Unies pour la Formation et la Recherche), p. 43.

[150] KELSEN (Hans), *op. cit.*, p. 128.

[151] Toutefois, une précision s'impose relativement à la mise à l'écart de la jurisprudence, de la doctrine ainsi que de la coutume du rang des sources du droit tchadien de l'environnement dans le cadre de ce chapitre. D'abord, la jurisprudence, certes inconsistante, est assez relevée dans le Titre II (chapitre 2) de la 2nde Partie de l'ouvrage consacré au contentieux de l'environnement au Tchad. Puis, la doctrine, elle, apparait marginale du fait de sa faiblesse en matière environnementale au Tchad. Enfin, pour ce qui concerne la coutume qui, elle aussi, constitue une source du droit de l'environnement, elle est ignorée dans le présent chapitre parce qu'ayant déjà fait l'objet de larges développements en ce sens dans le premier chapitre du titre précédent.

celles qui ont valeur de loi. C'est pourquoi, au Tchad, la constitution, suivie ou superposée, selon les cas, par les traités ou accords internationaux, se positionne au sommet de l'ordonnancement juridique interne **(§ I)**, secondée par les lois **(§ I)**.

PARAGRAPHE I : LA CONSTITUTION ET LES TRAITÉS OU ACCORDS INTERNATIONAUX

Dans l'ordre juridique interne, y compris en matière environnementale, il existe deux types de textes qui supplantent tous les autres. Il s'agit, sans préjudicier leur ordre de valeur, de la constitution **(A)** et des traités ou accords internationaux **(B)**.

A. LA CONSTITUTION

La constitution est la loi fondamentale qui irrigue l'ordre juridique de l'État. Elle règle elle-même sa propre création, détermine comment une autre norme doit être créée et aussi, mais dans une mesure variable, quel doit en être le contenu[152]. Elle est par ailleurs chargée de connotations hétérogènes : politiques, historiques, juridiques[153]. Beaucoup de choses peuvent s'appeler « constitution », mais toutes ne sont pas des constitutions au sens juridique du terme[154].

En vertu de ce qui précède, dans l'ordre juridique interne, les dispositions constitutionnelles sont les normes suprêmes devant lesquelles toutes les autres s'inclinent[155]. Cependant, au rang des dispositions constitutionnelles, il en existe certaines qui ont

---

[152] KELSEN (Hans), *op. cit.*, pp. 122-123.

[153] FAVOREU (Louis), GAÏA (Patrick), GHEVONTIAN (Richard), MESTRE (Jean-Louis), PFERSMANN (Otto), ROUX (André) et SCOFFONI (Guy), *Droit constitutionnel*, 21e éd., Paris, Dalloz, 2019, p. 65.

[154] *Ibidem*, p. 66.

[155] VAN LANG (Agathe), « Les sources traditionnelles en droit de l'environnement » *in* FONBAUSTIER (Laurent), MARTIN (Gilles), FONTAINE (Lauréline), ROBERT (Jacques-Henri), GRARE-DIDIER (Clothilde), TRÉBULLE (François Guy), LE BARS (Thierry) et VAN LANG (Agathe) (dir.), *op. cit.*, p. 15.

une valeur juridique supérieure et ne sont donc pas révisables. Il s'agit des dispositions supraconstitutionnelles[156].

Par ailleurs, la consécration constitutionnelle du droit à l'environnement au Tchad s'est faite sous l'influence conjointe des facteurs externes et internes. Les facteurs externes tiennent à deux éléments déclencheurs : la Déclaration de Stockholm de 1972 et la Charte africaine des droits de l'homme et des peuples de 1981. Néanmoins, ladite Déclaration a été précédée de deux instruments africains[157]. Les facteurs internes tiennent quant à eux au mouvement de démocratisation amorcé dans les années 1990 qui a ouvert les vannes pour une proclamation abondante des droits de l'Homme, notamment le droit à l'environnement.

Par ailleurs, l'histoire constitutionnelle du Tchad est ponctuée par une foultitude de constitutions et de textes à valeur constitutionnelle[158]. Une autre vient d'ailleurs de s'y ajouter, à savoir la Charte de Transition du 21 avril 2021[159]. Cependant, la constitutionnalisation des règles relatives à l'environnement ne remonte qu'au 31 mars 1996, date marquant non seulement la promulgation de la pénultième constitution, mais également le

---

[156] Lire à ce propos avec intérêt FAVOREU (Louis), GAÏA (Patrick), GHEVONTIAN (Richard), MESTRE (Jean-Louis), PFERSMANN (Otto), ROUX (André) et SCOFFONI (Guy), *op. cit.*, p. 101.

[157] Il s'agit d'une part du mouvement initié à Kano (Nigeria) le 25 mai 1962 avec l'adoption de la Convention contre le criquet migrateur, entrée en vigueur le 13 avril 1963 et d'autre part, de la Convention africaine pour la conservation de la nature et des ressources naturelles adoptée à Alger (Algérie) le 15 septembre 1968, révisée à Maputo (Mozambique) le 11 juillet 2003.

[158] Pour s'en convaincre, il suffit de consulter le *Recueil des Constitutions et textes à valeur constitutionnelle (1958 – 2005)*, publié par le Centre d'Étude et de Formation pour le Développement (CEFOD).

[159] Tirant les conséquences de l'article 102 de ladite charte, qui prévoit le maintien en vigueur des dispositions constitutionnelles, législatives et réglementaires ainsi que des institutions qui ne la contrarient pas, sauf nécessité de précision, nous en faisons fi dans le cadre de cette étude, à la faveur de la loi fondamentale sus-citée.

point de départ du constitutionnalisme environnemental au Tchad[160].

La Constitution en vigueur (celle de 2018 révisée) reconnaît à toute personne le droit à un environnement sain[161]. Elle met la protection de l'environnement à la charge de tous, mais l'État ainsi que les collectivités autonomes en première ligne[162] ; préconise que tout dommage reçoive une juste réparation (la réparation des dommages écologiques est donc érigée en principe à valeur constitutionnelle)[163] et interdit le transit, l'importation, le stockage, l'enfouissement, le déversement sur le territoire national des déchets toxiques ou polluants étrangers[164]. Mieux, cette constitution attribue au domaine de la loi un certain nombre de matières intéressant l'environnement[165]. La liste desquelles matières peut être précisée et complétée par une loi organique[166].

Cependant, la constitution, dans son contenu, est fortement influencée par les traités ou accords internationaux.

B. LES TRAITÉS OU ACCORDS INTERNATIONAUX

Les traités ou accords internationaux relèvent soit du droit international classique, soit du droit communautaire. Lesquels,

---

[160] Le constitutionnalisme environnemental « se matérialise par la reconnaissance constitutionnelle des droits environnementaux ou, plus généralement, par l'intégration au sein des textes constitutionnels de dispositions visant la promotion de la défense de l'environnement ». Cf. CHIU (Victoria) et LE QUINO (Alexis) (dir.), *La protection de l'environnement par les juges constitutionnels*, Paris, L'Harmattan, coll. Droit comparé, 2021, p. 11.

[161] Article 51 de la Constitution révisée du 04 mai 2018.

[162] Articles 52 alinéa 1er et 57 alinéa 1er, *op. cit.*

[163] Article 57 alinéa 2, *op. cit.*

[164] Article 52 alinéa 3, *op. cit.*

[165] Cf. les articles 52 alinéa 2, 137 alinéa 3 (point 6), 137 alinéa 3 (point 12), 137 alinéa 3 (point 13), 137 alinéa 3 (point 14), 137 alinéa 3 (point 18) et 137 alinéa 3 (point 20) de la Constitution révisée du 04 mai 2018.

[166] Article 137 alinéa 4, *op. cit.*

le Professeur Alain ONDOUA désigne sous l'expression globalisante « règles d'origine externe »[167].

Si dans l'ordre juridique interne, la primauté du droit international classique sur les règles constitutionnelles est sujette à controverse[168], le droit communautaire, par contre, a la particularité de s'appliquer prioritairement dans les États membres lorsqu'il se trouve en situation de conflit avec les principes ou règles de droit national (fussent-ils constitutionnels) ou même du droit international[169]. Le Professeur Édouard GNIMPIEBA TONNANG écrit à ce sujet qu' « il ne pouvait d'ailleurs en être autrement dans la mesure où le conflit entre le droit communautaire et le droit national ne peut être résolu que si l'un des deux ordres s'efface devant l'autre »[170]. Le Tchad a adhéré à un grand nombre de traités ou accords internationaux en matière environnementale[171].

Ces textes internationaux relatifs à l'environnement sont substantiellement intégrés dans l'ordre juridique interne par la procédure de constitutionnalisation. Toutefois, la constitution fait supporter l'essentiel de ses effets au législateur[172].

---

[167] ONDOUA (Alain), « Le droit international dans la constitution camerounaise » *in* ATANGANA AMOUGOU (Jean-Louis) (dir.), *Le Cameroun et le droit international*, Paris, Pedone, 2014, p. 295.

[168] Article 236 de la Constitution révisée du 04 mai 2018 : « Les Traités ou Accords régulièrement ratifiés ont, dès leur publication, une autorité supérieure à celle des lois nationales, sous réserve pour chaque Accord ou Traité de son application par l'autre partie »

[169] Cf. à titre indicatif, article 44 du Traité de la CEMAC révisé en 2008, auquel le Tchad est partie.

[170] GNIMPIEBA TONNANG (Édouard), *L'ordre juridique communautaire de la CEMAC*, Paris, L'Harmattan, 2016, p. 103.

[171] Le Tchad a adhéré à une myriade de conventions environnementales relevant tantôt des organisations régionale (Union africaine) et sous régionales (plurielles), tantôt de l'Organisation des Nations Unies (ONU).

[172] VAN LANG (Agathe), « Les sources traditionnelles en droit de l'environnement » *in* FONBAUSTIER (Laurent), MARTIN (Gilles), FONTAINE (Lauréline), ROBERT (Jacques-Henri), GRARE-DIDIER

PARAGRAPHE II : LES LOIS

Tandis que la constitution a essentiellement pour fonction de régler la création des lois et ne s'occupe guère, sinon pas du tout, de leur contenu, la législation détermine aussi bien la création que le contenu des normes. Les lois sont donc à la fois du droit matériel et du droit formel[173]. Ici, il convient d'envisager les lois selon qu'elles soient à vocation générale **(A)** ou à vocation sectorielle **(B)**.

A. LES LOIS À VOCATION GÉNÉRALE

Les lois dites à vocation générale sont celles qui encadrent les matières auxquelles elles se rapportent dans leur ensemble. Peu importe le nom qu'une telle loi peut porter, elle est souvent qualifiée de « loi-cadre »[174]. Au Tchad, en matière environnementale, il en existe une : il s'agit de la loi n° 14/PR/98 du 17 août 1998 définissant les principes généraux de la protection de l'environnement.

La loi-cadre sus-citée, conformément à son article 1er alinéa 1, « a pour objectifs d'établir les principes pour la gestion durable de l'environnement et sa protection contre toutes les formes de dégradation, afin de sauvegarder et valoriser les ressources naturelles et d'améliorer les conditions de vie de la population ». Structurée en huit (8) titres dont chacun est composé de chapitre(s), elle comporte cent sept (107) articles.

La loi-cadre relative à l'environnement au Tchad, de par sa consistance en termes de dispositions, est l'une des plus touffues en Afrique. Cependant, de par son contenu, le législateur de 1998 aurait pu davantage améliorer sa qualité.

On peut en effet regretter que votée deux années après la consécration de la décentralisation dans la Constitution du 31 mars 1996, les collectivités locales, à part avoir été citées

---

(Clothilde), TRÉBULLE (François Guy), LE BARS (Thierry) et VAN LANG (Agathe) (dir.), *op. cit.*, p. 18.

[173] KELSEN (Hans), *op. cit.*, p. 124.

[174] Cf. note de bas de page n° 33, *supra*.

prosaïquement à l'article 4 de la loi-cadre, n'aient pas reçu une attention particulière. Le même constat peut être fait en ce qui concerne les autorités coutumières et traditionnelles qui ont pourtant un rôle important à jouer en matière environnementale. Aussi, l'absence de consécration des modes alternatifs de règlement des différends dans la loi-cadre laisse à désirer. Au demeurant, il aurait été souhaitable qu'il y soit également consacré le mécanisme d'arbitrage, en sus de la transaction.

Toutefois, à la lecture de la législation environnementale au Tchad, l'on peut constater que le droit tchadien prévoit une solution d'arbitrage dans un certain nombre de secteurs environnementaux[175].

Ainsi, les lois à vocation sectorielle vivifient la loi-cadre dans divers secteurs de l'environnement.

B. LES LOIS À VOCATION SECTORIELLE

Il est improbable qu'une loi à vocation générale, encore moins en matière environnementale, puisse s'occuper de chacun des détails de tous les secteurs qu'elle prévoit. De toutes les façons, la logique juridique ne s'écrit pas de cette façon. Et au Tchad, il existe plusieurs lois sectorielles portant sur l'environnement. Sans toutefois les relever toutes, il sied du moins d'en présenter quelques-unes, suivant un ordre chronologique.

- **La loi n° 17 du 11 décembre 1959 relative à la licence de guide de chasse**

Cette loi fixe les conditions d'obtention de la licence de guide de chasse. Il faut toutefois observer que, de l'adoption de

---

[175] La Cour Commune de Justice et d'Arbitrage (CCJA), pour tout différend relatif aux investissements. Cf. article 8 de la Charte des investissements de la République du Tchad.
La Chambre de Commerce International (C.C.I.) de Paris est légalement désigné arbitre en matière pétrolière (contrat pétrolier). Cf. article 104.1 de la loi n° 006/PR/2007 du 02 mai 2007 relative aux hydrocarbures (modifiée par l'ordonnance n° 001/PR/2010 du 30 septembre 2010).

cette loi à nos jours, le paysage politique du Tchad a profondément changé du fait notamment de l'obsolescence de la Communauté depuis l'accession des pays membres d'Afrique à l'indépendance. De fait, elle ne doit pas que faire l'objet d'un amendement, mais il faudrait l'abroger en adoptant une loi plus actuelle et donc adaptée au temps et à l'espace.

- **L'ordonnance n° 3/PR-EFPC du 26 février 1965 relative à la profession de guide de chasse dans la République du Tchad**

Cette ordonnance vise à limiter l'exercice en République du Tchad de la profession de guide de chasse par les étrangers. L'autorisation du ministre en charge des Eaux, Forêts et Chasses, après avis de celui de l'intérieur, est désormais requise. Elle abroge en cela l'article 17 de la loi n° 17 du 11 décembre 1959 relative à la licence de guide de chasse.

- **Les lois de 1967**

Il s'agit des lois n° 23 du 22 juillet 1967 portant statut des biens domaniaux, n° 24 du 22 juillet 1967 sur le régime de la propriété foncière et des droits coutumiers et n° 25 du 22 juillet 1967 sur la limitation des droits fonciers. Lesquels constituent le cadre juridique du droit foncier tchadien.

- **L'ordonnance n° 15/PR du 29 juin 1970 portant création d'un permis de chasse pour le gibier d'eau ou sauvagine (canards, oies, sarcelles, etc.)**

Elle soumet la chasse de gibier d'eau ou sauvagine à l'octroi préalable d'un permis dont le tarif est fixé à 5000 F pour les nationaux résidents et 8000 F pour les résidents étrangers.

- **L'ordonnance n° 72-33/PR/MELEF/PNR du 30 octobre 1972 portant protection intégrale des Addax et des Oryx**

Les antilopes Addax (addax nasomaculatus) et oryx (aegaryx algazel) n'étaient que partiellement protégés par l'article 25 de l'ordonnance n° 14/63 du 28 mars 1963 réglementant la chasse et la protection de la nature. L'ordonnance n° 72-33/PR/MELEF/PNR du 30 octobre 1972 les inclut donc dans la liste des animaux intégralement protégés. Elles ne sont donc insusceptibles de chasse ou de capture que dans un but scientifique, après autorisation du président de la République, sur proposition du ministre des Eaux, Forêts, Pêches et Chasses.

- **La loi n° 36/PR/94 du 03 décembre 1994 portant organisation de la commercialisation et du transport de bois dans les agglomérations et la fiscalité qui lui est applicable**

Elle fixe les régimes forestiers, de l'aménagement des zones forestières et du reboisement. En cela, elle est largement développée par la loi n° 14/PR/2008 du 10 juin 2008 portant régime des forêts, de la faune et des ressources halieutiques. Aussi, elle organise l'exploitation, le transport et la commercialisation du bois dans les agglomérations. Mieux, elle encadre la fixation, le recouvrement et la répartition de la taxe y afférente. Au surplus, elle prévoit des sanctions pénales et le mécanisme de transaction y relatifs.

- **La loi n° 14/PR/95 du 13 juillet 1995 relative à la protection des végétaux**

C'est une loi qui a pour objet la protection des végétaux. Laquelle protection des végétaux est une condition d'un développement agricole harmonieux et efficace. C'est à ce titre qu'elle fonde la politique de la protection des végétaux sur le contrôle phytosanitaire, la lutte intégrée contre les ennemis des végétaux et le contrôle des pesticides.

- **Loi n° 16/PR/99 du 18 août 1999 portant Code de l'eau avec des dispositions sur la gestion des eaux fluviales, lacustres ou souterraines et exploitation des ouvrages hydrauliques (modifiée et complétée par l'Ordonnance n° 018/PR/2011 du 1er mars 2011)**

Sous réserve du respect des accords internationaux[176], le Code de l'eau détermine la gestion des eaux fluviales, lacustres ou souterraines, et celle de l'exploitation et des ouvrages hydrauliques. Il érige en bien collectif toutes les ressources en eaux, situées dans les limites du territoire national. À ce titre, elle les intègre *ipso facto* dans le domaine public de l'État qui est inaliénable et imprescriptible. Il soumet également la mise en exploitation de ces ressources en eau à déclaration ou autorisation et ce, suivant les lois et règlements y relatifs en vigueur et dans le respect du droit coutumier.

- **La loi n° 006/PR/2007 du 02 mai 2007 relative aux hydrocarbures (modifiée par l'ordonnance n° 001/PR/2010 du 30 septembre 2010)**

L'objet de cette loi est contenu dans son article 1er[177].

---

[176] Il s'agit par exemple de la Convention sur la protection et l'utilisation des cours d'eau transfrontières et les lacs internationaux à des fins autres que la navigation, adoptée le 21 mai 1997 à New York, dite Convention sur l'eau, à laquelle le Tchad est le premier pays adhérant parmi les pays hors région paneuropéenne (cf. ordonnance n° 022/PR/2012 du 12 juillet 2012 autorisant le président de la République à ratifier cette Convention).

[177] Aux termes de cet article, cette loi définit d'une part le régime juridique et fiscal de la Prospection, de Recherches, de l'Exploitation, de Transport par canalisation, de transformation des Hydrocarbures, de la commercialisation, du stockage des Hydrocarbures, du raffinage, de la distribution des produits pétroliers, ainsi que des ouvrages et installations permettant l'exercice de l'ensemble de ces activités sur le territoire de la République du Tchad.
D'autre part, elle définit également le cadre institutionnel régissant l'ensemble des activités pétrolières et les droits et obligations des personnes morales exerçant une ou plusieurs des activités susvisées ainsi que les règles relatives à la protection de l'environnement applicables aux Opérations Pétrolières.

- **La loi n° 14/PR/2008 du 10 juin 2008 portant régime des forêts, de la faune et des ressources halieutiques**[178]

Sans faire obstacle au respect des engagements internationaux relatifs à l'environnement auxquels la République du Tchad est partie, cette loi détermine le régime de conservation et de gestion durable des forêts, de la faune et des ressources halieutiques, conformément aux dispositions pertinentes de la constitution et aux principes énoncés par la loi-cadre. Aussi, elle intègre les forêts, la faune et les ressources halieutiques au patrimoine biologique national. Sont donc d'intérêt général leur préservation et leur gestion durable qui constituent, à ce titre, une exigence fondamentale de la politique nationale de développement socio-économique et culturel.

- **La loi n° 002/PR/2009 du 06 janvier 2009 portant sûreté radiologique et sécurité nucléaire**

Cette loi a pour objet de protéger les personnes, les biens et l'environnement tant pour les générations actuelles que futures contre les effets néfastes des rayonnements ionisants et de garantir la sûreté et la sécurité des sources de rayonnements ionisants et de toute autre substance radioactive. Elle a aussi pour objet la mise en œuvre des obligations contractées par le Tchad en vertu du Traité de Pélindaba et de l'accord conclu entre le Tchad et l'Agence relatif à l'application de garantie dans le cadre du Traité de non-prolifération des armes nucléaires et de tout protocole à cet Accord.

- **La loi n° 006/PR/2010 du 12 janvier 2010 fixant les principes fondamentaux applicables en matière d'urbanisme**

Fixant les principes fondamentaux applicables en matière d'urbanisme en République du Tchad, cette loi désigne l'État

[178] La loi n° 14/PR/2008 du 10 juin 2008 portant régime des forêts, de la faune et des ressources halieutiques est à ce jour en cours de révision. Sauf nécessité de précision, elle est ci-après désignée « loi de 2008 ».

comme le responsable de la conception de la politique, de la réglementation et des mesures en matière d'urbanisme du territoire national. Au plan local, elle fait de chaque collectivité autonome la responsable de l'application des mesures d'urbanisation de son territoire. Il reste entendu qu'à cet effet, l'État leur transfère progressivement aux collectivités autonomes les compétences leur permettant de gérer, dans le respect des lois et règlements de la République du Tchad.

- **L'ordonnance n° 014/PR/2011 du 28 février 2011 portant Code d'hygiène**

Elle est axée essentiellement sur l'hygiène alimentaire, la gestion des déchets solides urbains.

- **L'ordonnance n° 004/PR/2012 du 06 février 2012 portant création de l'Agence Nationale de la Grande Muraille Verte**

C'est une ordonnance qui institue l'Agence Nationale de la Grande Muraille Verte (ANGMV) qui est placée sous la tutelle du ministère en charge de l'Environnement.

L'ANGMV a pour missions de réaliser la portion nationale de la barrière verte contre l'avancée du désert et de contribuer au développement durable dans la bande sahélo-saharienne comprise entre les isohyètes de100 mm et 400 mm.

- **L'ordonnance n° 024/PR/2012 du 03 septembre 2012 portant création d'un Corps des Sapeurs-Pompiers**

Elle charge le Corps des Sapeurs-Pompiers d'actions de protection, de sauvetage et d'assistance de la population et de son environnement. À ce titre, il intervient dans les domaines suivants : la lutte contre les incendies et les feux de brousse ; le secours aux personnes en péril victimes des catastrophes naturelles ou provoquées ; la sauvegarde des biens en péril ; la participation à la gestion des catastrophes ; la participation aux études et actions de prévention de la population sur les dangers, les risques et les catastrophes ; la participation aux actions de protection de l'environnement. Mais plus généralement, le Corps des sapeurs-pompiers participe à l'étude des problèmes de sécurité des personnes et des biens dans les différents lieux ouverts au public et à la surveillance de tous les établissements, entreprises et sociétés dont les activités constituent un danger ou un risque pour la population et son environnement.

- **La loi n° 001/PR/2017 du 08 mai 2017 portant Code pénal tchadien**

Cette loi est le socle du droit pénal tchadien, même s'il est judicieux de préciser que d'autres lois et règlements, en l'occurrence en matière environnementale, forment une portion du droit pénal spécial. Le Code pénal tchadien prévoit des infractions relatives à l'environnement et des sanctions qui s'y rapportent (cf. articles 10, 12, 280, 283, 284, 286, 352, 423, 424, 425, 426, 471, 472, 518 et 519 dudit code).

- **L'ordonnance n° 004/PR/2018 du 21 février 2018 portant Code minier**

Cette ordonnance a pour objet de réguler le secteur minier, d'assurer une meilleure connaissance du sol et du sous-sol du territoire national et de promouvoir les investissements. Aussi, elle vise à : encourager la recherche et l'exploitation des ressources minérales et géothermiques de manière à favoriser un développement économique et social durable et intégré ; promouvoir une gestion efficiente et transparente du secteur minier ; garantir des bénéfices économiques et sociaux au peuple tchadien, dans le cadre d'un partenariat réciproquement avantageux avec les opérateurs miniers. Elle abroge la loi n° 011/PR/95 du 20 juin 1995 portant Code minier.

Commencé par l'établissement d'une constitution, le processus de création du droit se termine ainsi par l'exécution des actes de contrainte destinés á sanctionner un fait illicite[179].

[179] KELSEN (Hans), *op. cit.*, p. 128.

Cela relève généralement du domaine des lois, mais pas que. Pour le reste en effet, le pouvoir réglementaire peut s'en saisir.

SECTION II : LES SOURCES INFRA-LÉGISLATIVES

Constituent des sources infra-législatives, les actes réglementaires. Cependant, on distingue les actes réglementaires ordinaires **(§ I)** des actes réglementaires transitoires **(§ II)**.

PARAGRAPHE I : LES ACTES RÉGLEMENTAIRES ORDINAIRES

Au Tchad, il est constitutionnellement établi que « les matières autres que celles qui sont du domaine de la loi ont un caractère réglementaire[180]. Mieux, « les textes de forme législative intervenus en ces matières peuvent être modifiés par décrets après avis de la Cour Suprême »[181]. Le constituant limite de ce fait l'intrusion du législateur dans le champ de compétence du pouvoir réglementaire qui consiste à prendre des décrets **(A)** et des arrêtés **(B)**.

A. LES ACTES RÉGLEMENTAIRES DÉCRETAUX

Au Tchad, la suppression du poste de Premier ministre par la Constitution du 04 mai 2018 confère au président de la République, sous sa triple casquette de Chef de l'État, Chef du Gouvernement et de l'Administration, l'exercice du pouvoir réglementaire[182], quand bien même que la loi constitutionnelle n° 017/PR/2020 du 14 décembre 2020, révisant ladite Constitution, instaure le poste de Vice-président de la République qui remplace celui de Premier ministre autrefois[183].

---

[180] Article 128 alinéa 1er de la Constitution révisée du 04 mai 2018.

[181] Article 128 alinéa 2, *op. cit.*

[182] Article 85 de la Constitution révisée du 04 mai 2018.

[183] Toutefois, la Transition en cours au Tchad laisse entrevoir un possible rétablissement du poste de Premier ministre dans la prochaine constitution qui sera adoptée. D'ores et déjà, il est rétabli dans la Charte de Transition. Cf. article 48 de la Charte de Transition.

C'est ainsi que le président de la République décrète après délibération du Conseil des ministres[184]. Cependant, à l'exception de quelques actes limitativement énumérés, les autres actes du président de la République sont contresignés par les ministres responsables[185].

En matière environnementale, le pouvoir réglementaire s'est largement illustré à travers la prise des actes réglementaires décretaux[186] relevant soit du droit formel, soit du droit matériel.

D'autres actes réglementaires existent et relèvent, eux, des arrêtés émanant de diverses autorités.

B. LES ACTES RÉGLEMENTAIRES INFRA-DÉCRETAUX : LES ARRÊTÉS

Si individuellement les ministres n'ont pas, en principe, de pouvoir réglementaire, ils peuvent toutefois en être investis dans deux cas : ils peuvent être habilités à exercer un pouvoir réglementaire soit par la loi[187], soit par un décret[188] chaque fois que les dispositions des textes qu'ils doivent appliquer ne peuvent l'être qu'une fois précisées les modalités de leur mise en œuvre.

Le second cas est celui qui entre dans les prévisions de l'arrêt *Jamart* (CE, Sect., 7 février 1936, *Jamart*, Rec. p. 172) :

---

184 Article 87, *op. cit.*

185 Il s'agit des actes relatifs : à la nomination du Vice-président de la République, à la dissolution de l'Assemblée nationale ; au recours au référendum ; à l'exercice des pouvoirs exceptionnels ; au message adressé par le président de la République au Parlement ; à la saisine de la Cour suprême ; à la nomination des ministres, de la Cour suprême, de la Cour des Comptes, de la Haute Autorité des Médias et de l'Audiovisuel (HAMA), du CESCE et de la CNDH ; au droit de grâce et aux décrets simples. Cf. article 101 de la Constitution révisée de 2018.

186 Cf. bibliographie, *infra*.

187 C'est le cas, à titre d'exemple, de la loi n° 14/PR/98 du 17 août 1998 définissant les principes généraux de protection de l'environnement (article 3).

188 Pour exemple, cf. article 146 du décret n° 904/PR/PM/MERH/2009 du 06 août 2009 portant réglementation des pollutions et nuisances à l'environnement.

le ministre, comme tout chef de service, peut prendre les mesures nécessaires à l'organisation et au bon fonctionnement des services placés sous son autorité. Les autorités déconcentrées de l'État disposent dans les mêmes conditions, du pouvoir réglementaire autonome au sens de l'arrêt *Jamart*, ainsi que d'un pouvoir réglementaire qui leur est expressément délégué par les textes qui régissent leurs attributions. Les autorités locales disposent, elles aussi, d'un pouvoir réglementaire pour mettre en œuvre les délibérations des exécutifs locaux.

Ensuite, pour ce qui est des arrêtés, l'on peut les catégoriser selon qu'il s'agisse des arrêtés ministériels ou interministériels, et des arrêtés pris par les autorités locales déconcentrées ou décentralisées[189].

Cependant, si le corpus juridique matière environnementale au Tchad comporte des actes réglementaires ordinaires, il ne faut pas pour autant occulter d'autres qui, eux, ne sont réglementaires que transitoirement.

PARAGRAPHE II : LES ACTES AYANT TRANSITOIREMENT VALEUR RÉGLEMENTAIRE : LES ORDONNANCES

L'ordonnance est une norme mutante par excellence. C'est pourquoi, afin de mieux la cerner, il convient de la définir tout en mettant en relief les étapes de sa transfiguration **(A)** et d'en relever quelques exemples en matière environnementale au Tchad **(B)**.

A. LES ORDONNANCES : DÉFINITION ET ÉTAPES DE TRANSFIGURATION

Les ordonnances, actes normatifs adoptés en Conseil des ministres, ont valeur de règlement avant leur ratification par le Parlement ; et après ratification, elles ont force de loi. C'est dans ce sens qu'on peut les qualifier d'actes réglementaires

---

[189] Cf. bibliographie, *infra*.

transitoires car, même si elles sont destinées à devenir *stricto sensu* des lois, il n'en demeure pas moins que dans l'intervalle de leur édiction et de leur possible ratification, elles ont *de jure* une valeur réglementaire et donc infra-législative.

Les ordonnances ne sont donc autre chose que des actes administratifs avant leur ratification éventuelle par une loi dite précisément « de ratification », c'est-à-dire en définitive des « actes normatifs secondaires » (CE, ass., 24 nov. 1961, *Fédération nationale des syndicats de police*, Leb., p. 658).

Dans le contexte tchadien, le chef de l'État peut, après en avoir reçu l'autorisation de l'Assemblée nationale[190] (article 142 alinéa 1er de la Constitution révisée du 04 mai 2018), signer les ordonnances prises en Conseil des ministres (article 99 alinéa 1er) et ce, après avis de la Cour suprême (article 142 alinéa 3). Le président de la République peut légiférer par voie d'ordonnances dans les cas d'indisponibilité du Parlement, pour l'exécution de son programme (article 142 alinéa 1er) ou dans le cadre de la mise en œuvre des Actes du Forum National Inclusif (article 243). Dans ce dernier cas, la constitution ne soumet la prise d'ordonnances par le président de la République à l'exigence d'aucune autorisation préalable de l'Assemblée nationale.

La constitution prévoit un autre type d'ordonnances : les ordonnances de l'article 146 alinéa 6 en matière budgétaire (loi de finances)[191] qui déterminent le régime fiscal environnemental.

---

[190] Suite à la dissolution de l'Assemblée nationale à la faveur des organes de Transition politique en cours au Tchad, c'est le Conseil National de Transition (CNT) qui en fait désormais office pour toute la période de transition (cf. article 35 de la Charte de Transition).

[191] Article 146 alinéa 6 de la Constitution révisée du 04 mai 2018 : « Si le projet de loi de finances n'est pas voté définitivement à l'expiration du délai de cent (100) jours prévus ci-dessus, il peut être mis en vigueur par ordonnance ».

Le pouvoir exécutif, souvent connu sous sa casquette de pouvoir réglementaire, se meut, en pareil cas, en législateur-délégué qui s'est assez illustré en matière environnementale.

B. LES ARCHETYPES D'ORDONNANCES EN MATIÈRE ENVIRONNEMENTALE

L'examen de la législation tchadienne relative à l'environnement fournit quelques illustrations d'ordonnances en matière environnementale.

Il s'agit de : l'ordonnance n° 3/PR/EFPC/65 du 26 février 1965 relative à la profession de guide de chasse dans la République du Tchad ; l'ordonnance n° 15/PR du 29 juin 1970 portant création d'un permis de chasse pour le gibier d'eau ou sauvagine (canards, oies, sarcelles, etc.) ; l'ordonnance n° 33/PR/MELEF/PNR/72 du 30 octobre 1972 portant protection intégrale des Adda et des Oryx ; l'ordonnance n° 014/PR/2011 du 28 février 2011 portant Code d'hygiène ; l'ordonnance n° 018/PR/2011 du 1er mars 2011 modifiant et complétant la loi n° 16/PR/99 du 18 août 1999 portant Code de l'eau ; l'ordonnance n° 004/PR/2012 du 06 février 2012 portant création de l'Agence Nationale de la Grande Muraille Verte ; l'ordonnance n° 024/PR/2012 du 03 septembre 2012 portant création d'un Corps des Sapeurs-Pompiers ; l'ordonnance n° 004/PR/2018 du 21 février 2018 portant Code minier, etc.

De ce qui précède, l'on peut identifier le droit de l'environnement au Tchad au travers de ces règles supra-législatives, législatives et infra-législatives. Mais il existe un autre type particulier de règles qui, elles, sont principielles.

CONCLUSION DU CHAPITRE I

Les sources classiques du droit tchadien de l'environnement sont multidimensionnelles. De fait, les règles qui procèdent d'elles sont aussi bien internationales, communautaires que nationales.

Toutefois, pour simplifier leur appréhension d'un point de vue interniste, on peut se focaliser sur la législation nationale relative à l'environnement. Ceci d'autant que les règles internationales et communautaires intègrent l'ordre juridique tchadien, d'une part par le mécanisme de réception par ratification et d'autre part, par celui de l'application directe.

La lecture de la législation tchadienne en matière environnementale donne à constater l'existence d'une variante de règles : constitutionnelles, législatives et réglementaires.

D'un point de vue comparatiste, on peut se rendre compte de ce que le cadre juridique de l'environnement au Tchad est l'un des plus fournis dans l'espace CEMAC, et même plus largement, en Afrique. Il n'en demeure pas moins qu'il recèle d'énormes insuffisances, relevées dans cet ouvrage, dont le législateur et le pouvoir réglementaire auront la lourde responsabilité de corriger. De plus, ces deux faiseurs de normes ne devront pas, dans leur intervention de production et de correction normatives, occulter une autre catégorie de sources : les sources principielles.

CHAPITRE II : LES SOURCES PRINCIPIELLES DU DROIT TCHADIEN DE L'ENVIRONNEMENT

Les principes de protection de l'environnement ont joué un rôle majeur dans le développement de la matière. Ils sont intégrés dans la plupart des droits nationaux au sein desquels ils jouent un rôle important, notamment dans leur développement. Ces principes sont d'autant importants qu'ils ont une fonction d'anticipation pour certains **(section I)**, une fonction de réparation pour d'autres **(section II)** et, dans certains cas, une fonction hybride constituant « une troisième catégorie de principes », lorsqu'ils sont applicables en amont et en aval **(section III)**.

SECTION I : LES PRINCIPES À PORTÉE APRIORISTE

Les principes à portée aprioriste ou anticipatrice interviennent en amont de toute atteinte environnementale. Il est donc question d'anticipation, directement ou indirectement. Il s'agit entre autres du : principe de prévention **(§ I)**, principe de précaution **(§ II)**, principe de correction à la source **(§ III)**, principe de participation **(§ IV)** et principe d'intégration **(§ V)**.

PARAGRAPHE I : LE PRINCIPE DE PRÉVENTION : DROIT D'ÉVIDENCE

Le principe de prévention est considéré comme un droit d'évidence parce qu'il vise à « empêcher la survenance d'atteintes à l'environnement dont les risques sont connus ou prévisibles par des mesures adoptées *a priori* avant la réalisation d'un ouvrage ou d'une activité »[192].

Ni la Déclaration de Stockholm sur l'environnement de 1972, ni même la Déclaration de Rio sur l'environnement et le développement de 1992 ne proclament le principe de

---

[192] GUINCHARD (Serge) et DEBARD (Thierry) (dir.), *op. cit.*, p. 846.

prévention. Sa consécration au plan international relève de la Convention des Nations Unies sur le droit de la mer de Montego Bay du 10 décembre 1982 (entrée en vigueur le 16 novembre 1994 et ratifiée par le Tchad le 14 août 2009)[193].

Au Tchad, la loi-cadre fait référence à la notion de prévention dans deux de ses dispositions[194] sans cependant en donner une définition. Le soin est revenu à un acte réglementaire, le décret n° 904/PR/PM/MERH/2009 du 06 août 2009 portant réglementation des pollutions et nuisances à l'environnement, de définir le principe de prévention[195].

L'hypothèse est ici la suivante : une atteinte à l'environnement est en cours, le dommage va se produire ou va continuer. On est donc en présence d'un dommage futur certain. L'efficacité commande alors de ne pas attendre la réalisation du dommage pour prononcer une réparation, mais de prendre des mesures qui s'y prêtent pour faire cesser l'atteinte et, par là même, éviter la réalisation de ce dommage[196].

Le débat aujourd'hui s'enrichit par de nouvelles propositions. Elles tendent à intégrer une dimension nouvelle, inspirée du principe de précaution, qui revêt deux aspects :

---

[193] De fait, la Convention de Montego Bay prévoit à son article 206 que lors qu'existent de « sérieuses raisons de penser que des activités […] risquent d'entraîner une pollution importante […], [les États] évaluent, dans la mesure du possible, les effets potentiels de ces activités […] ».

[194] Cf. articles 7 et 31 de la loi-cadre.

[195] Selon l'article 4 alinéa 2 (point 2) du décret n° 904/PR/PM/MERH/2009 sus-cité en effet, le principe de prévention « signifie que toute personne doit, dans les conditions à définir par le législateur, prévenir ou à défaut, limiter les atteintes qu'elle est susceptible de porter à l'environnement ».

[196] GRARE-DIDIER (Clothilde), « La responsabilité civile pour atteinte à l'environnement » *in* FONBAUSTIER (Laurent), MARTIN (Gilles), FONTAINE (Lauréline), ROBERT (Jacques-Henri), GRARE-DIDIER (Clothilde), TRÉBULLE (François Guy), LE BARS (Thierry) et VAN LANG (Agathe) (dir.), *op. cit.*, p. 156.

prévenir la faute et prévenir le risque[197]. Ce qui tend effectivement, à cet égard, à rejoindre le principe de précaution.

PARAGRAPHE II : LE PRINCIPE DE PRÉCAUTION : DROIT D'ÉVENTUALITÉ OU DE PRUDENCE

Aussi qualifié de droit d'éventualité ou de prudence en raison du fait qu'il trouve application dans des cas d'incertitude, le principe de précaution est formulé très explicitement aux termes du principe 15 de la Déclaration de Rio de 1992.

Au plan national, le législateur fait allusion à la notion de précaution[198]. Comme pour le principe de prévention, il cite « la précaution » dans un sens qui ne permet pas d'en tirer une définition. C'est à la lecture du décret n° 904/PR/PM/MERH/2009 précité que le principe de précaution trouve sa définition au Tchad[199].

En général, le principe de précaution peut être considéré comme la forme de prévention la plus développée. La précaution signifie la préparation à des menaces potentielles, incertaines ou même hypothétiques, lorsqu'il n'existe aucune preuve irréfutable que le dommage se produira. C'est une prévention basée sur des probabilités ou des éventualités. Elle s'applique particulièrement lorsque les conséquences d'une absence d'action pourraient être graves.

Toutefois, le principe de précaution peut être atténué par celui du risque de développement qui constitue une cause d'exonération de la responsabilité du fait des produits défectueux résidant dans cette circonstance que, au moment où le produit a été mis en circulation, l'état des connaissances scientifiques et techniques n'a pas permis de déceler l'existence

---

[197] *Ibidem*, p. 158.

[198] Cf. article 19 de la loi de 2008.

[199] Au sens de l'article 4 alinéa 2 (point 1) du décret n° 904/PR/PM/MERH/2009 sus-cité, le principe de précaution « suppose que des mesures doivent être prises lorsqu'il existe des raisons suffisantes de croire qu'une activité ou un produit risque de causer des dommages graves et irréversibles à la santé ou à l'environnement ».

du défaut[200]. C'est pourquoi, il est souvent préférable de procéder à une correction à la source.

PARAGRAPHE III : LE PRINCIPE DE CORRECTION À LA SOURCE

Ce principe trouve sa consécration aussi bien dans le cadre juridique communautaire que dans celui national.

Au plan communautaire, deux instruments juridiques, la Charte de l'eau du lac Tchad et la Charte de l'eau du bassin du Niger, s'illustrent. La première engage les États « à lutter à la source contre les pollutions » (article 21, c). La seconde énonce que « les États Parties devront prendre en compte le principe d'action préventive et de correction, par priorité à la source, des atteintes à l'environnement, en utilisant les meilleures techniques disponibles à un coût économiquement acceptable » (article 7).

Au plan national, le pouvoir réglementaire se distingue une fois de plus, à travers le décret n° 904/PR/PM/MERH/2009 précité. L'article 28 de ce décret dispose à cet effet que : « La gestion des ICPE [Installations Classées pour la Protection de l'Environnement] a pour objet de réduire, voire éliminer toutes sources de nuisances pour la santé humaine et l'environnement ». Mieux, ledit décret prescrit de manière générale à son article 59 une réduction des déchets à la source.

De ce point de vue, le principe de correction à la source, en étouffant les nuisances et pollutions à leur source, assure une meilleure protection du droit à un environnement sain reconnu à toute personne par la constitution (article 51). Ce qui induit la participation de tous à la réalisation de ce droit.

PARAGRAPHE IV : LE PRINCIPE DE PARTICIPATION

La participation est définie comme « l'ensemble des mécanismes organisés en droit qui permettent aux particuliers d'influer, de manière directe mais sans pouvoir décisionnel, sur

---

[200] GUINCHARD (Serge) et DEBARD (Thierry) (dir.), *op. cit.*, p. 972.

l'adoption, le contenu et la mise en œuvre des décisions administratives unilatérales relatives au cadre de vie »[201]. Le principe de participation, quant à lui, est un principe selon lequel toute personne a le droit d'accéder aux informations détenues par les autorités publiques et d'être informée des projets de décisions ayant une incidence sur l'environnement dans des conditions lui permettant de formuler ses observations qui seront prises en considération par l'instance compétente[202].

C'est à cet égard, le principe de participation, un principe sacrosaint en matière environnementale parce qu'aidant à la protection de l'environnement. Comme le dit le Professeur Michel PRIEUR, « la protection de l'environnement, si elle est devenue une obligation de l'État, est avant tout un devoir des citoyens »[203]. Cela est d'autant vrai que même la réalisation des politiques publiques environnementales requiert la participation active de la population[204]. C'est à l'évidence un principe qui préconise que toute la décidabilité ne se trouve pas concentrée entre les mains des pouvoirs publics, mais plutôt que la collectivité tout entière soit dépositaire du pouvoir décisionnel.

Plusieurs instruments internationaux, dont on peut citer au premier chef la Déclaration de Rio sur l'environnement et le développement de 1992 et la Convention d'Aarhus sur l'accès à l'information, la participation du public au processus décisionnel et l'accès à la justice en matière d'environnement de 1998, consacrent le principe de participation.

La première, la Déclaration de Rio de 1992, évoque d'abord le l'intérêt de la participation en son principe 10. Ensuite, en

---

201 DELNOY (Michel), *La participation du public en droit de l'urbanisme et de l'environnement*, Bruxelles, Éditions Larcier, 2007, p. 831.

202 GILLET-GOINARD (Florence) et MONAR (Christel), *Toute la fonction qualité, santé-sécurité, environnement*, Paris, DUNOD, 2015, p. 28.

203 PRIEUR (Michel), *Le droit de l'environnement*, Paris, Dalloz, 2004, p. 112.

204 AMALRI (Franck), « Un faux débat ? » *in* GENDREAU (Francis), GUBRY (Patrick) et VÉRON (Jacques) (dir.), *Populations et environnement dans les pays du Sud*, Paris, Éditions KARTHALA-CEPED, 1996, p. 71.

son principe 20, elle met en exergue la place de la femme en matière environnementale[205].

La seconde, la Convention d'Aarhus de 1998, vise la réalisation de la démocratie environnementale à travers trois grands objectifs que sont : l'accès à l'information environnementale, la participation du public au processus décisionnel et l'accès à la justice en matière d'environnement (cf., à titre illustratif, articles 6 et 8 de la Convention).

Au plan régional, la Convention africaine sur la conservation de la nature et des ressources naturelles (ou Convention de Maputo du 11 juillet 2003) fait état de la question de participation, à son article 16, qui s'intitule « Droits procéduraux »[206].

Au plan sous régional, la Charte de l'eau du bassin du lac Tchad et la Charte de l'eau du bassin du Niger ne sont pas du reste. D'abord, la Charte de l'eau du bassin du lac Tchad décline « le principe d'information et de participation, en fonction duquel le public a un droit d'accès à l'information détenue par les autorités publiques afin qu'il puisse participer efficacement au processus de prise de décision nationale »

---

[205] Principe 20, *op. cit.* : « Les femmes ont un rôle vital dans la gestion de l'environnement et le développement. Leur pleine participation est donc essentielle à la réalisation d'un développement durable ».

[206] Article 16 de la Convention africaine sur la conservation de la nature et des ressources naturelles (ou Convention de Maputo du 11 juillet 2003) : « 1. Les Parties contractantes adoptent les mesures législatives et réglementaires nécessaires pour assurer à temps et de manière appropriée :

a) la diffusion d'informations sur l'environnement ;

b) l'accès du public aux informations sur l'environnement ;

c) la participation du public à la prise des décisions pouvant avoir un impact important sur l'environnement ;

d) l'accès à la justice en ce qui concerne les questions liées à la protection de l'environnement et des ressources naturelles.

2. Toute Partie contractante à l'origine d'un dommage environnemental transfrontière, veille à ce que les personnes affectées par un tel dommage dans une autre Partie contractante aient un droit d'accès à ses procédures administratives et judiciaires, égal à celui accordé à ses nationaux ou résidents en cas de dommage à l'environnement dans les limites de ses frontières ».

(article 7, g). Ensuite, la Charte de l'eau du bassin du Niger postule pour sa part que : « Les États Parties devront garantir à tout usager le droit d'être informé de l'état de la ressource en eau et de participer à l'élaboration et à la mise en œuvre des décisions relatives à la valorisation du bassin. À cet effet, les informations relatives à l'état des eaux transfrontières, d'allocation de l'eau aux différents secteurs et aux mesures prises ou prévues pour prévenir, maîtriser et réduire l'impact transfrontière doivent être accessibles au public » (article 25). L'article 26 de la même Charte énonce les modalités de la participation.

Au plan national, un constat frappant est à relever. C'est que contrairement aux principes de prévention et de précaution, la consécration du principe de participation dans le droit positif tchadien est essentiellement législative et ce, au regard de deux lois dont l'une est à vocation générale (la loi-cadre) et l'autre, à vocation sectorielle (la loi relative aux forêts, faune et ressources halieutiques). Cependant, la constitution fait implicitement de la participation en matière environnementale un principe à valeur constitutionnelle[207].

Au sens de la loi-cadre, « tout citoyen, individuellement ou dans le cadre d'institutions locales traditionnelles ou d'associations, est chargé, en collaboration avec les collectivités territoriales décentralisées et l'État, d'œuvrer, de prévenir et de lutter contre toute sorte de pollution ou de dégradation de l'environnement dans le respect des textes législatifs et réglementaires » (article 4). Aussi, « les institutions locales traditionnelles, les associations et les entreprises participent à la prévention contre toute forme de pollution ou dégradation de l'environnement en collaboration avec l'État » (article 7)[208].

---

207 Article 57 alinéa 1er de la Constitution révisée du 04 mai 2018 : « La protection de l'environnement est un devoir pour tous. L'État et les Collectivités Autonomes veillent à la défense et à la protection de l'environnement ».

208 C'est dans l'esprit de l'article 7 sus-cité de la loi-cadre que s'inscrit, à titre d'exemple, l'arrêté n° 24/MHUR/2011 du 30 novembre 2011 portant

Pour sa part, la loi n° 14/PR/2008 du 10 juin 2008 portant régime des forêts, de la faune et des ressources halieutiques fonde la politique nationale en matière des forêts, de la faune et des ressources halieutiques sur (entre autres) « la participation et la responsabilisation effectives de la population dans la conception, l'exécution, le suivi et l'évaluation des activités forestières, notamment à travers la gestion décentralisée des ressources naturelles » (article 6, point 4).

Le principe de participation souffre cependant d'un mal majeur au Tchad, celui de la marginalisation des femmes et des jeunes. À titre indicatif, l'on constate que la coutume, dans certaines communautés tchadiennes, exclut les premières (les femmes) de l'accès à la propriété foncière[209], alors même que celles-ci constituent la moitié des acteurs du secteur agricole (FAO, 2015)[210]. Cette situation met non seulement à mal la réalisation du principe de participation, mais contrarie en plus fortement celui d'intégration.

PARAGRAPHE V : LE PRINCIPE D'INTÉGRATION

Le principe d'intégration est véritablement au cœur du développement durable. Son objectif est de mettre l'harmonie entre le développement socio-économique et la préservation de l'environnement. C'est à ce titre un principe qui commande d'éviter les approches sectorielles traditionnelles et implique l'intégration de l'environnement dans toutes les décisions et stratégies publiques et privées comme une exigence

---

définition et modalités d'utilisation de la participation villageoise relative à la réalisation d'ouvrages d'eau potable.

209 Cette remarque peut d'ailleurs être élargie à la plupart des pays au sud du Sahara. Cf. HOUDEINGAR NGARIMADEN (David), « L'accès à la terre en Afrique subsaharienne », *Rencontres Lascaux*, Pays-de-la-Loire (France), 2009, p. 2.

210 Ministère de l'Économie et de la Planification du Développement, *Plan national de développement 2017-2021*, chapitre I, titre I.4, §109, p. 27.

fondamentale pour garantir le développement durable[211]. Il est consacré au plan international[212].

Sur la scène régionale, la Convention africaine sur la conservation de la nature et des ressources naturelles (Convention de Maputo) prévoit le principe d'intégration en disposant que les États parties « veillent à ce que la conservation et la gestion des ressources naturelles soient traitées comme une partie intégrante des plans de développement nationaux et/ou locaux » (article 14, a).

Au plan sous régional, la Charte de l'eau du bassin du lac Tchad et la Charte de l'eau du bassin du Niger prévoient, chacune, la gestion intégrée des ressources en eau, un processus qui favorise le développement et la gestion coordonnés de l'eau, des terres et des ressources connexes, en vue de maximiser, de manière équitable, le bien-être économique et social, sans pour autant compromettre la pérennité d'écosystèmes vitaux[213].

Au niveau national, la loi-cadre et la loi de 2008 s'illustrent une fois de plus. La loi-cadre requiert d'une part l'intégration des préoccupations environnementales dans les plans de gestion et les travaux d'aménagement et d'exploitation en matière forestière (article 28) et impose d'autre part l'intégration, dans le cahier des charges des nouvelles installations classées, des normes et standards de qualité de l'environnement en vigueur au moment du dépôt de permis de construire (article 48 alinéa 2). Bien plus, elle dispose à son article 10 (point 1) que les services compétents et tous ceux qui interviennent dans le processus de

---

211 KAM YOGO (Emmanuel Dieudonné), *Manuel judiciaire de droit de l'environnement en Afrique*, *op. cit.*, p. 13.

212 Pour s'en apercevoir, il suffit de se référer à titre indicatif à la Déclaration de Stockholm (principe 13), à la Déclaration de Rio (principe 3), à l'Action 21 (chapitre 8), à la Convention-cadre des Nations Unies sur les changements climatiques (articles 3 et 4), à la Convention sur la lutte contre la désertification (articles 8 et 9) ou à la Convention sur la diversité biologique (articles 6, b et 10, a).

213 V. notamment la Charte de l'eau du bassin du Niger, article 2 et la Charte de l'eau du bassin du lac Tchad, articles 2 et 81.

développement doivent, dans leurs missions respectives, intégrer les questions de l'environnement à tous les niveaux des programmes d'éducation et de formation.

La loi de 2008, pour sa part, postule que les forêts, la faune et les ressources halieutiques font partie intégrante du patrimoine biologique national et, par là même, commande leur intégration comme une exigence fondamentale dans la politique nationale de développement socio-économique et culturel (article 2).

Pour davantage s'imprégner du principe d'intégration, le Tchad a, au rang des résultats attendus du Plan national de développement 2017-2021, énoncé la prise en compte dans les politiques sectorielles des dimensions transversales telles que le genre, l'emploi et l'environnement (renforcement des capacités en matière d'intégration desdites questions et la mise en place d'un mécanisme de contrôle de l'effectivité de leurs prises en compte)[214].

De ce qui précède, il apparait que les principes préventifs ne permettent pas d'assurer une préservation absolue de l'environnement car, comme a su le relever Nicolas MACHIAVEL (1469-1527), « l'habituel défaut de l'homme est de ne pas prévoir l'orage par beau temps »[215]. C'est pourquoi, sont prévus des principes applicables *ex post*.

SECTION II : LES PRINCIPES À PORTÉE APOSTERIORISTE

Ce que ne sont pas des principes à portée aposterioriste : des médecins après la mort. Ce que sont lesdits principes : des vecteurs du moindre mal et/ou curatifs. Ce sont entre autres le principe préleveur-payeur **(§ I)** et celui de responsabilité **(§ II)**.

---

214 Ministère de l'Économie et de la Planification du Développement, *Plan national de développement 2017-2021*, chapitre II, titre III.2.2.1, Résultat 2.1.4 : « Les questions transversales sont intégrées dans les politiques publiques », §164, p. 38.

215 MACHIAVEL (Nicolas), *Le Prince*, 1515.

PARAGRAPHE I : LE PRINCIPE PRÉLEVEUR-PAYEUR

Le principe préleveur-payeur est purement économique, tendant à décourager ou du moins à limiter l'exploitation des ressources naturelles non renouvelables. Il vaut surtout pour l'eau et ce, pour une raison connue et consacrée : « L'eau douce - ressource fragile et non renouvelable - est indispensable à la vie, au développement et à l'environnement »[216].

Deux sources sont à relever en ce qui concerne le principe préleveur-payeur : l'une est sous régionale et l'autre, nationale. Il s'agit respectivement de la Charte de l'eau du bassin du lac Tchad, la Charte de l'eau du bassin du Niger, le Code de l'eau et la loi de 2008.

D'abord, au niveau sous régional, la Charte de l'eau du bassin du lac Tchad consacre le principe préleveur-payeur, en vertu duquel les usages non domestiques de l'eau donnent lieu au paiement d'une redevance destinée à contribuer au financement des services liés à l'eau[217]. La Charte de l'eau du bassin du Niger préconise pour sa part que les États Parties prennent en compte le principe préleveur-payeur, appliqué aussi bien aux personnes morales qu'aux personnes physiques et en vertu duquel une tarification de l'utilisation de l'eau est opérée selon l'usage[218].

Puis, au niveau national c'est implicitement qu'on s'aperçoit de la consécration du principe préleveur-payeur. Le Code de l'eau dispose en effet que toute utilisation d'eau du domaine public à but commercial et/ou industriel doit donner lieu à une perception de redevance (article 77). Et même les utilisations non consommatrices (la génération d'énergie hydroélectrique ; la réfrigération ou toute autre utilisation en circuit fermé, lorsque celle-ci est effectuée en circuit fermé ; la navigation ;

[216] Principe n° 1 de la Conférence internationale sur l'eau et l'environnement, tenue à Dublin en 1992.

[217] Charte de l'eau du bassin du lac Tchad, article 7, c.

[218] Charte de l'eau du bassin du Niger, article 9.

l’aquaculture et les activités récréatives) peuvent être soumises au paiement de redevance (article 113). À titre de sanction, le même code énonce très clairement, à son article 178 alinéa 1er, que : « Quiconque utilise abusivement l'eau potable, que celle-ci soit volontaire ou due à la négligence, et à quelque fin que ce soit, est passible, après mise en demeure, d'une amende de 50.000 à 500.000 Francs CFA ». Sans qu’il n’y ait besoin de parcourir les autres dispositions dudit code, on peut comprendre, rien qu’à la lumière des articles sus-cités, que le législateur prescrit non seulement l’utilisation rationnelle et onéreuse des ressources en eau à des conditions définies, mais mieux, il pénalise aussi son gaspillage.

Il faut en outre souligner qu’au Tchad, le service public de l’eau, sauf cas de force majeure, est géré suivant deux principes majeurs : le principe d’égalité et celui de continuité[219]. Le législateur a eu de l’à-propos pour soumettre la gestion de l’eau à ces deux grands principes ; et le principe préleveur-payeur participe de leur réalisation.

Enfin, toujours au niveau national et en matières forestière, faunique et de ressources halieutiques, la compulsation de la loi de 2008 permet au lecteur de se rendre compte de ce qu’au Tchad, « toute exploitation forestière à des fins commerciales donne lieu à paiement de taxes et redevances » (article 78) ; pour se voir délivrer des permis de petite et de grande chasse, il faut, en sus de remplir certaines conditions (avoir atteint l’âge de dix-huit (18) ans ; être titulaire d’un permis de port d’armes de chasse ou, pour les chasseurs étrangers de passage, d’un permis d’importation de l’arme à utiliser), avoir acquitté les taxes ou redevances légalement dues (article 157, point 3) ; la concession en matières forestière, faunique et de ressources halieutiques est obtenue moyennant le paiement d’une redevance annuelle fixée en fonction des potentialités de la zone concédée sur laquelle le bénéficiaire de la concession exerce l’exclusivité de l’exploitation (article 191). Aussi, les

[219] Cf. article 40 alinéas 1 et 4 du Code de l’eau.

redevances procédant soit de la valorisation (article 115) ou soit de l'exploitation (articles 127 et 260) de la faune et des ressources halieutiques sont réparties entre les budgets de l'État, des collectivités territoriales décentralisées [collectivités autonomes] et celui des communautés locales. Il va de soi que ces redevances, qui sont payées par les acteurs externes intervenant dans la chaine de gestion, notamment l'exploitation des ressources forestières, fauniques et halieutiques, participent du renforcement du principe préleveur-payeur.

Il en résulte que le principe préleveur-payeur induit l'obligation pour toute personne prélevant les ressources naturelles non renouvelables d'en supporter le coût de préservation. Ce qui, de ce point de vue, rend ce principe plus limitatif, en termes de sujets auxquels il s'applique (tout pollueur), que le principe de responsabilité (toute personne).

PARAGRAPHE II : LE PRINCIPE DE RESPONSABILITÉ

Le principe de responsabilité en matière environnementale est énoncé au principe 13 de la Déclaration de Rio : « Les États doivent élaborer une législation nationale concernant la responsabilité de la pollution et d'autres dommages à l'environnement et l'indemnisation de leurs victimes. Ils doivent aussi coopérer diligemment et plus résolument pour développer davantage le droit international concernant la responsabilité et l'indemnisation en cas d'effets néfastes de dommages causés à l'environnement dans des zones situées au-delà des limites de leur juridiction par des activités menées dans les limites de leur juridiction ou sous leur contrôle ».

Ce principe est également consacré au Tchad à la faveur du décret n° 904/PR/PM/MERH/2009 du 06 août 2009 portant réglementation des pollutions et nuisances à l'environnement. On peut lire aux termes de l'article 4 alinéa 2 (point 3) du décret sus référencé que le principe de responsabilité « stipule que toute personne a le devoir de prendre part à la préservation et à l'amélioration de l'environnement ». De plus, ledit décret précise que : « Toute personne physique ou morale, qui produit ou détient des déchets dans des conditions susceptibles de porter atteinte à la santé et à la sécurité publique ou à l'environnement de façon générale, est tenue d'en assurer elle-même l'élimination ou le recyclage ou les faire éliminer ou recycler auprès des entreprises agréées par le Ministre en charge de l'Environnement. À défaut, elle doit remettre ces déchets à la collectivité locale ou à toute société agréée par l'État en vue de leur gestion » (article 60).

Ce n'est pas fortuit qu'au Tchad, le principe de responsabilité ait été consacré par un décret intéressant les pollutions et les nuisances puisque de toute évidence, ce principe se rapporte essentiellement auxdites matières. Toutefois, il aurait été juste, dans un souci de globalité, qu'il (le principe de responsabilité) l'eût été par une loi à vocation générale, en l'occurrence la loi-cadre.

Par ailleurs, il existe une autre catégorie de principes ayant une portée à la fois aprioriste et aposterioriste. Ils interviennent donc à la fois *ex ante* et *ex post*.

SECTION III : LES PRINCIPES À PORTÉE MIXTE

Véritables principes mutants, les principes à portée mixte sont peu ou prou nombreux. C'est notamment le principe pollueur-payeur **(§ I)**, le principe de développement durable **(§ II)**, le principe de solidarité et de coopération **(§ III)**, le principe d'équité **(§ IV)** et le principe de non-régression **(§ V)**.

PARAGRAPHE I : LE PRINCIPE POLLUEUR-PAYEUR

Le principe pollueur-payeur est consacré au plan international par la Déclaration de Rio en son principe 16[220].

[220] Principe 16 de la Déclaration de Rio : « Les autorités nationales devraient s'efforcer de promouvoir l'internalisation des coûts de protection de l'environnement et l'utilisation d'instruments économiques, en vertu du principe selon lequel c'est le pollueur qui doit, en principe, assumer le coût de la pollution, dans le souci de l'intérêt public et sans fausser le jeu du commerce international et de l'investissement ».

Cependant, il faut relever que c'est un principe qui a été d'abord élaboré au sein du Comité de l'environnement de l'OCDE, au début des années 1970, avant d'être érigé par cette même organisation en principe directeur des politiques de l'environnement dans une recommandation de 1972 sur les « Principes directeurs relatifs aux aspects économiques des politiques de l'Environnement sur le plan international »[221].

Au Tchad, si la définition du principe pollueur-payeur relève d'un acte réglementaire (cf. décret n° 904/PR/PM/MERH/2009 précité)[222], son opérationnalité cependant, est réglée par la loi-cadre[223].

Dans la plupart des systèmes juridiques, ce grand principe qu'est celui de pollueur-payeur connaît des acceptions différentes, même si toutes tendent à ce que celui qui cause un dommage à l'environnement supporte, en dernière analyse, le coût ou la charge de sa réparation[224]. En fait, il est présenté comme une « règle de bon sens économique, juridique et

---

221 OCDE, 26 mai 1972, Recommandation sur les « Principes directeurs relatifs aux aspects économiques des politiques de l'Environnement sur le plan international » : paragraphes 4 et 5 notamment.

222 Ainsi, ce principe, au regard de l'article 4 alinéa 2 (point 4) du décret susvisé, « signifie que toute forme de pollution ou nuisance causée à l'environnement doit être réparée par son auteur ou à ses frais ».

223 La loi-cadre, pour sa part, dispose à son article 47 que : « Toute personne propriétaire ou exploitant d'une installation classée doit prendre les mesures nécessaires pour prévenir et lutter contre la pollution de l'environnement, conformément aux normes et standards de la qualité de l'environnement visés à l'article 98 de la présente loi. Elle est tenue en outre de se soumettre à toute visite ou inspection éventuelle effectuée par les autorités compétentes ».

224 FONBAUSTIER (Laurent), « L'État et la responsabilité environnementale » *in* FONBAUSTIER (Laurent), MARTIN (Gilles), FONTAINE (Lauréline), ROBERT (Jacques-Henri), GRARE-DIDIER (Clothilde), TRÉBULLE (François Guy), LE BARS (Thierry) et VAN LANG (Agathe) (dir.), *op. cit.*, p. 128.

politique »[225]. C'est également un principe qui sous-tend un autre : celui de développement durable.

PARAGRAPHE II : LE PRINCIPE DE DÉVELOPPEMENT DURABLE

L'une des règles majeures du droit de l'environnement, le principe de développement durable est diversement désigné. Il est qualifié tantôt de principe, tantôt de concept, tantôt d'objectif[226].

Le célèbre jurisconsulte français, Jean DOMAT (1625-1696), affirmait que : « Les cieux, les astres, la lumière, l'air et la mer sont des biens tellement communs à toute société des Hommes qu'aucun ne peut s'en rendre le maître ni en priver les autres »[227]. Lorsqu'aux termes du principe 3 de la Déclaration de Rio, il est indiqué que « le droit au développement durable doit être réalisé de façon à satisfaire équitablement les besoins relatifs au développement et à l'environnement des générations présentes et futures », l'on peut remarquer que DOMAT définissait déjà implicitement, en son temps, le principe de développement durable.

Déjà perceptible lors de la conférence des Nations Unies sur l'environnement à Stockholm en 1972 avec « l'écodéveloppement »[228], le concept de développement durable émerge véritablement à partir de 1980 sous l'appellation *« sustainable development »* et ne sera officiellement reconnu

---

[225] OCDE, *Le principe pollueur-payeur. Définition, Analyse, Mise en œuvre*, Paris, Éditions OCDE, 1975, pp. 23-24.

[226] ZARKA (Jean-Claude), *Le nouveau droit de l'environnement*, 1ère éd., Paris, Gualino, coll. Droit en Poche, 2020, p. 4.

[227] TRÉBULLE (François Guy), « Environnement et droit des biens » *in* FONBAUSTIER (Laurent), MARTIN (Gilles), FONTAINE (Lauréline), ROBERT (Jacques-Henri), GRARE-DIDIER (Clothilde), TRÉBULLE (François Guy), LE BARS (Thierry) et VAN LANG (Agathe) (dir.), *op. cit.*, p. 87.

[228] Déclaration de la Conférence des Nations Unies sur l'Environnement, Stockholm, 16 juin 1972.

qu'en 1987 par la Commission Mondiale sur l'Environnement et le Développement suite au rapport de *Gro Harlem Brundtland.*

En 1997, le juge international saisit la notion de développement durable[229]. Mais depuis le début du XXIe siècle, la notion de développement durable s'est davantage consolidée : d'abord à Johannesburg (2002), ensuite à Rio +20 (2012), et avec l'adoption par les Nations Unies, le 25 septembre 2015 à New York, du Programme du développement durable à l'horizon 2030 indiquant les objectifs de développement durable (ODD) et, en particulier, en ce qui concerne l'Afrique, avec l'adoption au niveau de l'Union africaine de l'Agenda 2063 baptisé « l'Afrique que nous voulons »[230] et le Tchad avec la « Vision 2030, Le Tchad Que Nous Voulons »[231].

Au niveau national, le développement durable trouve sa définition dans la loi-cadre. On peut lire en effet à son article 2 (19) qu'on entend par développement durable « un processus de développement qui répond aux besoins des générations présentes sans pour autant compromettre la capacité des générations futures de répondre aux leurs ». Dans le même élan, « le Tchad collabore avec d'autre États et participe à l'action des organisations internationales afin de protéger l'environnement mondial dans le cadre d'un développement durable » (article 6 alinéa 1er).

Ces dispositions de la loi-cadre, servant d'orientation tant au législateur qu'au pouvoir réglementaire, ont été largement

---

[229] Cf. affaire du Barrage sur le Danube dans laquelle Cour internationale de Justice a fait allusion au développement durable en 1997.

[230] Dans l'aspiration 1 de ce document, titrée « Une Afrique prospère fondée sur la croissance inclusive et le développement durable », au dernier point du §10, on peut lire par exemple que : « les richesses naturelles de l'Afrique, son environnement et ses écosystèmes, en particulier sa faune et sa flore sont riches, valorisées et préservées, et les économies et les communautés sont résilientes au climat ».

[231] Cf. Ministère de l'Économie et de la Planification du Développement, « Vision 2030, Le Tchad Que Nous Voulons », Juillet 2017, 49 p.

transposées aussi bien dans les textes à valeur législative que dans les textes réglementaires.

Cependant, la réalisation des objectifs de développement durable (ODD) appelle nécessairement le Tchad à la prise d'un élan de solidarité et de coopération avec d'autres États.

PARAGRAPHE III : LE PRINCIPE DE SOLIDARITÉ ET DE COOPÉRATION

Selon un proverbe africain, « lorsque la case du voisin brûle, c'est aussi ton affaire ». Cette sagesse africaine donne une représentation du principe de solidarité et de coopération.

C'est un principe qui permet la réalisation d'un développement durable et global. Énoncé dans la Déclaration de Stockholm sur l'environnement de 1972[232], il est repris sous une forme générale dans la Déclaration de Rio sur l'environnement et le développement de 1992[233].

Par ailleurs, la Déclaration de Rio précise la portée de l'obligation pour les États de coopérer[234], notamment dans le domaine scientifique et technique (principe 9), dans le domaine commercial (principe 12), concernant la notification aux autres États des catastrophes naturelles et autres situations d'urgence du même ordre susceptibles d'avoir des effets transfrontières (principe 18), ou concernant l'information et la consultation des États susceptibles d'être affectés par des activités qui peuvent avoir des effets transfrontières sur l'environnement (principe 19). *In fine*, le principe 27 énonce que : « Les États et les peuples doivent coopérer de bonne foi et dans un esprit de solidarité à l'application des principes consacrés dans la présente Déclaration et au développement du droit international dans le domaine du développement durable ».

---

[232] Cf. Principe 24 de la Déclaration de Stockholm.

[233] Cf. Principe 7 la Déclaration de Rio.

[234] L'obligation de coopération est reprise dans plusieurs autres conventions internationales de protection de l'environnement, à l'instar de la Convention de Montego Bay sur le droit de la mer.

Dans la législation tchadienne, deux dispositions issues respectivement de deux lois rendent compte de la consécration du principe de solidarité et de coopération au Tchad. Il s'agit d'une part de la loi-cadre qui énonce le principe[235]. D'autre part, la loi de 2008 rattache le principe en matière des forêts, de la faune et des ressources halieutiques[236].

On peut donc noter que le principe de solidarité et de coopération exprime le compromis sur lequel repose l'idée qu'en matière environnementale, tous les pays, petits ou grands, riches ou pauvres, agissent et réagissent à l'unisson face aux défis écologiques. Et cela, dans un esprit d'équité.

PARAGRAPHE IV : LE PRINCIPE D'ÉQUITÉ

Le principe d'équité est intimement lié au développement durable. L'équité recherchée se situe entre plusieurs générations successives, à l'intérieur des générations actuelles ainsi qu'entre les générations confondues et les autres espèces. Ce principe suppose la construction d'une conscience de justice.

D'abord, l'équité intergénérationnelle a vocation à se réaliser dans le temps. Il s'agit de la nécessité pour les générations présentes de préserver l'environnement pour

---

[235] Article 6 de la loi-cadre : « Le Tchad collabore avec d'autres États et participe à l'action des organisations internationales afin de protéger l'environnement mondial dans le cadre d'un développement durable.
Il met en place, en tant que de besoin, des instances de concertation et de collaboration avec les pouvoirs publics des pays voisins, à différents niveaux, afin de coordonner les politiques d'environnement ayant des incidences transfrontalières, en particulier pour ce qui concerne la gestion des déchets, des ressources naturelles, notamment hydriques, la gestion des eaux usées et des eaux de ruissellement ainsi que la conservation ou la réhabilitation des biotopes ».

[236] Article 5 de la loi de 2008 : « Les forêts, la faune et les ressources halieutiques font l'objet d'une politique intégrée, dite politique nationale en matière de forêts, de la faune et des ressources halieutiques. Cette politique garantit une action concertée et complémentaire de l'ensemble des institutions et structures concernées afin de réaliser les objectifs globaux définis par le gouvernement ».

garantir celui des générations futures. Cette nécessité est énoncée au principe 1 de la Déclaration de Stockholm de 1972[237]. Elle est reprise dans le principe 3 de la Déclaration de Rio de 1992[238].

Puis, l'équité intra-générationnelle, elle, est invoquée pour justifier une responsabilité différenciée entre États du Nord et ceux du Sud [239]. Cette différenciation se manifeste notamment par une dualité des normes et une allocation différenciée des charges financières. C'est bien au nom de l'équité qu'est mis en avant le principe dit « des responsabilités communes, mais différenciées »[240].

Le principe des responsabilités communes, mais différenciées, a reçu, par exemple, une consécration dans la Convention-cadre des Nations Unies sur les changements climatiques[241]. Compte tenu de son importance, le principe des « responsabilités communes, mais différenciées » est également mentionné dans le Protocole de Kyoto. L'Accord de Paris, adopté le 12 décembre 2015, le réaffirme et rappelle l'exigence d'équité avec vigueur (article 2).

Enfin, l'équité entre les générations et les autres espèces envisage d'assurer la justice parmi les êtres humains existants et

---

[237] Principe 1 de la Déclaration de Stockholm de 1972 : « L'Homme a le devoir solennel de protéger et d'améliorer l'environnement pour les générations futures ».

[238] Principe 3 de la Déclaration de Rio de 1992 : « Le droit au développement doit être réalisé de façon à satisfaire équitablement les besoins relatifs au développement et à l'environnement des générations présentes et futures ».

[239] Pour plus de détails, lire MAFOGANG PETCHOU (Ballerine Larissa), *La responsabilité différenciée des États en droit de l'environnement*, Mémoire de Master Recherche en Droit Public, Université de Dschang, Année académique 2017-2018, 143 p.

[240] Principe 7 de la Déclaration de Rio de 1992.

[241] Le principe est d'abord mentionné dans le Préambule. Puis, il est repris dans le dispositif même de la Convention. Il apparaît dans les « principes » (il est même le premier d'entre eux). Le même principe figure ensuite au début de l'article 4, §1, consacré aux « engagements » communs à l'ensemble des parties, qu'elles soient développées et en développement.

de veiller au respect de toutes les composantes de l'environnement pour leur valeur intrinsèque indépendamment de leur utilité pour les humains (voir *supra*, conception écocentrique)[242]. Au demeurant, il s'agit d'assurer une sorte de protection *ad valorem* de l'environnement (selon sa valeur pour lui-même) et, par là même, se garder d'être rétrograde.

PARAGRAPHE V : LE PRINCIPE DE NON-RÉGRESSION

Le principe de non-régression peut se résumer à l'esprit d'un proverbe tibétain qui recommande que : « Quand tu arrives en haut de la montagne, continue de grimper ».

Ce principe qui est développé dans la doctrine depuis quelques années[243] connaît déjà une consécration dans certaines lois nationales en Afrique[244]. Même si ce n'est pas encore le cas au Tchad, l'on ne peut négliger qu'il s'impose comme une nouvelle exigence aux actions des acteurs du droit de l'environnement. Il se présente sous une double dimension.

Dans sa première dimension, le principe de non-régression se rapporte au législateur ainsi qu'à toutes les instances décisionnelles étatiques en matière environnementale. Il consiste respectivement pour ceux-ci, dans leur activité de production normative et de décisions, d'éviter d'être rétrogrades voire fétichistes, en ce sens qu'un recul ou une forte

---

[242] Elle, l'équité entre les générations et les autres espèces, est formulée dans les premières lignes du préambule de la Charte mondiale pour la nature, adoptée par l'Assemblée générale des Nations Unies en 1982, exprimant une approche intégrée incluant le respect des autres espèces : « L'humanité fait partie de la nature et la vie dépend du fonctionnement ininterrompu des systèmes naturels assurant les réserves en énergie et en éléments nutritifs [...] »

[243] V. notamment PRIEUR (Michel) et SOZZO (Gonzalo) (dir.), *La non-régression en droit de l'environnement*, Bruxelles, Bruylant, 2012 ; « Le principe de non-régression à Rio+20 », *Revue juridique de l'environnement*, n° 4/2012. Cités par KAM YOGO (Emmanuel Dieudonné), *Manuel judiciaire de droit de l'environnement en Afrique*, *op. cit.*, p. 19.

[244] KAM YOGO (Emmanuel Dieudonné), *op. cit.*, p. 19.

conservation du cadre normatif peut desservir la cause environnementale. Toutefois, il y a là un piège à éviter : celui de déboucher sur l'hypertrophie normative. Le fétichisme et l'hypertrophie normatifs constituent en effet une gangrène pour toute législation car, pendant que l'un la rouille, l'autre la brouille[245].

Dans une seconde dimension, le principe de non-régression intéresse le juge dans son office. C'est un principe qui se présente à celui-ci comme un palliatif à une éventuelle sclérose jurisprudentielle car, la jurisprudence doit être en perpétuelle évolution pour parvenir à un niveau écologiquement convenable. Le verdissement jurisprudentiel est important en droit de l'environnement en ce que, pour reprendre le Professeur Louis JOSSERAND (1868-1941), « c'est la jurisprudence qui constitue la matière première sur laquelle doivent s'exercer nos recherches ; le droit est tel qu'elle le comprend et l'aménage, les documents législatifs n'étant que des matériaux dont l'assemblage et la mise en œuvre lui sont confiés »[246].

Dans une certaine mesure, c'est, le principe de non-régression dans cette seconde dimension, l'équivalent de l'obligation pour le juge de statuer que commande l'article 4 du Code civil[247].

---

[245] Le juge constitutionnel qualifie ces incohérences juridiques, occasionnées en partie par l'hypertrophie normative, de « désordre législatif ». Cf. Décision n° 010/CC/SG/2014 du 23/12/2014 sur la requête du député SALEH KEBZABO et 28 autres relative au projet de loi portant Code pastoral en République du Tchad.

[246] JOSSERAND (Louis), *Cours de droit civil*, 1ère éd., 1930, préface, n° 1, cité par MERCADAL (Barthélémy), *Code pratique OHADA. Traités, Actes uniformes et Règlements annotés*, Levallois-Perret, Editions Francis Lefebvre, 2019, p. 6.

[247] Le Code civil utilisé ici, sauf indication contraire, est celui français de 1958, rendu applicable au Tchad par l'Acte législatif n° 1 portant Constitution du 31 mars 1959 et par la loi constitutionnelle n° 2/62 du 16 avril 1962.

CONCLUSION DU CHAPITRE II

En droit de l'environnement, les sources principielles ne sont pas des moindres. À la vérité, d'elles, découlent les règles fondatrices du droit international de l'environnement dont la sécrétion a donné lieu à la naissance des droits nationaux de l'environnement.

En effet, si la Déclaration de Stockholm de 1972, organisée en 26 principes, est considérée comme le texte fondateur du droit international de l'environnement, il est loisible de considérer ces principes, en sus de ceux contenus dans la Déclaration de Rio de 1992, comme des sources à part entière du droit tchadien de l'environnement, surtout qu'ils sont largement repris dans les textes nationaux relatifs à l'environnement.

Toutefois, pour une meilleure applicabilité de ces principes, et en raison du caractère non contraignant de leurs supports (les Déclarations de 1972 et 1992, d'autres textes internationaux et la doctrine), le Tchad a grand intérêt à les consacrer dans sa législation. À titre illustratif, l'on peut citer le principe de non-régression, d'origine doctrinale, qui n'est à ce jour intégré dans aucun texte national relatif à l'environnement.

CONCLUSION DU TITRE II

Le droit de l'environnement, un droit tentaculaire, se distingue des autres disciplines juridiques de par la diversité de ses sources. C'est un droit certes jeune, mais qui se singularise sans pour autant se désolidariser des autres disciplines car, à l'analyse, de même qu'il emprunte beaucoup d'elles, autant il les influence.

C'est au regard de ces considérations que ce titre, fidèle à l'esprit du livre qui se veut introductif, se limite à présenter les règles les plus cardinales qui en irriguent d'autres.

Le droit tchadien de l'environnement laisse émerger deux sources de règles, l'une procédant de l'autre. D'une part, il y a des sources dites classiques regroupant les textes internationaux, communautaires et internes relatifs à l'environnement. D'autre part, il s'agit des sources principielles qui recèlent des grands principes contenus dans divers textes internationaux et communautaires environnementaux auxquels le Tchad a souscrit.

CONCLUSION DE LA PREMIÈRE PARTIE

Le droit tchadien de l'environnement est fortement empreint du positivisme juridique. L'étude de ses règles révèle en effet la facette d'un droit essentiellement fondé sur des normes écrites, établies par l'État (constitution, lois et règlements) ou agréées par ce dernier (textes communautaires et internationaux).

Mais il n'en demeure pas moins que c'est, le droit tchadien de l'environnement, un droit émaillé d'éléments historico-juridiques ayant participé à sa construction. Lesquels éléments historico-juridiques, loin de remettre en cause la jeunesse de ce droit, permettent d'étayer l'idée selon laquelle la loi-cadre de 1998, marquant certes la naissance du droit de l'environnement au Tchad, n'a cependant pas trouvé un vide juridique à tous égards.

En effet, bien avant cette loi-cadre et ses textes subséquents, il existait des règles aussi bien écrites que coutumières se rapportant à quelques composantes de l'environnement. Ce qui peut, à cet égard, faire concéder au droit tchadien de l'environnement la qualité d'une discipline dynamique.

SECONDE PARTIE : LA DYNAMIQUE DU DROIT TCHADIEN DE L'ENVIRONNEMENT

La dynamique d'un droit induit son efficacité. Cependant, l'efficacité d'un droit n'est pas le seul déterminant de sa dynamique. Il faut de fait ajouter son effectivité qui, contrairement à l'efficacité qui requiert la mise en œuvre d'un droit, se borne à rechercher l'existence des règles permettant ladite mise en œuvre.

À la vérité, l'efficacité du droit tchadien de l'environnement n'est que la conséquence de l'étude de celui-ci. D'ailleurs, un droit n'est efficace que s'il est effectif.

Ici donc, il s'agit de mettre en exergue la mise en mouvement du droit tchadien de l'environnement, du moins en ce qu'il est prévu par les textes. Il n'est toutefois pas exclu qu'en temps opportun, un regard critique soit porté sur sa pratique.

C'est à cet égard qu'il y a lieu, dans un premier temps, d'étudier l'administration de l'environnement **(Titre I)**. Dans un second lieu, il importe d'ausculter le contentieux de l'environnement **(Titre II)**.

TITRE I : L'ADMINISTRATION DE L'ENVIRONNEMENT AU TCHAD

Dans le langage quotidien, le mot « administration » désigne des réalités assez nombreuses et fort diverses : on parle aussi bien d'administrer une fortune ou une entreprise privée qu'une commune ou un département[248]. Dans le vocabulaire juridique, hormis l'expression « acte d'administration » (perception d'un loyer, par exemple) qui s'oppose à celle d' « acte de disposition » (vente ou donation, etc.) dans la gestion d'un patrimoine, l'administration se confond « presque toujours » avec l'administration publique[249]. Presque toujours, mais pas toujours justement.

L'administration publique est souvent appréhendée soit d'un point de vue fonctionnel, soit d'un point de vue organique. La tradition veut que, généralement, on écrive administration avec un « a » minuscule s'il s'agit de l'administration en tant qu'ensemble d'actions (dimension fonctionnelle) et Administration avec un « A » majuscule si l'on vise l'organisme pris dans sa totalité (dimension organique)[250]. Au Tchad, on désigne l'Administration « publique » au sens organique, dans les langues locales, par divers vocables : *« hakouma »* (arabe local)[251], *« ngoumna »* (moundang), etc., occultant ainsi l'Administration « privée ».

---

[248] *Trésor de la langue française (TLF)*, Tome I, p. 691 : « L'objet de l'administration est un domaine de l'activité publique ou privée », cité par DUPUIS (Georges), GUÉDON (Marie-José) et CHRÉTIEN (Patrice), *Droit administratif*, 10e éd., Paris, Dalloz, 2007, p. 2.

[249] *Ibidem.*

[250] De même que les textes constituant sa base légale en font fi, cet ouvrage fait abstraction de cette nuance.

[251] Le mot *hakouma* signifie « autorité administrative » et, par extension, « Gouvernement » ou « chose publique ». V. DJITA ISSA (Djarangar), *Le dictionnaire pratique du français du Tchad*, Paris, L'Harmattan, coll. Études africaines, 2014, p. 204.

Pour sa part, l'administration de l'environnement, bien que revêtant également une double dimension, se démarque quelque peu de la locution « administration publique ». De fait, elle désigne d'une part la chaine d'acteurs impliqués, à des degrés variables, dans la gestion de l'environnement ainsi que dans celle de toutes les questions qui s'y rapportent. D'autre part, elle peut être envisagée dans un sens fonctionnel. Il s'agit alors, dans cette seconde dimension, des compétences et des moyens affectés aux différents acteurs impliqués en matière environnementale.

C'est pourquoi, il est indiqué, dans le cadre de ce titre, de présenter les acteurs de l'administration de l'environnement au Tchad tout en relevant mécaniquement leur niveau d'implication en la matière **(chapitre I)**. Aussi, faudra-t-il examiner les différents moyens ou outils dont ils disposent inégalement pour la gestion de l'environnement **(chapitre II)**.

CHAPITRE I : LES ACTEURS DE L'ADMINISTRATION DE L'ENVIRONNEMENT AU TCHAD

L'administration de l'environnement au Tchad implique des acteurs protéiformes. On peut tout de même les regrouper en deux catégories. Certains acteurs, les institutions publiques, relèvent de la sphère publique **(section I)**. D'autres sont des acteurs non étatiques **(section II)**.

SECTION I : LES INSTITUTIONS PUBLIQUES

Les institutions publiques constituent, au sens fort du terme, l'administration publique[252]. Il s'agit des administrations qui sont pour l'essentiel des services publics administratifs de l'État, des collectivités territoriales et de leurs établissements publics. On peut y ajouter les chefferies traditionnelles en leur qualité d'entités collaboratrices ou auxiliaires de l'administration[253]. Le Professeur Célestin SIETCHOUA DJUITCHOKO constate à ce propos que « cette « auxiliarisation » des chefs traditionnels emporte de nombreuses conséquences juridiques »[254]. Toutes ces institutions, dont on peut citer l'État comme chef de file **(§ I)** et les autres en seconde position **(§ II)**, sont des acteurs majeurs de l'administration environnementale au Tchad.

---

[252] ROUSSET (Michel) et ROUSSET (Olivier), *Droit administratif. L'action administrative*, 2e éd., Grenoble, Presses Universitaires de Grenoble, coll. Le droit en plus, Tome I, 2004, p. 14.

[253] Article 2 de la loi organique n° 13/PR/2010 du 25 août 2010 portant statuts et attributions des autorités traditionnelles et coutumières.

[254] Le Professeur Célestin SIETCHOUA DJUITCHOKO renchérit à cet effet qu' « outre les droits et les obligations, ces derniers [chefs traditionnels] sont soumis à un régime disciplinaire alors que dans la tradition, n'étaient concevables que la responsabilité politique et à la limite, la responsabilité pénale des chefs ». Cf. SIETCHOUA DJUITCHOKO (Célestin), « Aspects de l'évolution des coutumes ancestrales dans le Droit public des chefferies traditionnelles au Cameroun », *Revue générale de droit*, 32 (2), 2002, p. 367.

PARAGRAPHE I : LE PRINCIPAL ACTEUR PUBLIC : L'ÉTAT

Acteur principal en matière environnementale, l'État reconnait toutefois certains pouvoirs à ses démembrements que sont principalement le ministère en charge de l'Environnement **(A)** ainsi que les autres ministères connexes **(B)** et, plus largement, certains organes, institutions et établissements publics **(C)** et la police en matière environnementale **(D)**.

A. LE MINISTÈRE EN CHARGE DE L'ENVIRONNEMENT

Le Tchad s'est doté d'un Ministère de l'Environnement et de l'Eau depuis 1997. Cependant, le vocable « environnement » a été utilisé pour la première fois dans la dénomination de la structure gouvernementale en 1986, avec la création du Ministère du Tourisme et de l'Environnement. Même si en réalité il s'est agi d'une simple substitution de termes, puisque « environnement » remplace « Eaux et Forêts », dans la dénomination du Ministère du Tourisme et de l'Environnement qui a hérité simplement des attributions de l'ancien Ministère du Tourisme et des Eaux et Forêts[255]. Tout de même, la référence à ce vocable, constitue l'une des premières affirmations politiques de la prise de conscience du phénomène de la dégradation de l'environnement au Tchad.

Le Ministère en charge de l'Environnement a souvent connu des mutations relatives à sa dénomination. Aujourd'hui appelé Ministère de l'Environnement, de la Pêche et du Développement Durable[256], il dispose des relais dans les différentes provinces du pays. Il s'agit des Délégations de l'environnement, de la pêche et du développement durable.

---

[255] Ministère de l'Environnement et de l'Eau, *Programme d'Action National de lutte contre la désertification*, *op. cit.*, p. 36.

[256] Cf. décret n° 06/PCMT/PMT/2021 du 02 mai 2021 portant nomination des membres du Gouvernement de Transition.

Il faut par ailleurs remarquer que la dénomination de ce ministère pose un problème de cohérence avec la définition du terme « environnement »[257].

Au demeurant, le Ministère en charge de l'Environnement conduit l'administration centrale en matière d'environnement. Mais la gestion de l'environnement étant à vocation pluridisciplinaire, d'autres départements ministériels, en plus de celui de l'environnement, jouent en la matière un rôle ciblé et/ou ponctuel.

B. LES DÉPARTEMENTS MINISTÉRIELS CONNEXES

L'existence d'un ministère spécialement chargé de l'Environnement n'exclut pas l'intervention d'autres départements ministériels dans le domaine. C'est une tâche ingrate que de n'avoir à relever que quelques-uns.

À la lecture du décret n° 0509/PCMT/PMT/2022 du 25 février 2022 portant remaniement du Gouvernement de Transition, on peut relever entre autres :

- le Ministère des Finances et du Budget qui élabore et met en branle la politique financière du gouvernement en matière environnementale ;
- le Ministère de l'Administration du Territoire et de la Décentralisation qui assure le contrôle de l'administration locale de l'environnement ;
- le Ministère de la Santé Publique et de la Solidarité Nationale dont les attributs en matière d'hygiène alimentaire ainsi que celle des structures sanitaires participent à la réalisation du droit à un environnement sain, et son volet

[257] Il est en effet curieux de citer aux côtés du terme « environnement » des vocables tels que « eau », « ressources halieutiques », etc. qui ne désignent rien d'autre que des composantes de celui-ci. Il s'agit là d'une « curiosité nominale ». V. ABDELKERIM (Marcelin) et NDINGANGAR TEADOUM (Emmanuel), *op. cit.*, p. 153.

« solidarité nationale » induit sa compétence à mobiliser à cet effet la communauté nationale ;

- le Ministère de la Justice chargé des Droits Humains qui doit veiller à la construction et à l'optimisation de la justice environnementale au Tchad ;
- le Ministère de l'Enseignement Supérieur, de la Recherche Scientifique et de l'Innovation et le Ministère de l'Éducation Nationale et de la Promotion Civique qui, parce qu'ils incarnent l'intelligentsia, peuvent faire évoluer l'état des connaissances pluridisciplinaires en matière environnementale ;
- le Ministère des Infrastructures et du Désenclavement qui veille à la conformité des ouvrages publics aux normes de développement durable ;
- le Ministère du Pétrole et de l'Énergie qui assure d'une part la coordination ainsi que la réglementation de la prospection et l'exploitation de l'or noir et d'autre part, se place à l'avant-garde de la transition du Tchad vers des énergies nouvelles, en l'occurrence les énergies renouvelables ;
- le Ministère du Commerce et de l'Industrie qui veille à faire respecter les normes environnementales par les acteurs économiques, en veillant par exemple au respect de ce que les espèces intégralement protégées sont réputées hors commerce ;
- le Ministère de l'Hydraulique Urbaine et Rurale qui, parce que l'eau est source de vie, s'attèle à rendre la ressource hydraulique accessible tant en quantité qu'en qualité sur l'étendue du territoire national ;
- le Ministère des Mines et de la Géologie qui coordonne et réglemente la prospection et l'exploitation du sous-sol tchadien, et plus particulièrement celles des ressources minières et cela, conformément aux normes environnementales ;
- le Ministère des Affaires Foncières, du Développement de l'Habitat et de l'Urbanisme qui élabore des documents d'urbanisme et d'aménagement à l'échelle nationale afin de parvenir à une gestion rationnelle et équitable du foncier ;

- le Ministère du Développement Agricole qui mène la politique nationale intégrant, en ce qui se rapporte à l'environnement, la promotion de l'agro-écologie au Tchad ;
- le Ministère de l'Aviation Civile et de la Météorologie Nationale dont le volet « météorologique » permet une meilleure adaptation des populations aux variations climatiques et surtout émet des orientations agrométéorologiques ;
- le Ministère de l'Élevage et des Productions Animales qui donne la priorité aux politiques du gouvernement tendant à un développement de l'élevage respectueux des écosystèmes ;
- le Ministère du Développement Touristique et de l'Artisanat ainsi que le Ministère de la Culture et de la Promotion de la Diversité qui valorisent les paysages naturel et culturel du Tchad et promeuvent l'écotourisme[258].

Il résulte de ce qui précède que plusieurs départements ministériels ont des compétences en matière environnementale. Ils sont cependant assistés dans leur mission par de nombreux organes, institutions et établissements publics centraux.

C. LES ORGANES, INSTITUTIONS ET ÉTABLISSEMENTS PUBLICS CENTRAUX

Les organes, institutions ainsi que les établissements publics relevant de la haute sphère de l'État ne sont pas en marge de la préservation de l'environnement. L'on peut relever entre autres le HCNE **(1)**, le FSE **(2)**, l'ADER **(3)**, l'ANAM **(4)**, le CESCE **(5)**, la CNDH **(6)** ainsi que la CCIAMA **(7)**.

1. Le Haut Comité National pour l'Environnement (HCNE)

Créé par le décret n° 822/PR/MET/95 du 20 octobre 1995, le HCNE a pour mission d'impulser, d'harmoniser et de veiller à la

[258] L'écotourisme semble s'ancrer dans la politique gouvernementale, tant l'environnement tchadien est source d'attraction touristique. Cf. le lien http://hamadar.com/top-10-des-sites-touristiques-tchad/, consulté le 16/11/2020.

mise en œuvre des politiques et stratégies en matière d'environnement en vue d'un développement durable (cf. article 6 dudit décret).

Un autre comité interministériel, semblable au HCNE, a été créé des années plus tard par le décret n° 1702/PR/PM/2008 du 23 décembre 2008. Il s'agit du Comité Interministériel de Lutte contre la Dégradation de l'Environnement et le Braconnage (CILDEB), chargé de la mise en œuvre de toutes les mesures nécessaires destinées à la protection de l'environnement[259], par le biais de la Brigade Nationale Mobile de protection de l'environnement dont il est doté (cf. article 4 du décret sus-cité).

2. Le Fonds Spécial en faveur de l'Environnement (FSE)[260]

Le FSE, dont la création date du 17 août 1998 (cf. article 99 de la loi-cadre), est un instrument financier que le gouvernement a mis en place, sous la forme d'un compte spécial, pour contribuer à la protection et la mise en valeur de l'environnement.

Son effectivité ayant été soumise par la loi-cadre à la prise d'un texte d'application (cf. article 99 de la loi-cadre), il a fallu cependant attendre le 24 février 2012, soit plus d'une décennie après, pour que soit pris le décret n° 168/PR/PM/MERH/2012 portant organisation et fonctionnement du FSE. Mais en considération de l'inopérance du décret sus-cité face aux défis actuels du FSE, marqués par la dégradation accrue de l'environnement tchadien et la recherche des financements, ledit décret a été abrogé par le décret n° 0494/PCMT/PMT/MEPDD/2022 du 21 février 2022.

---

[259] Article 2, *op. cit.*

[260] Pour en savoir plus sur la gestion du FSE, lire avec intérêt NDEDOUM (Serges), GALY (Djamto) et NZOUAKEU NYANDJOU (Cédric Yasser), « La gestion des Fonds nationaux pour l'environnement à l'épreuve du développement durable en Afrique subsaharienne : cas du Cameroun et du Tchad », article prévu pour paraitre en automne 2022 sous le 7e numéro de la *Revue Africaine de Droit de l'Environnement (RADE).*

Le nouveau décret sus référencé fait du FSE un établissement public à caractère administratif, doté de la personnalité juridique et jouissant de l'autonomie de gestion administrative et financière, tout en le maintenant sous la tutelle du Ministère en charge de l'Environnement (cf. article 2). Mieux, il densifie, en son article 4, les missions du FSE.

Par contre, les sources de pourvoyance du FSE en ressources demeurent les mêmes[261]. Par ailleurs, dans l'esprit des principes de participation et de coopération, si chers au droit de l'environnement, il est permis au FSE de collaborer avec les structures publiques, privées et non gouvernementales dont les activités concourent à la mise en œuvre des Politiques et Stratégies Nationales de préservation, de gestion durable de l'environnement, de conservation des ressources naturelles ainsi que de Lutte contre le Changement Climatique (article 5 du décret sus-cité). Ce qui lui permettra de collaborer avec d'autres acteurs du droit tchadien de l'environnement ou, mieux, d'autres établissements publics, tels que le FNE ou l'ADER.

3. L'Agence de Développement des Énergies Renouvelables (ADER)

L'ADER, un établissement public à caractère industriel, est créée par l'ordonnance n° 009/PR/2013 du 19 août 2013. Dotée d'une autonomie de gestion, ses prérogatives se résument essentiellement à la mise en application de toutes les politiques intéressant les énergies renouvelables à travers la conception des projets et leur mise en place dans ce secteur et ce, dans le respect des engagements internationaux du Tchad[262]. Le décret

---

[261] Cf. article 23 du décret n° 0494/PCMT/PMT/MEPDD/2022 du 21 février 2022 portant organisation et fonctionnement du Fonds Spécial en faveur de l'Environnement.

[262] Engagements internationaux dont les plus importants sont : la Déclaration du Millénaire (Objectif 7 relatif à la préservation de l'environnement et notamment l'épineuse question du changement climatique induit par l'émission des gaz à effet de serre) et la Déclaration des Chefs d'État et de Gouvernement sur le Développement du Secteur de l'Électricité en Afrique

n° 1607/PR/PM/MPME/2014 du 16 décembre 2014 portant son organisation et son fonctionnement renseigne à ce propos.

Plus spécifiquement, la création de l'ADER traduit l'engagement ferme pris par le Gouvernement tchadien en faveur des énergies renouvelables lors du Forum International sur les Énergies Renouvelables du 1er au 04 février 2013. Afin de mener à bien les missions à lui assignées, l'ADER s'est dotée d'un Plan Général d'Action (2017-2030). Si l'on en croit aux chiffres, depuis sa création, l'ADER aurait mené plusieurs actions ou activités dans le cadre de l'électrification[263].

4. L'Agence Nationale de la Météorologie (ANAM)

Établissement public à caractère administratif doté de la personnalité juridique et de l'autonomie financière[264], l'ANAM a été créée par la loi n° 035/PR/2015 du 18 août 2015. Elle a essentiellement pour mission de : concevoir et mettre en œuvre la politique météorologique du gouvernement ; assurer une veille sur l'évolution du climat ; mettre en œuvre les Conventions et les Protocoles sur les Changements Climatiques ; mettre à la disposition des usagers publics et privés les données, les prévisions et les informations météorologiques et climatiques ; mettre en œuvre et collaborer avec le Ministère en charge de l'Environnement, les activités du Projet Opération d'Ensemencement des Nuages[265].

En outre, l'ANAM est l'unique Représentante Permanente du Tchad auprès des organismes, Conventions, Institutions et

---

Centrale du 30 octobre 2007 dont l'engagement à intégrer l'énergie comme secteur de concertation et d'en traduire l'exécution dans les programmes régionaux des États membres de la CEEAC).

[263] M'BATNA (Jean-Paul) *in Tchad Eco*, n° 13, janvier-mars 2017, p. 8.

[264] Article 2 alinéa 1er du décret n° 521/PR/PM/MDAMN/2017 du 12 mai 2017 portant organisation et fonctionnement de l'Agence Nationale de la Météorologie (ANAM).

[265] Article 5, *op. cit.*

Instituts météorologiques internationaux[266]. Ce qui fait d'elle la pièce maitresse du domaine de la météorologie au Tchad.

5. Le Conseil Économique, Social, Culturel et Environnemental (CESCE)

Le CESCE est un organe consultatif[267] chargé de donner son avis sur les questions à caractère économique, social, culturel ou environnemental portées à son examen par le président de la République ou par le président de l'Assemblée nationale[268]. Il est donc consulté sur tout projet de plan ou de programme à caractère économique, social, culturel ou environnemental[269]. Aussi, il peut procéder à l'analyse de tout problème de développement économique, social, culturel ou environnemental dont il soumet les conclusions aux présidents de la République, du Sénat et de l'Assemblée nationale[270].

Mieux, il y a une innovation majeure apportée aux compétences du CESCE par la loi constitutionnelle n° 017/PR/2020 du 14 décembre 2020. En effet, aux termes du dernier alinéa de l'article 180 de ladite loi, révisant la Constitution du 04 mai 2018, il ressort explicitement que « son avis est nécessaire sur tous les projets de loi de programme à caractère économique, social, culturel et environnemental ».

Le CESCE devient dès lors l'unique organe d'État habilité à contrôler la qualité des projets de loi du gouvernement intéressant le domaine environnemental. On peut cependant regretter que cette compétence consultative n'ait pas été étendue à d'autres catégories de projets de textes (propositions de loi émanant du Parlement, textes réglementaires, etc.).

Pour sa part, la CNDH a, de tout temps, porté une dénomination évocatrice de ses prérogatives.

---

266 Article 13 alinéa 22, *op. cit.*

267 Article 179 de la Constitution révisée du 04 mai 2018.

268 Article 180 alinéa 1er, *op. cit.*

269 Article 180 alinéa 2, *op. cit.*

270 Article 180 alinéa 3, *op. cit.*

6. La Commission Nationale des Droits de l'Homme (CNDH)

Instituée depuis 1994 par la loi n° 031/PR/94 du 09 septembre 1994, la CNDH n'a cependant commencé son fonctionnement qu'en 1996, avant d'être réformée par la loi n° 026/PR/2017 du 30 décembre 2017. Elle est désormais constitutionnellement reconnue et ce, à la faveur de la Constitution de la IVe République (04 mai 2018) qui fait d'elle une autorité administrative indépendante[271]. Aussi, sa mission est contenue dans l'article 184 de la constitution.

Autorité administrative indépendante qu'elle est, la CNDH jouit d'une autonomie quant aux choix des questions qu'elle examine par auto-saisine. Aussi, elle est entièrement libre de ses avis qu'elle transmet au président de la République et dont elle assure la diffusion auprès de l'opinion publique[272].

Les questions qu'elle examine intéressent donc nécessairement les droits de l'Homme. À ce titre, on peut *ad libitum* faire le lien entre ces derniers et l'environnement. Cela va de soi lorsqu'on sait que l'environnement sain s'érige désormais en droit fondamental de l'Homme[273]. La Charte africaine des droits de l'homme et des peuples de 1981 en rend d'ailleurs compte[274]. Cependant, la reconnaissance du droit de

---

[271] Article 183, *op. cit.*

[272] Article 185, *op. cit.*

[273] Le droit à l'environnement apparaît pour la première fois au plan international avec la Déclaration de Stockholm de 1972 dont le principe 1 affirme que : « L'homme a un droit fondamental à la liberté, à l'égalité et à des conditions de vie satisfaisantes, dans un environnement dont la qualité lui permette de vivre dans la dignité et le bien-être (…) ». Lire aussi le rapport de la Commission des Droits de l'Homme du Barreau sur l'état des droits de l'Homme au Cameroun, 1ère éd., 2015, p. 81.

[274] Cf. article 24 de la Charte africaine des droits de l'homme et des peuples de 1981.

l'environnement comme un droit de l'Homme n'est pas que conventionnelle, mais également constitutionnelle[275].

Ainsi, la CNDH peut examiner les questions relevant du droit à un environnement sain qui constitue d'ailleurs le socle de la préservation de l'environnement dans sa dimension anthropocentrique.

7. La Chambre de commerce, d'industrie, d'agriculture, des mines et d'artisanat (CCIAMA)

La CCIAMA est un établissement public à caractère administratif doté de la personnalité civile et de l'autonomie financière. Elle est régie par la loi n° 26/PR/94 du 23 juillet 1994 qui l'a créée et le décret n° 962/PR/PM/MECDT/2015 du 22 avril 2015 portant ses statuts.

La loi sus référencée, en son article 3, attribue à la CCIAMA deux principales missions que sont : la représentation, la promotion et la défense des intérêts commerciaux, industriels, agricoles, miniers et artisanaux au Tchad ; et le rôle d'interface entre les pouvoirs publics et le secteur privé.

En raison de l'évolution du contexte économique et social, sans exclure les difficultés qu'a connues la CCIAMA, le décret n° 962/PR/PM/MECDT/2015 du 22 avril 2015 portant ses statuts, a renforcé et clarifié ses attributions, lui donnant ainsi de larges prérogatives lui permettant de jouer pleinement son rôle. À ce titre, la CCIAMA devient aujourd'hui une institution de conseil aux pouvoirs publics et un véritable partenaire du développement économique et social du Tchad. Elle peut donc rappeler, instamment, à ces acteurs l'exigence d'intégrer les préoccupations environnementales dans leurs différentes initiatives. Cela, quoiqu'il existe au Tchad la police en matière environnementale.

---

[275] La constitution proclame à cet effet en son article 51 que : « Toute personne a droit à un environnement sain ». Ce droit est assorti d'un devoir, celui « de protéger l'environnement » (articles 52 et 57 de la constitution).

8. La police en matière environnementale

D'emblée, il faut souligner que la police en matière environnementale se présente sous deux types : d'une part la police administrative et d'autre part, la police judiciaire et toutes les autres forces assimilées.

D'abord, la police administrative est essentiellement préventive. La finalité de la mesure de police administrative n'est pas de punir mais d'assurer le maintien ou la restauration de l'ordre public. Les mesures de police administrative sont donc souvent mais pas nécessairement assorties de sanctions pénales ou d'amendes administratives, si bien que la violation des premières peut donner lieu à une action de police judiciaire. Rattachée au domaine de l'environnement, la police administrative devient spécialisée.

Ensuite, la constatation des infractions est de manière générale réservée aux officiers et agents de police judiciaire (OPJ et APJ) et toutes les autres forces assimilées. Cependant, la législation tchadienne fait intervenir également en ce sens les agents assermentés ou non des services en charge de l'environnement. C'est à ce titre que l'article 252 du Code de procédure pénale énonce de manière générale que : « Participent à la police judiciaire, les fonctionnaires et agents des administrations et des services publics auxquels les textes spéciaux attribuent certains pouvoirs de police judiciaire, dans les conditions et dans les limites fixées par ces textes ».

Les lois environnementales fournissent davantage d'éléments d'analyse sur la police environnementale. La loi-cadre donne le ton à son article 105 en ces termes : « Tout constat d'infraction en matière de l'Environnement doit être consigné dans un procès-verbal établi par un agent assermenté ». Ainsi, les pouvoirs de police judiciaire des OPJ et APJ sont consacrés par le Code de procédure pénale[276].

---

[276] Cf. article 262 du Code de procédure pénale.

Quant aux agents assermentés ou non des administrations en charge de l'environnement, il faut se rapporter à quelques lois sectorielles en matière environnementale pour s'apercevoir de leurs compétences en matière de police environnementale. Dans l'appareil répressif des infractions environnementales, ils recherchent et constatent lesdites infractions. Il importe de relever par ailleurs que les lois auxquelles il est fait référence, reconnaissent également des pouvoirs de recherche et de constatation des infractions environnementales aux OPJ et APJ.

C'est ainsi qu'en matière hydraulique par exemple, les infractions prévues par le Code de l'eau sont constatées par les OPJ et APJ, ainsi que les agents et fonctionnaires relevant des services de l'eau ou d'autres départements concernés, ou tout autre agent ou fonctionnaire dûment désignés à cet effet, et notamment les agents visés à l'article 63 dudit code. Les agents et fonctionnaires autres que ceux de la police judiciaire prêtent serment devant le tribunal compétent de la zone administrative où ils sont appelés à servir[277]. Les infractions constatées font l'objet d'un procès-verbal dûment notifié aux contrevenants[278].

En ce qui concerne les pouvoirs des agents et fonctionnaires sus-cités, l'article 160 du Code de l'eau dispose qu'ils peuvent avoir accès au domicile privé et dépendances, pour procéder au constat : soit en présence ou sur réquisition du procureur de la République, du juge d'instruction ou de toute autre autorité judiciaire compétente ; soit sur mandat délivré expressément par une autorité judiciaire compétente. Et, avec l'assentiment exprès de la personne dont le domicile est visité, les visites domiciliaires peuvent se faire à toute heure du jour et de la nuit par les agents désignés ci-dessus[279]. Cependant, les agents et fonctionnaires visés à l'article 158 et sus-cités peuvent, en cas

Néanmoins, il demeure que l'ordonnance n° 018/PR/2018 du 07 juin 2018 portant attributions, organisation et fonctionnement du Corps de Police Judiciaire prévoit leurs missions (cf. article 4).

[277] Article 158 du Code de l'eau.

[278] Article 159, *op. cit.*

[279] Article 161, *op. cit.*

de flagrant délit et dans les conditions prévues par les lois en vigueur, procéder à l'arrestation des contrevenants et les conduire devant le procureur de la République ou l'autorité judiciaire compétente[280].

En matière de forêts, de la faune et des ressources halieutiques, les recherches et constatations des infractions sont faites par les agents assermentés des administrations chargées des forêts, de la faune et des ressources halieutiques ; et les agents non assermentés des administrations chargées des forêts, de la faune et des ressources halieutiques commissionnés à cet effet par leur ministre de tutelle[281]. Ceux-ci ne peuvent faire l'objet ni de menace et d'outrage, ni de violence dans l'exercice de leurs fonctions[282]. Toutefois, seuls les agents assermentés conduisent tout délinquant devant les autorités judiciaires compétentes après échec de la transaction et peuvent, dans l'exercice de leur fonction, requérir la force publique[283]. Les agents non assermentés, eux, sont tenus par la loi de conduire tout individu pris en flagrant délit devant un agent assermenté qui verbalise ce dernier[284].

Pour les besoins de la recherche et de la constatation des infractions en matière de forêts, de la faune et des ressources halieutiques, les agents compétents peuvent procéder à des fouilles, perquisitions et saisies dans tous lieux, véhicules ou embarcations pouvant contenir des objets ou produits illicites. Les objets ou produits saisis sont confiés à la garde des autorités administratives ou à tout gardien nommément désigné au procès-verbal, qui peut éventuellement être le délinquant lui-même (cette dernière hypothèse, celle du « délinquant-gardien », est assurément un oxymore juridique).

---

[280] Article 163, *op. cit.*

[281] Article 277 de la loi de 2008.

[282] Article 278, *op. cit.*

[283] Article 279, *op. cit.*

[284] Article 280, *op. cit.*

Les agents habilités à transiger ou les magistrats compétents pour connaître de l'infraction peuvent donner mainlevée provisoire des objets saisis, contre paiement des frais de séquestre et versement d'une caution jugée suffisante[285].

En ce qui concerne la protection des végétaux, la loi n° 14/PR/95 du 13 juillet 1995 relative à la protection des végétaux est assez prévoyante[286].

Les agents sus relevés ne sont cependant pas les seuls compétents. Il faut y ajouter en effet les forces de la Brigade Nationale Mobile de Protection de l'Environnement qui paraissent actives[287], surtout dans la lutte contre le braconnage[288].

Par ailleurs, bien qu'étant le principal acteur public, l'État, au travers de ses départements ministériels, organisations, institutions et organes centraux ainsi que la police, compose avec d'autres acteurs tout aussi publics afin d'assurer la préservation de l'environnement.

PARAGRAPHE II : LES AUTRES ACTEURS PUBLICS

Les autres acteurs publics de l'administration de l'environnement au Tchad, ce sont essentiellement les démembrements de l'État, en l'occurrence les institutions décentralisées issues respectivement de la décentralisation territoriale **(A)** et de la décentralisation technique **(B)**, mais également les chefferies traditionnelles **(C)**.

---

285 Article 285, *op. cit.*

286 Cf. article 41 alinéas 1 et 2 de la loi n° 14/PR/95 du 13 juillet 1995 relative à la protection des végétaux.

287 Le Progrès, *Lutte contre la désertification : 10 camions chargés de bois vert saisis*, n° 2669, 2 juin 2009, pp. 1 et 5, cité par ABDELKERIM (Marcelin) et NDINGANGAR TEADOUM (Emmanuel), *op. cit.*, p. 157.

288 Agence Tchadienne de Presse et d'Édition, *Braconnage : le Gouvernement se dote d'une structure de lutte*, n° 160, 1er au 03 juillet 2013, p. 5, cité par ABDELKERIM (Marcelin) et NDINGANGAR TEADOUM (Emmanuel), *op. cit.*, p. 157.

A. LES INSTITUTIONS DE LA DÉCENTRALISATION TERRITORIALE

La décentralisation territoriale consiste en un transfert par l'État des compétences[289] particulières et des moyens appropriés aux entités décentralisées[290], autrefois qualifiées de collectivités territoriales décentralisées (les Régions, les Départements, les Communes et les Communautés rurales)[291] mais depuis 2018, recomposées en collectivités autonomes (les Provinces et les Communes)[292]. Les collectivités autonomes, personnes morales de droit public, concourent avec l'État, à l'administration et à l'aménagement du territoire, au développement économique, socio-éducatif, sanitaire, culturel et scientifique ainsi qu'à la protection et à la mise en valeur de l'environnement et à l'amélioration du cadre de vie[293]. Bénéficiant chacune d'une place qui lui est due, les collectivités autonomes exercent leurs compétences dans le cadre de leurs statuts[294]. Aux termes de la Déclaration de Rio, elles ont même « un rôle vital à jouer dans la gestion de l'environnement et le développement »[295]. Ainsi, il s'agit de la coadministration dans le domaine de

---

[289] Lire à ce sujet, ALIYOU (Sali), *Le transfert de compétences aux collectivités territoriales décentralisées au Cameroun*, Thèse de Doctorat/Ph.D en Droit Public, Université de Dschang, 04 juin 2016, 765 p.

[290] Article 5 de la loi n° 033/PR/2006 du 11 décembre 2006 portant répartition des compétences entre l'État et les CTD.

[291] Articles 2 et 203 de la Constitution du 31 mars 1996. Cependant, l'article 203 devient l'article 202 dans les versions révisées de 2005 et 2013 de cette Constitution.

[292] Article 212 de la Constitution révisée du 04 mai 2018.

Pour mieux apprécier les récentes réformes intervenues en matière de décentralisation, lire DJIMASSAL (Patrick), *L'administration publique au Tchad à l'ère de la décentralisation*, Paris, L'Harmattan, coll. Études africaines, 2019, 352 p.

[293] Article 2 de la loi précitée.

[294] Cf. ordonnance n° 036/PR/2018 du 06 août 2018, ratifiée par la loi n° 27/PR/2019 du 27 juin 2019, abrogeant la loi organique n° 002/PR/2000 du 16 février 2000 portant statuts des CTD. Cf. aussi la loi n° 009/PR/2005 du 15 juillet 2005 portant statut particulier de la Ville de N'Djaména.

[295] Cf. Principe 22 de la Déclaration de Rio de 1992.

l'environnement[296] justifiée par la place centrale qu'occupe l'agir ensemble dans la crise environnementale[297]. C'est ainsi qu'au Tchad, leur rôle en matière environnementale fait l'objet d'une constitutionnalisation[298] avant d'être repris par le législateur[299] et défini par le pouvoir réglementaire[300].

À ce titre, les collectivités autonomes jouent un rôle dans la préservation de l'environnement sur l'étendue de leurs différentes circonscriptions. La loi n° 033/PR/2006 du 11 décembre 2006 portant répartition des compétences entre l'État et les collectivités territoriales décentralisées (CTD) détermine les compétences respectives des provinces et des communes en matière d'environnement. Cette loi vient donc renforcer une des dispositions de la loi-cadre qui fonde les compétences des entités décentralisées en matière de préservation de l'environnement[301]. Il est important de préciser que cette disposition, elle-même, tire son fondement des articles 47, 48 et 52[302] de la Constitution du 31 mars 1996 révisée le 15 juillet

---

[296] Lire à ce propos BRIANT (Vincent de), « La coadministration dans le domaine de l'environnement : un levier inattendu pour la clarification des compétences », *RJE*, n° spécial, 2013, pp. 27-40.

[297] BRÉDIF (Hervé) et CHRISTIN (Didier), « La construction du commun dans la prise en charge des problèmes environnementaux : menace ou opportunité pour la démocratie ? », *La revue électronique en sciences de l'environnement*, vol. 9, n° 1, mai 2009, p. 6.

[298] Cf. les articles 47, 48 et 52 de la Constitution du 31 mars 1996 et les articles 51, 52 et 57 de la Constitution révisée du 04 mai 2018.

[299] V. notamment la loi-cadre, la loi n° 033/PR/2006 du 11 décembre 2006 portant répartition des compétences entre l'État et les CTD et la loi de 2008.

[300] On dénombre une pléthore de décrets et d'arrêtés reconnaissant des compétences aux collectivités autonomes en matière environnementale.

[301] Cf. article 4 de la loi-cadre.

[302] Sans préjudice de leur contenu, les articles 47 et 48 sus-cités sont mutés aux articles 51, 52 de la constitution en vigueur, dans sa version du 04 mai 2018 tout comme dans celle révisée par la loi constitutionnelle n° 017/PR/2020 du 14 décembre 2020. Cependant l'article 52 devient l'article 57 et l'on observe une modification substantielle dans leurs dispositions. En effet, l'article 52 de la Constitution de 1996 dispose que : « Tout citoyen a le devoir de respecter et de protéger l'environnement » alors que l'article 57 de la

2005 et le 03 juillet 2013 (abrogée) qui, respectivement, reconnaissent à toute personne le droit à un environnement sain et charge l'État, les CTD et tout citoyen de veiller à la protection de l'environnement.

C'est fort de cette responsabilité incombée aux collectivités autonomes que le Maire de la ville de N'Djaména a en date du 04 août 2021, par communiqué officiel n° 22/CVNDJ/DC/SCP/2021 sur la base de la loi-cadre (cf. article 4), rappelé l'interdiction des coupes d'arbres dans le périmètre urbain, et plus singulièrement dans la forêt de Toukra (un quartier de la capitale, situé dans le 10e arrondissement).

Ainsi, le constituant tchadien, repris par le législateur et le pouvoir réglementaire, met clairement en exergue la protection de l'environnement et le souci de l'amélioration du cadre de vie lorsqu'il énumère les compétences des CTD ou collectivités autonomes[303]. La Constitution de 1996 et celle de 2018

Constitution de 2018 postule que : « La protection de l'environnement est un devoir pour tous. L'État et les Collectivités Autonomes veillent à la défense et à la protection de l'environnement.
Tout dommage causé à l'environnement doit faire l'objet d'une juste réparation ».

[303] Article 209 de la Constitution tchadienne du 31 mars 1996 révisée : « Les CTD assurent dans les limites de leur ressort territorial et avec le concours de l'État : la sécurité publique ; l'administration et l'aménagement du territoire ; le développement économique, social, sanitaire, culturel et scientifique ; la protection de l'environnement ».
Voir la Constitution révisée de 2018 qui renvoie cette question au domaine de la loi à son article 224 : « Une loi prévoit un mécanisme autonome de développement au profit des collectivités autonomes ». Toutefois, elle précise, relativement à la préservation de l'environnement, à son article 137 alinéas 1er et 3 (point 13) que : « La loi est votée par l'Assemblée Nationale dans le respect de la répartition des compétences entre l'État central et les Collectivités Autonomes.
La loi détermine les principes fondamentaux :

- (…) ;
- de la protection de l'environnement et de la conservation des ressources naturelles ».

consacrent donc le partage des compétences environnementales entre l'État et les collectivités autonomes[304].

À cet effet, l'État confie, par le biais de la décentralisation territoriale, certaines de ses responsabilités à ces entités décentralisées, qui les assument soit en collaboration avec lui ou soit sous son contrôle[305]. Au rang des compétences reconnues aux collectivités autonomes en matière de préservation de l'environnement, certaines le sont prosaïquement ou mieux, incidemment, par diverses normes de la République (compétences générales) et d'autres leur sont expressément transférées dans le cadre des lois portant sur la décentralisation (compétences spécifiques)[306].

Au demeurant, les collectivités autonomes exercent leurs compétences environnementales sans occulter celles qu'exercent les institutions de la décentralisation technique.

B. LES INSTITUTIONS DE LA DÉCENTRALISATION TECHNIQUE

La décentralisation technique permet aux entités décentralisées de gérer un service public en bénéficiant de la personnalité morale et de l'autonomie financière. Ces entités ne disposent que d'une compétence d'attribution, qui correspond à l'objet du service public qui leur est confié[307].

---

304 Cf. article 214 alinéa 2 de la Constitution révisée du 04 mai 2018 : « Sur la base du principe de subsidiarité, les collectivités autonomes ont des compétences exclusives et des compétences partagées avec l'État, dans les conditions fixées par une loi ».

305 NGO NONGA (Marie), « La protection des eaux côtières au Cameroun » *in* OLIVIER RUPPEL (Christian) et KAM YOGO (Emmanuel Dieudonné) (dir.), *op. cit.*, p. 398.

306 Lire à ce sujet GALY (Djamto), *Les compétences des collectivités autonomes en matière de préservation de l'environnement au Tchad*, Mémoire de Master Recherche en Droit Public, Université de Dschang, juillet 2019, 115 p.

307 KAM YOGO (Emmanuel Dieudonné), *Manuel judiciaire de droit de l'environnement en Afrique*, *op. cit.*, p. 162.

On peut, à titre illustratif, citer les sections provinciales de l'Office National de Sécurité Alimentaire (ONASA), de l'Agence Nationale de Développement Rural (ANADER), de l'Institut Tchadien de Recherche Agricole et de Développement (ITRAD) ou de la Chambre de commerce, d'industrie, d'agriculture, des mines et d'artisanat (CCIAMA).

À l'analyse, on peut constater que le point commun des institutions de la décentralisation, territoriale et technique, réside dans leur proximité, du point de vue de leurs assises territoriales, aux chefferies traditionnelles.

C. LES CHEFFERIES TRADITIONNELLES

La place des chefferies traditionnelles dans l'organisation administrative au Tchad est nettement aménagée par la loi. De fait, il ressort de l'article 2 de la loi organique n° 13/PR/2010 du 25 août 2010 portant statuts et attributions des autorités traditionnelles et coutumières que : « Les autorités traditionnelles et coutumières sont les collaboratrices de l'administration. Elles sont placées sous l'autorité et le contrôle des chefs des unités administratives de leur ressort. Elles servent de relais entre l'administration et les administrés ». À ce titre, dans leur rôle d'assister l'administration, elles sont chargées entre autres de concourir au maintien de la tranquillité publique ; d'assurer la commodité de passage dans les places et voies publiques ; de faire respecter l'hygiène, la salubrité ainsi que les droits de l'Homme[308]. Elles sont également autorisées à gérer les calamités[309].

Mais plus explicitement, la loi sus référencée relève la compétence des autorités traditionnelles et coutumières en matière environnementale à son article 8 aux termes duquel, elles sont associées aux actions de développement et assurent la protection de l'environnement.

---

[308] Article 5 de la loi organique n° 13/PR/2010 du 25 août 2010 portant statuts et attributions des autorités traditionnelles et coutumières.
[309] Article 10, *op. cit.*

La loi-cadre renforce l'implication des chefferies traditionnelles en matière environnementale. En effet, elle dispose plus généralement à son article 7 que : « Les institutions locales traditionnelles [...] participent à la prévention contre toute forme de pollution ou dégradation de l'environnement en collaboration avec l'État ».

Aussi, au Tchad, les chefferies traditionnelles jouent un rôle déterminant dans le domaine foncier. En ce sens, on retient en effet du régime foncier que les chefferies traditionnelles fortes continuent à avoir la main sur l'accès à la terre. C'est particulièrement le cas à la périphérie du lac Tchad[310].

Bref, les autorités traditionnelles et coutumières, en vertu de l'article 2 sus disposé de la loi organique n° 13/PR/2010 du 25 août 2010 portant leurs statuts et attributions, sont hiérarchiquement intégrées dans l'organisation administrative de la République du Tchad. C'est d'ailleurs elles les seules à avoir survécu lorsque, pendant les heures troubles qu'a connues le Tchad, les autres institutions de la République étaient tantôt inopérantes, tantôt dissoutes.

C'est sur elles que prend fin la présentation des acteurs publics de l'administration de l'environnement. Les autres qui suivent sont en effet des acteurs non étatiques.

SECTION II : LES ACTEURS NON ÉTATIQUES

Les premiers sujets du droit de l'environnement auxquels on pense généralement sont l'État et les collectivités locales. Pourtant, ceux-ci ont un rôle un peu ambigu, parce qu'ils poursuivent des objectifs potentiellement antagoniques[311]. C'est

---

[310] Lire sur la question SITACK YOMBATINA (Béni), « Le Lac Tchad, un patrimoine naturel et un laboratoire de biodiversité : réconcilier les pratiques locales et les enjeux de nouvelle politique foncière durable » *in* DORMOY (Daniel) et KUYU (Camille) (dir.), *Droit(s) et changements climatiques*, Saint-Ouen, Les Éditions du Net, 2020, pp. 399-422.

[311] Ils ont en effet pour mission de protéger l'environnement, notamment en posant des règles de droit à cet effet, mais ils ont aussi en charge le

en cela que les acteurs non étatiques trouvent leur raison d'être en matière environnementale. Ces derniers, sans forcément être privés, ne sont pas publics. Il s'agit respectivement des institutions associatives **(§ I)**, des communautés de base et les citoyens **(§ II)** ainsi que des intervenants privés **(§ III)**.

PARAGRAPHE I : LES INSTITUTIONS ASSOCIATIVES

Les institutions associatives ne sont pas du reste en matière environnementale. Elles occupent une place assez cruciale. Mais avant de jauger leur niveau d'implication **(B)**, il y a lieu de les définir et de relever leurs différentes catégories **(A)**.

A. DÉFINITION ET DIVERSITÉ CATÉGORIELLE DES INSTITUTIONS ASSOCIATIVES

Par définition, les associations n'ont pas de but lucratif et elles sont bien souvent animées d'une idéologie ou d'une philosophie qui constituent le moteur de leur action[312]. C'est à ce titre qu'au Tchad, l'ordonnance n° 023/PR/2018 du 27 juin 2018 portant régime des associations, abrogeant l'ordonnance n° 27/INT/SUR du 28 juillet 1962 portant organisation des associations, définit l'association à son article 1er comme étant « la convention par laquelle deux ou plusieurs personnes physiques ou morales, mettent en commun d'une façon permanente, leurs connaissances ou leurs activités dans un but autre que de partager des bénéfices ». Les institutions associatives sont donc créées sur la base du principe de la liberté d'association consacré par la constitution (cf. article 28).

Il était grand temps qu'un nouveau texte soit substitué à l'ordonnance n° 27/INT/SUR précité et ce, pour sa vétusté et

---

développement économique et social de la nation, lequel ne fait pas forcément bon ménage avec l'écologie.

312 LE BARS (Thierry), « Les associations, sujets du droit de l'environnement » *in* FONBAUSTIER (Laurent), MARTIN (Gilles), FONTAINE (Lauréline), ROBERT (Jacques-Henri), GRARE-DIDIER (Clothilde), TRÉBULLE (François Guy), LE BARS (Thierry) et VAN LANG (Agathe) (dir.), *op. cit.*, p. 117.

son inopérance. En effet, elle ne faisait notamment pas la taxinomie des associations selon leurs causes ou objets. Elle les catégorisait selon qu'elles soient l'émanation des personnes physiques ou de celles morales (article 1er). Cette catégorisation n'était donc pas faite *ratione materiae*, mais plutôt *intuitu personae*.

Mais avec l'ordonnance n° 023/PR/2018 précitée, les associations sont catégorisées selon leurs formes : associations de jeunesse (article 18), associations scolaires (articles 19 à 21), associations sportives et culturelles (article 22), associations étrangères (articles 23 et 24), associations religieuses (article 25), associations de bienfaisance et fondations (article 26), organisations non gouvernementales (article 27), associations pour la défense des droits de l'Homme (article 28) et unions des associations (articles 29 et 30).

Dans le paysage tchadien, on dénombre quelques associations environnementales[313]. Tout de même, il y en a une qui parait plus importante que les autres de par son ancienneté et son envergure dans le domaine environnemental. Il s'agit de l'Agence pour l'Énergie Domestique et l'Environnement (AEDE), reconnue d'utilité publique le par décret n° 97-470/PR/PM/97 du 24 octobre 1997. Laquelle est une structure créée pour la promotion des énergies nouvelles, renouvelables et de substitution, quoique celles-ci demeurent faiblement réglementées au Tchad[314]. Ainsi, comme bien d'autres associations, l'AEDE est bon an mal an impliquée en matière environnementale.

---

313 Il s'agit entre autres de : EVS, ATVPE, AFPAT, ADHET, SIPED-TCHAD, ATPGA, ADEDIT, ATPDH, Association Je Respecte Ma Ville-Tchad. Cf. table des sigles et abréviations, *supra*.

314 Pour en savoir plus sur la réglementation des énergies renouvelables au Tchad, lire DJIMOTOUM YONOUDJIM (Yannick) et GALY (Djamto), « Les prémices d'une réglementation des énergies renouvelables au Tchad », *RADE*, n° 6, 2021, pp. 171-181.

B. LES IMPLICATIONS DES INSTITUTIONS ASSOCIATIVES EN MATIÈRE ENVIRONNEMENTALE

L'ordonnance n° 27/INT/SUR qui régissait autrefois les associations, n'était plus adaptée aux réalités actuelles fortement marquées par la résurgence des atteintes aux droits de l'Homme, en l'occurrence le droit à un environnement sain. À titre indicatif, on pouvait regretter la privation expresse des associations, par cette ordonnance, des subventions des personnes publiques[315]. Ce qui constituait un frein aux actions de ces associations, singulièrement celles œuvrant dans le domaine environnemental.

Mieux, manquées de fonds, la recherche des financements pouvait conduire les associations tchadiennes à se soumettre aux influences des forces extérieures. Ce qui, mal géré et incontrôlé, peut fragiliser leur autonomie voire, parce qu'elles auraient la propension à accomplir la volonté de leurs bailleurs de fonds, entamer la souveraineté de l'État tchadien.

On peut en effet relever avec satisfaction, à l'article 42 de la nouvelle ordonnance (ordonnance n° 023/PR/2018), que, sous un certain nombre de conditions, toute association dont la contribution effective est déterminante dans la réalisation des objectifs prioritaires du gouvernement peut, sur demande, être reconnue d'utilité publique. De fait, dorénavant, les associations peuvent recevoir des marques particulières de reconnaissance et partant, des financements des personnes publiques.

Aussi, on peut se réjouir de l'implication des associations à vocation tant nationale que locale dans la préservation de l'environnement. Laquelle implication est formulée par la loi-cadre ainsi que la loi de 2008.

D'une part, la loi-cadre reconnait aux associations la faculté de participer, en collaboration avec l'État, à la prévention contre toute forme de pollution ou dégradation de l'environnement (article 7). Au surplus, ces associations constituent, en

---

[315] Cf. article 7 de l'ordonnance n° 62-27 du 28 juillet 1962 portant organisation des associations.

collaboration avec les entités décentralisées et l'État, des cadres citoyens de prévention et de lutte contre toute sorte de pollution ou de dégradation de l'environnement dans les limites posées par les textes législatifs et réglementaires (article 4).

D'autre part, la loi de 2008 vise spécialement les associations à vocation locale. Celles-ci peuvent assurer l'aménagement et l'exploitation des zones de gestion de la faune (article 126) et de même en ce qui concerne les zones de gestion de la pêche (article 257).

Au demeurant, la compulsation de la législation tchadienne intéressant les associations, notamment l'ordonnance n° 023/PR/2018 précitée, permet de constater qu'il est reconnu aux associations un certain nombre de droits et libertés dont le premier que l'on peut relever est un droit processuel (droit d'ester en justice, notamment en cas de péril environnemental), même si l'exercice et la jouissance de ceux-ci sont conditionnés[316]. L'innovation de cette ordonnance relativement au droit processuel des associations réside cependant en ce qu'elle permet désormais à une association qui serait dissoute d'attaquer devant la Cour suprême l'acte de dissolution dans un délai de quinze (15) jours, à compter de la notification de ladite dissolution à personne ou à domicile (article 36).

Toutefois, une association peut être d'emblée qualifiée de nulle et de nul effet, ou simplement interdites[317] voire dissoutes[318].

---

[316] Cf. article 16 de l'ordonnance n° 023/PR/2018.
Cette attribution n'est cependant pas une nouveauté car, on peut lire à l'article 7 de l'ordonnance n° 27/INT/SUR du 28 juillet 1962 portant organisation des associations que « toute association régulièrement déclarée peut [...], sans aucune autorisation spéciale, ester en justice, acquérir à titre onéreux, posséder et administrer ».

[317] Article 3 de l'ordonnance n° 023/PR/2018 : « Les associations fondées sur une cause ou en vue d'un objet contraires à la Constitution, aux lois et aux bonnes mœurs, ainsi que celles qui auraient pour but de porter atteinte à l'ordre public, à l'intégrité territoriale, à l'unité nationale, à l'intégration nationale et à la forme républicaine de l'État sont nulles et de nul effet.
Les associations à caractère régionaliste ou communautariste sont interdites ».

Au surplus, dans une approche sectorielle, peuvent, en matière hydraulique, être créées des Associations d'Usagers de l'Eau potable (AUEp) et ce, conformément à l'arrêté n° 030/MEE/DG/2002 du 25 juin 2002 portant modalités de constitution, d'organisation et de fonctionnement des Associations d'Usagers de l'Eau potable (AUEp). Celles-ci sont d'utilité publique et à compétence limitée (article 2).

Mais il demeure que « les associations obéissent au régime de l'autorisation » (article 4 de l'ordonnance n° 023/PR/2018).

De facto, la réalité est loin d'être reluisante. C'est en tout cas ce que relèvent les organisations de la société civile dans un rapport de 2018[319]. Il suit de là qu'au Tchad, les associations militent tant bien que mal pour la cause environnementale. Toutefois, c'est souvent en collaboration avec les communautés de base et les particuliers qu'elles œuvrent dans le domaine environnemental.

PARAGRAPHE II : LES COMMUNAUTÉS DE BASE, LES PARTICULIERS ET LES INTERVENANTS PRIVÉS

Les citoyens ont un rôle non des moindre à jouer dans la préservation de l'environnement. Leur implication peut se faire dans le cadre communautaire, à titre particulier **(A)** ou sous la casquette d'acteurs économiques autrement qualifiés d'intervenants privés **(B)**.

A. LES COMMUNAUTÉS DE BASE ET LES PARTICULIERS

Les communautés de base désignent toutes sortes de groupements humains à l'échelle locale (communautés villageoises) et les particuliers sont constitués de toutes les

---

[318] Article 31 de la constitution : « La dissolution des associations [...] ne peut intervenir que dans les conditions prévues par leurs statuts ou par voie judiciaire et aussi en cas de mise en danger de l'unité nationale ».

[319] Contribution écrite des organisations de la société civile tchadienne pour l'Examen Périodique Universel du Tchad, Troisième cycle, 2018, p. 14.

personnes privées, physiques ou morales. Leur implication en matière environnementale est éloquemment prescrite par le principe 22 de la Déclaration de Rio. Au Tchad, cette implication se fait suivant une approche participative et concertée qui induit l'implication active des membres de la communauté et des intervenants extérieurs dans toutes les décisions liées aux objectifs et aux activités, ainsi que dans les activités elles-mêmes, pour un développement communautaire durable. La communauté est associée, consultée, fournit des informations, pose des questions et donne son avis[320].

Le rôle des communautés de base et des particuliers est essentiellement mis en exergue en matières forestière, faunique, de ressources halieutiques (cf. la loi de 2008) et hydrauliques (cf. un texte d'application du Code de l'eau).

La lecture attentive de la loi de 2008 révèle en effet l'implication des communautés de base dans la gestion de certaines forêts (forêts communautaires et sacrées), des zones de gestion concertée de la faune et de leur domaine aquacole. Cependant, les particuliers ne sont pas du reste (forêts privées, exploitation de la faune ainsi que des ressources aquacoles).

D'abord, en ce qui concerne la gestion de certaines forêts par les communautés et les particuliers, les articles 14 alinéas 3 et 4 (forêts communautaires[321] et privées[322]), 31 et 32 (forêts sacrées[323]) de la loi de 2008 renseignent fort bien.

Bien plus, l'État peut concéder à titre gratuit, temporaire et révocable ses terrains ruraux à des particuliers en vue de favoriser la reconstitution du couvert forestier national et de contribuer à la lutte contre la désertification, avec la possibilité de transformer ladite concession en titre de propriété définitif

---

[320] Article 13 point 6 de la loi de 2008.

[321] Cf. articles 14 alinéa 3 et 26, *op. cit.*

[322] Cf. articles 14 alinéa 4 et 30, *op. cit.*

[323] Cf. articles 31 et 32 alinéas 1er et 2, *op. cit.*

après constatation de boisement ou régénération par ces particuliers, mais sous quelques conditions[324].

Aussi, les particuliers qui auront réussi à reboiser ou régénérer les terrains ruraux de l'État, celui-ci peut se montrer reconnaissant à leurs égards[325].

On peut en conclure que, si au Tchad, une communauté peut se voir affecter une forêt (communautaire ou sacrée) sur laquelle elle jouirait d'un droit de gestion conformément à ses coutumes, us et pratiques, il est loisible de considérer les communautés de base comme des acteurs, et non des moindres, en matière forestière. Et partant, des garantes de toute la biodiversité que regorgerait une forêt communautaire ou sacrée. Le même constat peut d'ailleurs être fait en ce qui concerne les particuliers propriétaires des forêts privées.

Ceci n'est que le linéament de l'implication des communautés de base en matière forestière. On peut en outre citer le décret n° 80/PR/EFPC du 03 mai 1965 réglementant l'exercice des droits d'usage en matière forestière[326].

Puis, quant aux zones de gestion concertée de la faune[327], il ressort de la lecture de la loi de 2008 que l'aménagement et l'exploitation des zones de gestion de la faune relèvent de la compétence des communautés (entre autres) qui bénéficient à cet effet de l'assistance des services techniques locaux chargés de la faune[328]. Ainsi, elles prennent toutes les mesures nécessaires en vue d'assurer la participation effective des

---

[324] Cf. articles 90 à 92, *op. cit.*

[325] Article 93, *op. cit.*

[326] Cette loi, dans le souci d'accorder plus de place aux communautés de base, limite l'exercice des droits d'usage en matière forestière au village ou à la commune où résident les bénéficiaires (article 1er).

[327] L'article 120 de la loi de 2008 définit les zones de gestion concertée de la faune comme étant « des aires protégées, classées au nom des collectivités territoriales décentralisées, ou des communautés et réservées par elles en vue de favoriser la reproduction, la propagation et l'exploitation d'espèces fauniques sur leur territoire, ainsi que la conservation des habitats nécessaires à la survie de ces espèces ».

[328] Article 124 alinéa 1er, *op. cit.*

représentants des communautés concernées à cette gestion. En particulier, elles peuvent mettre en place des structures ad hoc de gestion fondée sur le partenariat, et dont la composition est déterminée par les textes d'application[329]. La loi de 2008 permet également aux communautés locales d'exercer sur leur territoire la chasse de subsistance ou traditionnelle[330].

Les particuliers quant à eux ne sont pas largement impliqués dans la gestion de la faune. Ils interviennent cependant à la phase de l'exploitation de la faune qui se réalise principalement par la chasse, le ranching et le tourisme de vision[331].

Enfin, en matière de ressources halieutiques, les communautés de base ainsi que les particuliers peuvent disposer chacun, au même titre que l'État et les collectivités autonomes, d'un domaine aquacole[332]. Le domaine aquacole des communautés comprend les eaux qui leur sont concédées par l'État, ainsi que les aménagements hydrauliques et aquacoles qu'elles réalisent sur leur territoire[333]. Celui des particuliers comprend les aménagements réalisés par les personnes physiques ou morales sur leurs propriétés ou sur une partie du domaine aquacole qui leur a été amodié par l'État ou par une collectivité autonome[334].

Sur leur domaine aquacole, les communautés et les particuliers sont astreints à prendre des mesures de protection des ressources aquacoles[335]. Cette obligation pèse également sur tout titulaire d'un droit de pêche voire sur son ayant cause[336]. Toutefois, seules les communautés, abstraction faite des collectivités autonomes, peuvent demander le classement en zone de gestion de la pêche, des aires ayant une importance

---

[329] Article 124 alinéa 2, *op. cit.*
[330] Article 144, *op. cit.*
[331] Lire à ce titre chapitre 4, sections 1, 2 et 3 de la loi de 2008 précitée.
[332] Article 215, *op. cit.*
[333] Article 216 alinéa 3, *op. cit.*
[334] Article 216 alinéa 4, *op. cit.*
[335] Article 217, *op. cit.*
[336] Article 218, *op. cit.*

économique significative en matière de pêche et dont les ressources halieutiques sont menacées de surexploitation[337].

Par ailleurs, la lecture d'un texte d'application du Code de l'eau, en l'occurrence l'arrêté n° 24/MHUR/2011 du 30 novembre 2011 portant définition et modalités d'utilisation de la participation villageoise relative à la réalisation d'ouvrages d'eau potable, offre des éléments d'implication des communautés de base en matière environnementale, et plus singulièrement en matière hydraulique[338].

Toutefois, au nom du développement endogène qu'en matière environnementale, l'on remarque de plus en plus l'implication des intervenants privés aux côtés d'autres acteurs.

B. LES INTERVENANTS PRIVÉS

Les « intervenants privés » désignent les acteurs économiques ou, plus largement, les acteurs à but lucratif. En effet, les acteurs économiques ne sont pas insensibles aux préoccupations environnementales, ils ne sont pas non plus exonérés des obligations y relatives. C'est ainsi qu'ils sont considérés comme des partenaires des autres acteurs dans la prise en compte des valeurs environnementales dans leurs activités économiques respectives. Cette nouvelle tendance

---

337 Article 253, *op. cit.*
Il faut entendre par zone de gestion de la pêche, « une partie du territoire d'une collectivité autonome ou d'une communauté, affectée par elle à l'exploitation des ressources aquacoles. Sa création est faite par décision de l'organe délibérant compétent et après avis des services techniques ». Cf. article 254, *op. cit.*

338 Il s'agit en fait d'une participation financière des communautés villageoises visant à matérialiser leur désir d'acquérir un équipement hydraulique en vue d'améliorer leurs conditions de vie. Elle permet d'amorcer la bonne gestion des installations en créant un engagement à gérer au mieux les investissements réalisés et constitue aussi une ressource financière pour le développement du secteur de l'eau (cf. article 2 de l'arrêté n° 24/MHUR/2011 sus-cité). Un barème des contributions est fixé à cet effet (article 3). Cette participation se fait en espèce et, selon les zones, en une ou deux tranches (article 4).

découle de l'économie verte en raison des nouvelles priorités axées sur le développement durable.

Au Tchad, leur participation, en collaboration avec l'État, à la prévention contre toute forme de pollution ou dégradation de l'environnement ayant été pourtant prescrites par la loi-cadre (cf. article 7), les acteurs économiques œuvrant à la préservation de l'environnement étaient autrefois absents. Toutefois, ils émergent progressivement de nos jours au-devant de la scène. C'est notamment le cas du Groupe Mian Environnement, créée en 2012 qui s'est construite une image de pionnière d'éco-entreprises au Tchad.

De manière générale, les activités des intervenants privés, susceptibles de porter atteinte à l'environnement ainsi qu'à la santé humaine et animale, sont soumises au régime d'autorisation préalable[339]. Aussi, la loi n° 006/PR/2008 du 03 janvier 2008 instituant la Charte des investissements de la République du Tchad, dans l'esprit de la Charte des investissements de la CEMAC, est assez prévoyante[340].

---

339 L'article 14 du décret n° 743/PR/PM/MC/2010 du 16 septembre 2010 portant procédures administratives de création d'entreprise : « Les activités de bâtiments et Travaux publics, l'exploitation des mines, de l'or ou des métaux précieux, de manière générale l'exploitation des richesses du sous-sol et l'exercice de toute activité susceptible d'avoir un effet sur l'environnement et la santé humaine et animale sont soumis de manière systématique à une autorisation préalable des services techniques concernés.
Un arrêté interministériel précisera pour chaque activité, après consultation des organisations compétentes, les conditions d'exercice dans le cas d'une création, d'une reprise, d'une extension d'entreprise ou d'une ouverture de succursale ou de filiale ».

340 En effet, tout en consacrant la liberté d'investissements privés, ladite charte soumet tout de même ceux-ci au respect de la politique économique et sociale de l'État, notamment la protection de la santé, de la sécurité et de la salubrité publique, la protection sociale et la sauvegarde de l'environnement. Cf. article 11 de la Charte des investissements de la République du Tchad.
Pour permettre aux entreprises d'atteindre ces objectifs, il est créé, par la loi n° 006/PR/2008 du 03 janvier 2008, une Agence Nationale des Investissements et des Exportations (ANIE) qui les accompagne en ce sens.

On peut observer, à la lumière de ce qui précède, que le tableau des acteurs de l'administration de l'environnement au Tchad affiche complet. Toutefois, afin de leur permettre de mener à bien la mission de préservation de l'environnement, des outils juridiques sont consacrés.

CONCLUSION DU CHAPITRE I

Autant le droit tchadien de l'environnement est un droit à forte profusion normative, de même il existe une pléthore d'acteurs qui assurent ou pouvant conduire sa dynamique. Ceci d'autant que c'est, le droit de l'environnement, un droit dont la réalisation requiert un réel et constant élan participatif.

Ainsi, pour une bonne administration de l'environnement au Tchad, il est important d'impliquer tous les acteurs et par ainsi, de libérer toutes les énergies en faveur de la cause environnementale. Il y va de la responsabilité de tous et de chacun.

C'est pourquoi, l'administration de l'environnement au Tchad est conduite par l'État et les collectivités autonomes au travers desquels les autres acteurs exercent leurs compétences.

Il va donc sans dire que les responsabilités des uns se révèlent plus lourdes que celles des autres. Cependant, dans la pratique, il est donné de constater que les responsabilités sont assumées en demi-teinte. Or, les textes environnementaux assignent d'énormes obligations aux différents acteurs du droit tchadien de l'environnement qui disposent, chacun, d'outils légalement prévus pouvant permettre une bonne administration de l'environnement au Tchad.

CHAPITRE II : LES OUTILS D'ADMINISTRATION DE L'ENVIRONNEMENT AU TCHAD

La crise environnementale est à enrayer et pour ce faire, tous les outils juridiques disponibles peuvent et doivent être employés[341]. Ainsi, pour une bonne administration de l'environnement au Tchad, il existe quelques outils employés ou du moins pouvant l'être. Ce sont des outils promotionnels **(section I)**, des outils prévisionnels **(section II)** ainsi que des outils économiques et financiers **(section III)**.

SECTION I : LES OUTILS PROMOTIONNELS DE L'ENVIRONNEMENT

Les outils promotionnels de l'environnement participent à l'éveil des consciences sur les questions d'ordre environnemental. Il s'agit de l'éducation **(§ I)**, de l'information et la sensibilisation **(§ II)** ainsi que de la concertation **(§ III)**.

PARAGRAPHE I : L'ÉDUCATION ENVIRONNEMENTALE

L'éducation environnementale fait l'objet de l'attention internationale depuis 1972[342]. C'est un outil majeur de promotion de l'environnement. Elle poursuit des objectifs bien déterminés **(A)** suivant des vecteurs institués **(B)**.

---

[341] TRÉBULLE (François Guy), « Environnement et droit des biens » *in* FONBAUSTIER (Laurent), MARTIN (Gilles), FONTAINE (Lauréline), ROBERT (Jacques-Henri), GRARE-DIDIER (Clothilde), TRÉBULLE (François Guy), LE BARS (Thierry) et VAN LANG (Agathe) (dir.), *op. cit.*, p. 102.

[342] Cf. recommandation n° 96 de la Déclaration Universelle de l'Environnement.

A. LES OBJECTIFS DE L'ÉDUCATION ENVIRONNEMENTALE

L'éducation environnementale repose sur deux objectifs complémentaires : d'une part l'acquisition de connaissances et de compétences, et d'autre part le changement de comportements participant à l'amélioration concrète de l'environnement[343].

Ainsi, « l'objet de l'éducation relative à l'environnement n'est pas l'environnement en lui-même et pour lui-même, mais l'harmonisation du réseau des relations personne-société-environnement »[344]. Si vaste est son domaine que l'éducation environnementale peut prendre des colorations fort différentes selon les buts qu'on s'assigne[345]. Elle peut prendre place dans les programmes scolaires, mais également auprès de toute la population à tous les âges de la vie[346].

La loi-cadre de 1998 prescrit l'éducation, l'information et la formation initiale et continue « à tous les niveaux de façon à susciter des comportements responsables vis à vis de la préservation, de la restauration et de la mise en valeur de l'environnement au service du développement durable »[347] et désigne comme acteurs à cet effet « les services compétents et tous ceux qui interviennent dans le processus de développement »[348].

---

[343] KEUNINGS (Roxane), « Un projet, deux objectifs, quatre étapes », *Symbioses*, n° spécial 2008, rééd. 2013, p. 5.

[344] SAUVÉ (Lucie), *Pour une éducation relative à l'environnement*, Montréal, Guérin Éditeur, 1997, p. 52, cité par PARDO (Thierry), *Une éducation sans école*, Montréal, Les Éditions Écosociété, 2014, p. 87.

[345] BEN MAHDI (Cissé) et BUGNICOURT (Jacques), « Quelle formation pour l'aménagement des environnements africains ? », *Tiers-Monde*, Tome 19, n° 73, 1978, p. 62.

[346] MARTIN (Solange) et GASPARD (Albane), *Changer les comportements, faire évoluer les pratiques sociales vers plus de durabilité*, Angers, ADEME Éditions, septembre 2016, pp. 46-47.

[347] Article 9 de la loi-cadre.

[348] Article 10, *op. cit.*

Au Tchad, l'éducation environnementale vise à : prévenir les risques environnementaux et sanitaires ; conserver et gérer rationnellement les ressources naturelles ; protéger et valoriser le patrimoine naturel, historique et culturel ; lutter contre toutes les formes de pollution et de nuisance ; assurer la production et la consommation de façon responsable[349]. C'est pourquoi, il est impérieux d'intégrer les notions d'environnement et de développement durable à tous les niveaux d'enseignement. Ce qui consiste à promouvoir l'éducation environnementale dans le système formel et non formel ; adopter de nouvelles approches méthodologiques appropriées à l'éducation environnementale telles que la participation, le partenariat et l'interdisciplinarité ; élargir le concept de l'environnement à sa dimension globale et mondiale ; clarifier, maîtriser les concepts et les notions fondamentaux en matière d'environnement ; identifier les liens entre les problèmes d'environnement et l'éducation[350].

Cependant, la mise en œuvre de l'éducation environnementale est essentiellement institutionnelle.

B. LES VECTEURS DE L'ÉDUCATION ENVIRONNEMENTALE

Les vecteurs de l'éducation environnementale sont institutionnels[351]. Pour pleinement atteindre leurs objectifs d'éducation environnementale, les institutions susvisées doivent assurer la formation des formateurs et cela, suivant des

---

Cette disposition de la loi-cadre est visée par l'article 2 du décret n° 378/PR/PM/MAE/2014 du 05 juin 2014 portant promotion de l'éducation environnementale au Tchad.

[349] Article 3 du décret n° 378/PR/PM/MAE/2014 précité.

[350] Article 4, *op. cit.*

[351] En effet, au Tchad les institutions publiques et privées ayant en charge l'enseignement, la communication ou la recherche ont le devoir de participer à l'éducation et à la formation des citoyens aux problèmes environnementaux et cela, d'une part, en intégrant dans leurs activités des programmes permettant d'assurer une meilleure connaissance de l'environnement ; d'autre part, en favorisant le renforcement des capacités des acteurs environnementaux. Cf. article 5, *op. cit.*

principes d'appropriation qui consiste fondamentalement à participer activement ; établir une liaison entre la théorie et la pratique ; apporter un changement de comportement[352].

L'éducation environnementale doit donc se réaliser sur la base du principe de participation en impliquant, en plus des institutions étatiques, la société civile[353] et les ONG[354].

Mais bien plus, dans sa volonté d'éveiller la conscience nationale sur les préoccupations environnementales et celle de forger une dynamique collective environnementale au moyen de l'éducation, le Tchad gagnerait à privilégier la formation des femmes en la matière et ce, en application du principe 20 de la Déclaration de Rio. Cela va de soi car, « éduquer une femme c'est éduquer une nation »[355].

L'éducation apparaît dès lors comme un outil parmi tant d'autres de promotion de l'environnement. Mais si l'éducation et la formation requièrent un certain préalable ou niveau d'instruction, force est de constater qu'au Tchad, l'analphabétisme demeure un obstacle[356]. De ce fait, la sensibilisation semble plus efficace en la matière.

PARAGRAPHE II : L'INFORMATION ET LA SENSIBILISATION ENVIRONNEMENTALES

L'information et la sensibilisation sont deux outils de promotion environnementale intimement liés **(A)**. De ce point

---

[352] Article 6, *op. cit.*

[353] Article 17, *op. cit.*

[354] Article 18, *op. cit.*

[355] De fait, en Afrique de manière générale et au Tchad plus particulièrement, l'éducation des enfants, au-delà d'être l'affaire de toute la société, incombe pour une part essentielle aux femmes. Il faut donc responsabiliser les femmes en matière d'éducation environnementale à l'échelle familiale. Bien évidemment, cela n'exclurait pas leur implication à d'autres niveaux. De cette manière, on construirait une société plus respectueuse de l'environnement.

[356] Le Plan National de Développement 2013-2015 fait état des taux d'analphabétisme qui sont de 86% pour les femmes et 69% pour les hommes. Pour plus d'informations sur la question, lire les pages 28 à 29 dudit document.

de vue, il convient d'étudier communément leurs mécanismes de réalisation **(B)**.

A. L'INFORMATION ET LA SENSIBILISATION ENVIRONNEMENTALES : DEUX OUTILS DE PROMOTION COMPLÉMENTAIRES

La notion de sensibilisation et le principe d'information sont des outils de promotion complémentaires dans le domaine de l'environnement[357]. C'est à ce titre que la problématique de l'accès à l'information et de la participation du public au processus décisionnel fait l'objet de la Convention d'Aarhus de 1998. Il en découle qu' « avant de gérer l'environnement, il faudrait d'abord gérer l'information sur l'environnement »[358].

Au Tchad, dès 1994 déjà, les pouvoirs publics affichent leur intérêt pour la formation et l'information sur l'environnement[359]. Quant à la sensibilisation environnementale, elle reste un sérieux défi.

À cet effet, il est prescrit aux services compétents et tous ceux qui interviennent dans le processus de développement de veiller à sensibiliser la population aux questions de l'environnement et à promouvoir l'utilisation des systèmes de production, de transformation, de distribution et de consommation n'entraînant aucun effet négatif sur l'environnement[360] . De plus, il est fait obligation à ces services de faciliter dans le cadre de leurs activités une capitalisation et une large diffusion des connaissances relatives à l'environnement, destinée à favoriser une prise de conscience

[357] En ce sens, le principe 10 de la Déclaration de Rio de 1992 renseigne fort bien.

[358] MERCIER (Jean), « Gérer l'environnement, mais aussi l'information sur l'environnement », *Études internationales*, vol. 25, n° 3, 1994, p. 583.

[359] Cf. Titre III : Stratégies et actions spécifiques ; Point D : Information, Éducation et Communication en matière de Population (IEC) de la loi n° 025/PR/94 du 22 juillet 1994 portant adoption de la Déclaration de Politique de Population du Tchad.

[360] Article 10 point 1 de la loi-cadre.

sur la nécessité de le protéger contre toute dégradation et de le mettre en valeur[361].

Ces dispositions mettent très nettement en relief d'une part, l'idée de sensibilisation et d'autre part, celle d'information dont la mise en œuvre se fait suivant des mécanismes atypiques.

B. LES MÉCANISMES DE RÉALISATION DE L'INFORMATION ET DE LA SENSIBILISATION EN MATIÈRE ENVIRONNEMENTALE

L'information et la sensibilisation en matière environnementale sont réalisées au travers des mécanismes spécifiques.

De fait, le décret n° 378/PR/PM/MAE/2014 du 05 juin 2014 portant promotion de l'éducation environnementale au Tchad commande à son article 8 alinéa 1er que soient menées des campagnes de sensibilisation et d'information en matière d'éducation environnementale par les services publics et les ONG. À cet effet, l'alinéa 2 du même article préconise la mobilisation des médias et les nouvelles technologies de l'information et de la communication.

Aussi, le Ministère en charge de l'Environnement, en collaboration avec celui de la communication, informe et sensibilise régulièrement le public et les autorités administratives sur la nécessité de préserver l'environnement[362]. Il faut remarquer à propos du rôle des médias en matière environnementale que « les pays dans lesquels la diffusion de la presse est la plus importante sont, en général, plus sensibles aux problèmes d'environnement »[363].

---

361 Article 10 point 2, *op. cit.*

362 Article 9 du décret n° 378/PR/PM/MAE/2014 du 05 juin 2014 portant promotion de l'éducation environnementale au Tchad.

363 DYCK (Alexander) et ZINGALES (Luigi), « Le rôle des médias dans le gouvernement d'entreprise » *in* ISLAM (Roumeen) (dir.), *Le droit d'informer. Le rôle des médias dans le développement économique*, Banque mondiale, 2005, p. 145.

En matière d'information, le décret n° 409/PR/PM/MAE/2014 du 19 juin 2014 fixant les modalités d'élaboration et les modalités de mise en œuvre des plans d'urgence en matière d'environnement institue une ou des lignes téléphoniques afin de favoriser une meilleure participation du public aux activités des pouvoirs publics[364].

Au surplus, pour atteindre une effectivité d'information et de sensibilisation environnementales, il faut recourir aux canaux les plus efficaces : les enseignements de maitre à élève, de prédicateur à fidèle, d'administrateur à administré, etc.

Il faut noter par ailleurs que les acteurs environnementaux peuvent, au-delà de simples actions d'éducation, de formation, de sensibilisation et d'information, avoir recours à la concertation pour dépasser une difficulté de mobilisation[365].

PARAGRAPHE III : LA CONCERTATION ENVIRONNEMENTALE

La compulsation de la législation tchadienne permet de dégager deux niveaux de réalisation de la concertation **(B)**. Toutefois, il est au préalable nécessaire de l'appréhender **(A)**.

A. L'APPRÉHENSION DE LA CONCERTATION ENVIRONNEMENTALE

« Tu me dis, j'oublie. Tu m'enseignes, je me souviens. Tu m'impliques, j'apprends ». Cette affirmation de Benjamin FRANKLIN (1706-1790) s'inscrit fort bien dans la logique de concertation en matière environnementale.

Véritable outil de synergie et de valorisation, la concertation environnementale consiste non pas seulement à informer, mais

---

[364] Cf. article 13 du décret n° 409/PR/PM/MAE/2014 du 19 juin 2014 fixant les modalités d'élaboration et les modalités de mise en œuvre des plans d'urgence en matière d'environnement.

[365] ARAMA (Yannick), KERVAREC (Fabienne) et VERENA (Mattheiß), « Gestion concertée de l'environnement : itinéraire vers des engagements volontaires forcés », *La revue électronique en sciences de l'environnement*, vol. 9, n° 1, mai 2009, p. 2.

également et surtout à associer tous les acteurs, selon les cas, à la prise des décisions relatives à la gestion de l'environnement.

En effet, une information peut être perdue parce qu'oubliée, et on peut garder des bribes d'un enseignement reçu, mais l'implication, mieux que l'éducation, l'information et la sensibilisation, a le don de susciter un profond engagement chez les Hommes. Le père de l'indépendance du Tchad, François NGARTA TOMBALBAYE (1918-1975), affirmait, peut-être dans un autre contexte mais transposable dans tous les domaines, que : « Le développement continu exige l'adhésion de tous à un objectif adopté en commun ainsi que le rassemblement de toutes les énergies »[366].

Il faut toutefois observer que la concertation environnementale varie en fonction de l'échelle d'application.

B. LES NIVEAUX DE MISE EN ŒUVRE DE LA CONCERTATION ENVIRONNEMENTALE

Le recours à la concertation environnementale est prescrit à des niveaux divers. Elle est recommandée au plan international et constitue une exigence au niveau local.

D'abord, au niveau international, le Tchad collabore avec d'autres États et participe à l'action des organisations internationales afin de protéger l'environnement mondial dans le cadre d'un développement durable. En interne, il met en place, en tant que de besoin, des instances de concertation et de collaboration avec les pouvoirs publics des pays voisins, à différents niveaux, afin de coordonner[367].

D'autre part, à l'échelle locale, la concertation est beaucoup plus prescrite en matière forestière. Elle induit l'implication active des membres de la communauté et des intervenants extérieurs dans toutes les décisions liées aux objectifs et aux

---

[366] François NGARTA TOMBALBAYE, cité par SYLLA (Lanciné) (dir.), *Tribalisme et parti unique en Afrique noire*, Paris, Fondation nationale des sciences politiques, 1977, p. 260.

[367] Article 6 de la loi-cadre.

activités, ainsi que dans les activités elles-mêmes, pour un développement communautaire et forestier durable. À cet effet, la communauté est associée, consultée, fournit des informations, pose des questions et donne son avis[368].

La loi de 2008 fait de la concertation un outil d'implémentation du principe de participation. Elle soumet à la concertation : l'élaboration d'un plan simple de gestion (article 70)[369], l'édiction par arrêté du ministre en charge des Forêts des restrictions à l'exercice des droits d'usage (article 77 alinéa 2) ainsi que les zones de gestion concertée de la faune (article 120).

Mais il faut relever qu'au niveau local, le recours à la concertation est beaucoup prescrit aux collectivités autonomes, conséquence de la décentralisation territoriale matérialisée partiellement par les élections locales (communales) de 2012[370].

Plus récemment, en 2018, des Comités pour la protection de l'environnement ont été créés[371]. La composition de ces Comités est fortement colorée : elle va des autorités déconcentrées à celles issues de la décentralisation territoriale.

Par ailleurs, l'autre variante de la concertation c'est la consultation publique qui est souvent actionnée en matière

---

[368] Article 13 point 6 de la loi de 2008.

[369] Le plan simple de gestion est « un document technique élaboré par les membres de la communauté villageoise avec l'appui des services locaux de l'administration. Il a pour but de planifier, dans le temps et dans l'espace, les opérations à mettre en œuvre pour une utilisation durable d'une ou de plusieurs ressources fauniques ». Cf. article 13 point 5 de la loi précitée.

[370] À la faveur de ces élections, il a été mis en place des instances de concertation multi-acteurs : services déconcentrés, chefs traditionnels, ONG, comité local d'action (CLA), comité départemental d'action (CDA), comité régional d'action (CRA). Les attributions des instances de concertation sont multiples, dont la gestion des ressources naturelles, le foncier et la sécurité alimentaire. V. MAGRIN (Géraud), LEMOALLE (Jacques) et RAIMOND (Christine), « Les futurs du lac Tchad : réflexions prospectives en guise de conclusion » *in* LEMOALLE (Jacques) et MAGRIN (Géraud) (dir.), *op. cit.*, p. 484.

[371] Cf. bibliographie, arrêtés (n° 5 à 9), *infra*.

d'évaluation environnementale. C'est dans ce sens que s'inscrit l'arrêté n° 041/MERH/SG/CACETALDE/2013 du 09 juillet 2013 portant réglementation des consultations publiques en matière d'études d'impact sur l'environnement[372].

Plus poussée cependant, la concertation tend à se confondre aux outils prévisionnels en matière environnementale. D'ailleurs, dans une certaine mesure, elle y trouve sa place.

SECTION II : LES OUTILS PRÉVISIONNELS ENVIRONNEMENTAUX

« Gouverner, c'est prévoir ». En matière environnementale, cet adage trouve pleinement son sens car lorsqu'il est connu que les impacts des entreprises humaines sur l'environnement lui sont souvent fatals, il va de soi que pour une préservation environnementale réussie, sont plus que nécessaires, comme c'est le cas au Tchad, l'évaluation, la planification environnementales **(§ I)** et les régimes de l'autorisation, de la déclaration préalables ainsi que celui de l'interdiction **(§ II)**.

PARAGRAPHE I : L'ÉVALUATION ET LA PLANIFICATION ENVIRONNEMENTALES

L'évaluation et la planification sont deux outils prévisionnels environnementaux indispensables. Elles recèlent toutefois chacune des singularités. C'est ainsi que pour les relever, il convient d'ausculter tour à tour l'évaluation **(A)** et la planification **(B)**.

A. L'ÉVALUATION ENVIRONNEMENTALE

L'évaluation est un outil capital de régulation de l'environnement. C'est, pour certains auteurs, le « principal instrument juridico-scientifique des politiques d'environnement

---

[372] Cet arrêté est pris conformément au chapitre 5 du décret n° 630/PR/PM/MERH/2010 du 04 août 2010 portant réglementation des études d'impact sur l'environnement, intitulé « De la consultation publique ».

»[373]. L'évaluation environnementale consiste en des études d'impact environnemental telles qu'encadrées par le décret n° 630/PR/PM/MERH/2010 du 04 août 2010 portant réglementation des études d'impact sur l'environnement[374].

Les études d'impact environnemental, elles, peuvent être appréhendées comme étant l'ensemble des études plus ou moins systématiques sur les impacts prévisibles, tant directs qu'indirects, qui résultent d'une intervention projetée (projet, politique, programme, plan, stratégie, etc.) impliquant l'environnement[375]. Au Tchad, elles sont institutionnalisées et intéressent un certain nombre de catégories de projets.

La dimension institutionnelle des études d'impact environnemental renvoie à l'existence d'un organe chargé de leur gestion[376]. Cependant, chaque projet ayant ses spécificités, l'organe en charge des études d'impact sur l'environnement constitue des commissions de travail spécifiques à chaque projet[377].

On dénombre trois (3) catégories de projets (catégories A, B et C) au sens du décret n° 630/PR/PM/MERH/2010 précité. De ces trois catégories de projets, deux (catégories A et B) sont respectivement soumises à étude d'impact environnemental et

---

373 Lire à ce propos PRIEUR (Michel), « L'évaluation des impacts sur l'environnement pour un développement rural durable : étude juridique », Cahiers FAO, étude législative n° 53, Rome, 1994, p. 1.

374 Au sens de ce décret, l'étude d'impact est « le document requis dans les conditions établies, permettant d'identifier, d'apprécier, d'évaluer et de mesurer les effets directs et indirects à court, moyen et long terme sur l'environnement de tout projet soumis à cette procédure ». Cf. article 2 point 2 du décret n° 630/PR/PM/MERH/2010 du 04 août 2010 portant réglementation des études d'impact sur l'environnement.

375 LEDUC (Gaétan Alfred) et RAYMOND (Michel), *L'évaluation des impacts environnementaux. Un outil d'aide à la décision*, Sainte-Foy (Québec), Éditions MultiMondes, 2000, p. 26.

376 Article 9 du décret n° 630/PR/PM/MERH/2010 précité.

377 Article 10, *op. cit.*

notice d'impact sur l'environnement[378]. La troisième (catégorie C) n'est soumise à aucune de ces deux exigences[379].

Une étude d'impact sur l'environnement doit nécessairement comporter un certain nombre d'éléments prévus à l'article 12 du décret n° 630/PR/PM/MERH/2010 sus-cité. Son exécution, elle, se fait suivant des modalités contenues dans un guide général de réalisation d'une étude d'impact sur l'environnement que l'article 11 alinéa 1er du décret n° 630/PR/PM/MERH/2010 précité commande au ministre en charge de l'Environnement de préparer. Se trouvant face à une compétence liée, ledit ministre s'est exécuté le 29 novembre 2012 en prenant l'arrêté n° 039/PR/PM/MERH/SG/DGE/DEELCPN/2012 portant guide général de réalisation d'une étude d'impact sur l'environnement. Il reste entendu que des guides spécifiques peuvent être élaborés pour chaque secteur en concertation avec les Ministères concernés[380].

Afin de garantir la qualité des études d'impact sur l'environnement, les bureaux d'études reçoivent leur agrément du ministre en charge de l'Environnement pour une période de cinq (5) ans renouvelables[381] et peuvent se voir retirer cet agrément s'ils produisent trois (3) études jugées médiocres[382]. Mieux, leur responsabilité civile peut être engagée[383].

---

[378] Article 6 alinéa 1er (points 1 et 2), *op. cit.* : « Catégorie A : projets pouvant avoir des effets divers et significatifs sur l'environnement, nécessitant des investigations détaillées. Ces projets sont soumis à la réalisation d'une étude d'impact sur l'environnement.
Catégorie B : projets pouvant avoir des effets facilement identifiables et limités sur l'environnement et dont les moyens de les atténuer sont généralement connus. Ces projets sont soumis à la réalisation d'une notice d'impact sur l'environnement ».

[379] Article 6 alinéa 1er (point 3), *op. cit.* : « Catégorie C : projets n'ayant pas d'effets importants sur l'environnement, pour lesquels il n'est requis ni notice d'impact, ni d'étude d'impact ».

[380] Article 11 alinéa 2, *op. cit.*

[381] Article 16 alinéa 1er, *op. cit.*

[382] Article 16 alinéa 3, *op. cit.*

[383] Article 16 alinéa 2, *op. cit.*

Lorsqu'une étude est réalisée, le maître d'ouvrage du projet qui en a fait l'objet doit déposer dix (10) copies de celle-ci au Ministère en charge de l'Environnement qui en assure la distribution dans chaque institution concernée et aussi, en délivre un récépissé moyennant paiement des frais versés pour l'instruction du dossier des études d'impact sur l'environnement[384]. Laquelle instruction consiste à vérifier si dans l'étude d'impact sur l'environnement, le maître d'ouvrage a fait une exacte application des connaissances scientifiques et a tenu compte des directives et termes de référence relatifs au type de projet considéré, et si des mesures sont proposées pour prévenir, corriger ou compenser les effets néfastes prévisibles du projet[385]. Lorsque les dossiers sont jugés complets, l'organe en charge des études d'impact procède à l'examen du rapport d'étude d'impact sur l'environnement[386]. Il peut être alors décidé de la recevabilité de l'étude, de son irrecevabilité, ou de la nécessité de complémentation d'informations y relatives. Le maître d'ouvrage en est notifié à charge pour lui de remplir aux exigences requises par ladite notification motivée[387].

Les études d'impact sur l'environnement font donc l'objet d'une analyse méticuleuse par le Ministère en charge de l'Environnement et les services concernés. C'est pourquoi, en sus de ce qui précède, elles sont soumises à la consultation publique. C'est à l'issue de cette phase que peut intervenir une autorisation à exécuter le projet soumis à étude ou notice d'impact sur l'environnement.

Ainsi, le patron du Ministère en charge de l'Environnement veille, dans un délai n'excédant pas trois (3) mois, à recueillir l'avis des autres chefs des départements concernés par un projet et soumet l'étude d'impact sur l'environnement à la connaissance du public pendant quarante-cinq (45) jours par

---

384 Article 20, *op. cit.*
385 Article 21, *op. cit.*
386 Article 22 alinéa 1er, *op. cit.*
387 Article 22 alinéas 2-4, *op. cit.*

tous moyens de publicité réglementaires, y compris par affichage dans les entités et institutions concernées par l'installation. La décision qui en est prise est notifiée par voie écrite au maître d'ouvrage[388].

Les affiches, faites aux frais du demandeur (maître d'ouvrage), doivent faire mention de : la nature de l'établissement envisagé ; son emplacement ; la date d'ouverture et la durée de l'enquête ; les heures et lieu où le public pourra prendre connaissance du dossier et déposer des observations sur un registre ouvert à cet effet. Aussi, la consultation publique, pour atteindre le public cible, est faite par voie des médias dans les langues officielles, et éventuellement celles du terroir, comportant les mêmes indications que celles prévues pour les affiches[389]. Cependant, certains détails techniques de procédés peuvent être soustraites à l'information du public et ce, sur requête du maître d'ouvrage[390].

S'ouvre dès lors une période de trente (30) jours où tout intéressé peut demander à accéder à l'intégralité du document d'étude d'impact et opportunément, le commissaire enquêteur ou la commission (désigné ou créée à cet effet) entend toute personne, association ou institution dont il juge nécessaire l'audition[391]. Dans les quinze (15) jours suivant la réception des avis, le commissaire enquêteur ou la commission convoque le maître d'ouvrage, et lui communique les observations écrites et orales consignées dans un procès-verbal ; et, comme dans un contentieux devant le juge administratif, il/elle (le commissaire enquêteur ou la commission) invite celui-ci (le maître d'ouvrage) dans un délai de quinze (15) jours à produire un mémoire en réponse[392].

---

[388] Article 27, *op. cit.*

[389] Article 30, *op. cit.*

[390] Article 33, *op. cit.*

[391] Article 31 alinéa 1er, *op. cit.*

[392] Article 31 alinéas 2 et 3, *op. cit.*

Le commissaire enquêteur ou la commission boucle sa mission en envoyant le dossier de l'enquête dès réception du mémoire susvisé ou, au cas échéant, à l'expiration du délai de 15 jours imparti à cet effet, avec ses conclusions motivées dans les quinze (15) jours qui suivent au Ministère en charge de l'Environnement[393]. Une suite favorable ou une autorisation est donnée par arrêté du patron du Ministère sus-cité. Des exemplaires dudit arrêté sont déposés à la structure chargée du suivi et de l'inspection des installations classées, au chef-lieu de l'administration territoriale et au bureau des collectivités autonomes concernées, ainsi qu'aux représentations provinciales des ministères intéressés[394]. Toutefois, il faut rappeler que cet arrêté d'autorisation cesse de produire ses effets lorsque l'installation n'a pas été mise en service après un délai de deux (02) ans pour compter de la date de sa signature ou s'il y a cessation d'activités pendant deux (02) années consécutives[395]. Il faudra donc, pour relancer une telle installation, introduire une nouvelle demande d'autorisation.

Pour le reste, toute extension ou tout transfert d'un établissement soumis à autorisation sur un autre emplacement nécessite une nouvelle demande d'autorisation[396].

In fine, le décret n° 630/PR/PM/MERH précité prévoit à son article 37 des infractions en matière d'impact sur l'environnement. Ces infractions sont punies conformément aux lois en vigueur, notamment le Code pénal.

Eu égard à ces dispositions encadrant les études d'impact sur l'environnement, il ne résiste à aucun constat lucide qu'à ce sujet, les textes sont assez prévoyants. Cependant, rares sont les projets de catégories A et B qui sont effectivement soumis aux études d'impact sur l'environnement. De ce point de vue, il y a pour les autorités compétentes, du terrain à gagner.

---

393 Article 32, *op. cit.*
394 Article 34, *op. cit.*
395 Article 35, *op. cit.*
396 Article 36, *op. cit.*

On peut toutefois noter qu'en sus de l'outil d'évaluation environnementale, il existe un autre outil prévisionnel qu'est la planification environnementale.

B. LA PLANIFICATION ENVIRONNEMENTALE

« À celui qui ne sait pas vers quel port il navigue, nul vent n'est favorable », disait SÉNÈQUE (né entre l'an 4 av. J.-C. et l'an 1 apr. J.-C., mort le 12 avril 65 apr. J.-C.). L'objectif affiché des États en matière environnementale est connu : préserver l'environnement en toutes circonstances. La planification environnementale est l'un des moyens d'atteinte de cet objectif, tant il est avéré que « gouverner, c'est prévoir »[397]. Au Tchad, la planification environnementale est aussi bien globale **(1)** que sectorielle **(2)**. Elle fait par ailleurs l'objet d'un contrôle **(3)**.

1. La planification globale

La planification globale est souvent contenue dans un document unique. C'est un document de planification de portée nationale prenant en compte divers secteurs de l'environnement et servant à l'aménagement du territoire. Ceci parce que l'aménagement du territoire est devenu une politique territoriale de l'environnement. De fait, il importe d'autant plus qu'à l'observation, ce sont les carences de l'aménagement du territoire qui ont rendu aigus dans certains pays les problèmes

[397] Au Tchad, la loi-cadre dispose sans circonlocutions à son article 11 que : « La planification et l'aménagement des établissements humains sont conçus et réalisés dans le cadre de la politique nationale d'aménagement du territoire et d'urbanisme assurant une organisation harmonieuse de l'espace dans le respect d'existence et de bien-être de leurs habitants ». Il s'agit ici des documents qui sont au moins au nombre de trois : le schéma national d'aménagement, le schéma régional (provincial) d'aménagement et le schéma sectoriel d'aménagement. On peut les regrouper selon qu'ils soient des documents d'aménagement du territoire ou des documents de planification urbaine ; des instruments à portée nationale ou locale. Pour en savoir plus, lire KAM YOGO (Emmanuel Dieudonné), *Manuel judiciaire de droit de l'environnement en Afrique*, *op. cit.*, p. 27.

d'environnement : mauvaise répartition des implantations industrielles, des zones résidentielles, etc.[398]

Au Tchad, il existe un document de planification globale de l'environnement. Il s'agit du Plan National d'Action pour l'Environnement (PNAE), élaboré en 2005, qui est un cadre global de réflexion et de gestion durable des ressources naturelles. Le document présente l'analyse de l'état de la diversité biologique végétale, les efforts prioritaires déployés pour la protection de la biodiversité, l'impact des politiques sectorielles sur la dégradation de l'environnement, la gestion réglementaire et institutionnelle de l'environnement et des aspects sociaux de l'environnement. Un autre document s'inscrit dans le même sillage, dénommé « Politique Nationale de l'Environnement (PNE) » et élaboré en 2015 par le Ministère de l'Agriculture et de l'Environnement en son temps. Cependant, il faut relever que depuis la date du 29 décembre 2020, le Tchad s'est doté d'une nouvelle PNE validée lors d'un atelier organisé à cet effet au CEFOD.

En outre, le PNAE irrigue d'autres documents de planification, mais ces derniers entrent, eux, dans le cadre de la planification sectorielle. C'est à peu près l'Agenda 21 national.

2. La planification sectorielle

La planification sectorielle de l'environnement se fait au moyen des documents multiformes (programmes, stratégies, plans, projets, etc.) qui s'inscrivent dans l'esprit du PNAE mais en procédant à un traitement parcellaire de l'environnement. Ce sont des documents sectorisés. Le Tchad, souvent avec l'appui des partenaires, s'est doté de plusieurs documents de planification sectorielle dans le domaine de l'environnement. La planification sectorielle est tant nationale que locale.

Au plan national, l'on peut relever entre autres : le Programme National d'Investissement à Moyen Terme

[398] LEMAIRE (Frans) et (Emmanuelle), *Dictionnaire de l'environnement*, Verviers, Presses de marabout s.a., coll. marabout université, 1975, pp. 20-21.

(PNIMT), conçu dans le cadre du NEPAD (Nouveau Partenariat pour le Développement de l'Afrique), se base sur les cinq piliers du Programme Détaillé de Développement de l'Agriculture Africaine (PDDAA) ; le Plan d'Intervention pour le Développement Rural (PIDR), document élaboré suite à une Consultation Sectorielle sur le Développement Rural (CSDR) ; le Programme d'Action National de Lutte Contre la Désertification (PAN/LCD) dont les principaux objectifs sont la protection, la restauration et la mise en valeur des potentiels productifs, la protection et la sauvegarde des écosystèmes menacés et d'importance capitale, le renforcement des capacités nationales en matière de lutte contre la désertification et la gestion des risques ; la Stratégie Nationale et Plan d'Actions sur la Diversité Biologique (SNPA/DB) qui traduit les engagements du Tchad envers la Convention de Rio et a pour objectifs la conception et la mise en œuvre d'une stratégie appropriée d'information, d'éducation et de communication, la connaissance de la biodiversité, la promotion des énergies nouvelles et renouvelables et l'élaboration d'un document de stratégie nationale et Plan d'Action en matière de biodiversité ; le Programme d'Action National d'Adaptation (PANA) aux Changements Climatiques dont l'objectif est d'identifier les besoins urgents et immédiats des populations pour faire face aux effets négatifs des changements climatiques actuels et futures.

Au plan local, les documents de planification sont essentiellement braqués sur le secteur de l'urbanisme[399].

---

[399] L'article 12 de la loi n° 006/PR/2010 du 12 janvier 2010 fixant les principes fondamentaux applicables en matière d'urbanisme dispose à ce titre que : « Les documents permettant de planifier le développement des villes en République du Tchad sont le Schéma Directeur d'Aménagement et d'Urbanisme (SDAU), le Plan Directeur d'Aménagement et d'Urbanisme (PDAU), le Plan Urbain de Référence (PUR) qui est une planification de premier degré et le Plan d'Urbanisme de Détails (PUD) qui est une planification de second degré ».

Ainsi, comme on peut l'observer au plan étatique avec les plans, programmes ou stratégies nationaux dans divers secteurs, les acteurs publics locaux, en application de ces documents de planification nationale, peuvent élaborer les leurs dans les secteurs qui conviennent. Les collectivités autonomes par exemple sont autorisées à élaborer divers plans de développement ou d'aménagement[400]. Il s'agit entre autres des « plans urbains de référence », des « schémas directeurs d'aménagements et d'urbanisme »[401], « des plans de luttes contre les feux de brousse et leur contrôle »[402] et des « plans communaux d'action pour l'environnement »[403].

Toutefois, il demeure que toute planification, qu'elle soit globale ou sectorielle, doit mécaniquement, dans sa mise en œuvre, faire l'objet de contrôle.

3. Le contrôle de la planification

Véritable outil de mise en application de la politique environnementale, le contrôle de la planification veille à la concrétisation des objectifs fixés dans les différents documents de planification et ce, sans négativement impacter ou, du moins, à en limiter leurs impacts pernicieux sur l'environnement. C'est d'ailleurs dans cette logique de contrôle qu'en Europe par exemple, les manquements relatifs à la planification environnementale sont justiciables[404].

Au Tchad, les acteurs du contrôle de la planification varient selon que l'on soit au niveau central ou au niveau local.

---

[400] Cf. loi n° 033/PR/2006 du 11 décembre 2006 portant répartition des compétences entre l'État et les CTD, article 30 pour la région (province) et article 32 pour la commune.

[401] Cf. premiers tirets des articles 26 et 28, *op. cit.*, concernant respectivement la région (province) et la commune.

[402] Cf. tiret 5 de l'article 22, *op. cit.*

[403] Cf. tiret 4 de l'article 24, *op. cit.*

[404] CJCE 6 juin 2002, aff. C-177/01, Commission c/ France : condamnation de la France pour mauvaise transposition de l'obligation de planification dans le cadre de la directive « déchets ».

De fait, au plan étatique, le contrôle de la planification est principalement exercé par les départements ministériels concernés et ensuite par certaines institutions et établissements publics spécialisés tels que le FSE, le HCNE, l'ANADER, etc.

Au niveau local, les structures étatiques exercent toujours de contrôle puisqu'elles sont à vocation nationale. Cependant, il y en a d'autres qui sont spécifiquement locales. C'est le cas par exemple des Comités pour la protection de l'environnement créés par arrêtés en 2018[405]. De tous ces différents Comités, les Comités Départementaux pour la Protection de l'Environnement (CDPE) semblent être ceux qui sont explicitement investis du pouvoir de contrôle en matière environnementale[406].

Au-delà de ces outils prévisionnels, il y a lieu de noter l'existence d'autres outils. Il s'agit des régimes de l'autorisation, de la déclaration préalables ainsi que de l'interdiction.

PARAGRAPHE II : LES RÉGIMES D'AUTORISATION, DE DÉCLARATION PRÉALABLES ET D'INTERDICTION

Pour prévenir les dommages environnementaux, l'exercice d'un certain nombre de droits environnementaux est soumis, en fonction des cas, aux régimes de l'autorisation et de la déclaration préalables **(A)** ainsi qu'à celui de l'interdiction **(B)**.

A. LES RÉGIMES D'AUTORISATION ET DE DÉCLARATION PRÉALABLES

D'emblée, il convient de rappeler la distinction substantielle qui existe entre la déclaration préalable et l'autorisation

---

[405] Cf. bibliographie, arrêtés (n° 5 à 9), *infra*.

[406] Cf. article 6 de l'arrêté n° 064/PR/MEEP/SG/2018 du 13 juillet 2018 portant création, attribution et fonctionnement des Comités Départementaux pour la protection de l'environnement.

préalable[407]. En effet, si la déclaration préalable est une simple notification qui restreint le pouvoir de l'administration et libère l'action des administrés, l'autorisation préalable *a contrario* subordonne l'action des administrés à l'acquiescement de l'administration[408].

De cette distinction opérée, on comprend que le régime d'autorisation préalable suggère l'idée de l'accord de l'administration en charge de l'environnement avant que certains projets en lien avec l'environnement ou ayant des conséquences environnementales ne soient exécutés.

La loi-cadre définit le cadre général du régime d'autorisation préalable en matière environnementale et renvoie les conditions de sa réalisation dans chaque secteur à ses textes d'application. Elle soumet à autorisation préalable, l'affectation et l'aménagement du sol à des fins industrielles, minières, touristiques, commerciales, urbaines ainsi que les travaux de recherche en vue de l'exploration ou de l'exploitation des ressources du sol et du sous-sol susceptibles de porter atteinte à l'environnement[409]. Aussi, elle interdit ou soumet à autorisation préalable de l'autorité compétente, conformément à ses textes d'application, toute activité susceptible de porter atteinte aux espèces animales et végétales ou à leurs biotopes[410]. Elle renvoie à ses textes d'application la fixation des modalités de gestion rationnelle des zones humides[411], notamment les seuils

---

[407] Cf. CAA Marseille, 23 avril 2013, EURL Affi Grand Ouest, req. n° 11MA01731, citée par ZAVOLI (Philippe), « Cadre de vie », *RJE*, n° 1, 2014, pp. 119-120.

[408] RICCI (Jean-Claude), *Droit administratif*, 4e éd., Paris, Hachette, coll. Les Fondamentaux, 2004, p. 104.

[409] Article 21 alinéa 1er de la loi-cadre.

[410] Article 24, *op. cit.*

[411] C'est le cas de la désignation de la Partie tchadienne du Lac-Tchad sur la liste des zones humides d'importance internationale ou liste Ramsar par le décret n° 560/PR/PM/MEE/2002 du 31 décembre 2002. C'est également le cas de la désignation de la Partie tchadienne de la plaine d'inondation du Logone et les dépressions Toupouri sur la Liste des zones humides

au-delà desquels tout prélèvement doit être soumis à autorisation préalable de l'autorité compétente ; préconise la prise des mesures plus contraignantes en cas de lutte contre la sécheresse[412].

Bien plus, la loi-cadre interdit ou soumet à autorisation préalable de l'autorité compétente, tout rejet dans le milieu naturel, non conforme aux dispositions prises en application de l'article 68[413], d'effluents liquides ou gazeux provenant des différentes activités, susceptibles de porter atteinte à la santé de l'Homme ou à la qualité de l'environnement en général[414].

De toutes les autres lois sectorielles, la loi de 2008 est celle qui fournit le plus de cas soumis au régime d'autorisation préalable[415]. Au demeurant, cette autorisation, en sus d'être préalable, est conditionnée dans certains cas par le paiement d'une redevance.

Il demeure que la méconnaissance du régime d'autorisation préalable peut prendre la forme de contrefaction, de falsification ou d'altération d'un permis de chasse, certificat, livret, carte, bulletin, récépissé, passeport, laissez-passer ou autre document délivré par les administrations publiques en vue de constater un droit, une identité ou une qualité ou d'accorder une autorisation[416].

---

d'importance internationale ou Liste Ramsar par le décret n° 562/PR/PM/MEE/2002 de la même date.

[412] Article 32 de la loi-cadre.

[413] Article 68, *op. cit.* : « Les substances nocives et dangereuses, qui du fait de leur toxicité, de leur radioactivité ou de leur concentration dans les chaînes biologiques vitales lorsqu'elles sont déchargées dans le milieu de vie, sont soumises au contrôle et à la surveillance de l'autorité compétente ».

[414] Article 65, *op. cit.*

[415] Lire les articles 8, 49, 51, 53, 54, 57, 75, 80, 88, 109, 111, 117, 119, 125, 129, 136, 149, 150, 151, 154, 164, 165, 167, 168, 179, 181, 185, 197, 202, 219, 220, 221, 230, 234, 242, 245, 249, 251, 256, 258, 263, 264, 266 et 272 de la loi de 2008.

[416] Cf. article 260 du Code pénal. On peut lire en plus aux termes de cet article que les mêmes peines seront appliquées à quiconque aura fait usage d'un de ces documents précités ou d'un d'entre eux seulement lorsque certaines de ces

Il faut toutefois souligner que pendant que certaines activités sont soumises aux régimes d'autorisation préalable et de la déclaration préalable (à l'exemple de celles des ICPE[417]), d'autres, elles, le sont au régime d'interdiction.

B. LE RÉGIME D'INTERDICTION

En droit tchadien de l'environnement, le régime d'interdiction est largement applicable, notamment dans les conditions fixées par les textes d'application de la loi-cadre.

En effet, la loi-cadre prévoit notamment que ses textes d'application fixent : les interdictions permanentes ou temporaires édictées en vue de permettre la préservation des espèces menacées, rares ou en voie de disparition ainsi que leur milieu de vie (article 25 point 2) ; la liste des substances, leur composition, leur concentration donnant lieu à interdiction (article 66 point 1) ; et la peine réservée aux personnes ayant rejeté dans le milieu de vie des effluents liquides ou gazeux soumis à l'interdiction de rejet (article 67 alinéa 1er).

Il découle de l'examen des outils prévisionnels (l'évaluation, les régimes d'autorisation et de déclaration préalables ainsi que celui d'interdiction) que ceux-ci sont des instruments de prévoyance et de réglementation des impacts sur l'environnement. Toutefois, pour atteindre les objectifs de préservation de l'environnement, il faut aussi compter sur les outils économiques et financiers.

SECTION III : LES OUTILS ÉCONOMIQUES ET FINANCIERS

L'économie et les finances peuvent paraitre antinomiques à la notion d'environnement. Et pourtant, l'économie et la fiscalité vertes s'imposent de nos jours à tous, non pas comme

---

énonciations relatives à l'intéressé ont cessé d'être exactes. L'article 261 du Code pénal renchérit fort à propos.

[417] Cf. article 32 alinéa 1er du décret n° 904/PR/PM/MERH/2009 du 06 août 2009 portant réglementation des pollutions et nuisances à l'environnement.

une alternative, mais comme l'unique voie du développement durable[418]. C'est pourquoi, au Tchad, il existe en ce sens la fiscalité environnementale **(§ I)**, même s'il y a une réelle nécessité d'introduire et de promouvoir un outil des marchés publics **(§ II)**.

PARAGRAPHE I : LA FISCALITÉ ENVIRONNEMENTALE

La fiscalité environnementale peut être, très classiquement, conçue comme l'ensemble des dispositifs fiscaux, allant des prélèvements fiscaux (impôts et taxes) aux dépenses fiscales (aménagements de ces impôts et taxes) destinés à favoriser des comportements plus respectueux de l'environnement[419]. Il s'agit donc de mettre l'accent sur le traitement juridique de ces mécanismes. Pour ce faire, il convient, d'une part, de mettre en exergue la dimension budgétaire de l'environnement **(A)** et, d'autre part, de présenter quelques aspects des moyens financiers et fiscaux concourant à la préservation de l'environnement **(B)**.

A. LA BUDGÉTISATION DE LA PRÉSERVATION DE L'ENVIRONNEMENT

La budgétisation de la préservation de l'environnement renvoie au budget alloué aux personnes publiques pour l'environnement. Il traduit l'intérêt que la collectivité nationale ou locale accorde à l'environnement.

Il importe cependant d'éviter de confondre le budget de l'environnement et le budget des structures environnementales. Car, même s'il existe un département spécifique à

---

418 Lire à ce titre LÉVÊQUE (Christian) et MOUNOLOU (Jean-Claude), *Biodiversité. Dynamique biologique et conservation*, 2e éd., Paris, DUNOD, 2008, p. 196.

419 CARUANA (Nicolas), *La fiscalité environnementale. Entre impératifs fiscaux et objectifs environnementaux, une approche conceptuelle de la fiscalité environnementale*, Thèse de Doctorat en Droit Public, Université Aix-Marseille, p. 29.

l'environnement qu'est le Ministère en charge de l'Environnement, il faut relever que le budget de l'environnement ne se résume pas qu'à celui dudit Ministère. De fait, le caractère transversal et complémentaire des activités environnementales induit que le budget alloué à ces dernières soit souvent réparti entre les différents intervenants environnementaux. Cela dit, le budget du Ministère en charge de l'Agriculture, ou celui qui s'occupe de l'Habitat et de l'Urbanisme, ou encore le département chargé de la Santé Publique, ceux de l'Éducation Nationale et de l'Enseignement Supérieur, de la Recherche Scientifique et de l'Innovation, etc. comportent une partie consacrée aux activités environnementales. Le même constat est transposable en ce qui concerne les budgets locaux ou provinciaux de l'environnement (collectivités autonomes et Délégations provinciales).

C'est pourquoi, pour chiffrer avec exactitude le budget de l'environnement, il serait pertinent de prendre en considération tous ces éléments.

Les lois relatives aux budgets (les lois de finances), traitent le budget de l'environnement au même titre et à travers les mêmes rubriques que les autres secteurs, en précisant les ressources et les dépenses. Dans ce cadre, et comme sur le plan international[420], le financement de l'environnement se fait aussi à travers la mise en place de fonds spéciaux qui font partie, avec les fonds de concours (FC), de la catégorie appelée « fonds du trésor » (FT). C'est à ce titre qu'il est créé un fonds spécial en faveur de l'environnement qui prend la forme d'un compte spécial du Trésor[421]. Ce fonds a pour objectif de contribuer à la protection et à la mise en valeur de l'environnement et, à cette fin, concourt notamment à susciter et à participer à toute action, recherche, étude et formation appliquées à l'environnement ; au financement des mesures d'incitation prévues dans la loi-cadre

[420] C'est principalement le cas du Fonds pour l'Environnement Mondial (FEM).
[421] La création de ce fonds est prévue par l'article 99 de la loi-cadre.

et accessoirement au financement d'opérations pilotes[422]. À la lecture de la législation, ce fonds devrait être assez pourvu[423].

Il faut également relever la création par le Code de l'eau du Fonds National de l'Eau (article 152 alinéa 1er) qui, au regard de l'article 152 alinéa 2 du même code, tire ses ressources des redevances sur l'eau ; subventions de l'État ; amendes et pénalités prévues audit code ; dons et legs ; financements extérieurs destinés au développement du secteur de l'eau.

Du reste, il faut relever que la budgétisation de la préservation de l'environnement est dans une certaine mesure tributaire de l'efficacité des instruments financiers et fiscaux y relatifs.

B. LES INSTRUMENTS FINANCIERS ET FISCAUX DE PRÉSERVATION DE L'ENVIRONNEMENT

Les moyens financiers et fiscaux constituent des moyens économiques tendant à influencer le comportement des agents économiques de sorte à ce que ceux-ci soient respectueux de l'environnement (ses composantes et ses équilibres).

La mise en œuvre des instruments financiers et fiscaux prend la forme d'incitations financières et/ou fiscales ou de dissuasion. Il traduit notamment l'option des pouvoirs publics en faveur de la diffusion d'une dynamique préventive au sein du système productif.

La fiscalité participe du changement des comportements en matière environnementale soit en encourageant les agents pollueurs (effet incitatif) ou soit en les décourageant (effet dissuasif).

La dimension incitative de la fiscalité consiste pour les personnes publiques, en l'occurrence l'État et les collectivités

---

422 Article 100 de la loi-cadre.

423 Aux termes de l'article 331 de la loi de 2008, le Fonds Spécial en faveur de l'Environnement (FSE) bénéficie des 90% du produit des amendes prononcées, des transactions accordées et de la vente des objets et produits confisqués en matière des forêts, de la faune et de ressources halieutiques.

autonomes, à encourager les personnes physiques et morales à adopter un certain comportement ou à exercer certaines activités, à travers une renonciation totale ou partielle à percevoir certains impôts (exonérations)[424].

La nature de ces aides et subventions et les conditions et modalités de leur attribution sont fixées par voie réglementaire ».

De même, la loi de finances 2020, qualifié par le ministre des Finances et du Budget comme une loi quasi-écologique, est marquée par la détaxation et la défiscalisation en faveur de l'environnement. Ainsi, au Tchad, depuis la loi de finances 2020, les importations des matériels et équipements servant à la production et à la promotion des énergies renouvelables sont exonérés de droits de douanes et taxes à l'exception de la Taxe de l'Union africaine, Taxe Communautaire d'intégration et de la contribution Communautaire d'intégration[425].

L'autre dimension, celle dissuasive, vise à décourager les personnes physiques et morales à l'adoption de certains comportements par une fiscalité plus lourde. D'autres cas, contenus entre autres dans la loi de 2008[426] et la loi n° 36/PR/94 du 03 décembre 1994 portant organisation de la commercialisation et du transport de bois dans les grandes agglomérations et la fiscalité qui lui est applicable[427],

---

[424] En ce sens, la loi de 2008 dispose à son article 93 que : « L'État pourra accorder des aides, subventions, en nature ou en espèces, ainsi que des exonérations fiscales, à titre d'incitation ou de récompense, aux particuliers et aux collectivités qui entreprennent des travaux de boisement, de reboisement ou de régénération, dans l'esprit de l'article 98 de la loi-cadre. En outre des distinctions honorifiques peuvent être attribuées.

[425] Article 21 de la loi de finances 2020.

[426] Lire les articles 82, 147, 154, 159, 164, 169, 191, 276, 288 et 332 de la loi de 2008.

[427] Article 20 de la loi n° 36/PR/94 du 03 décembre 1994 portant organisation de la commercialisation et du transport de bois dans les grandes agglomérations et la fiscalité qui lui est applicable : « Il est institué une taxe unique sur le transport de bois dite « taxe forestière ».

s'inscrivent également dans ce sillage. Cependant, on peut relever un autre volet de cette dernière dimension de la fiscalité environnementale. Il s'agit de l'effet persuasif de la taxation environnementale (écotaxes) qui est en effet susceptible d'agir comme un moyen de « persuasion financière » en vue d'une moindre pollution. C'est là une forme de mise en application du principe pollueur-payeur.

Mais pour être efficace, le taux de la taxation environnementale doit être suffisamment élevé pour inciter à la prévention, sans pour autant être excessif (prohibitif), car l'objectif est d'introduire une dimension préventive au sein de l'appareil de production, et non de mettre un terme aux activités industrielles qui, tout en étant polluantes, représentent une source de revenus et d'emplois.

Au Tchad, la taxe environnementale la plus prolifique est la Taxe pour la Protection de l'Environnement (TPE), instituée par la loi de finances 2010[428]. Cependant, certaines personnes (physiques et morales) et activités ne sont pas soumises à cette taxe[429].

Concernant les énergies renouvelables, la loi de finances (de 2014 à nos jours) prévoit à son article 230 une exonération de la Taxe sur la Valeur Ajoutée pour « l'acquisition des matériels et

---

Article 21 alinéas 1 et 3, *op. cit.* : « Tout transporteur est assujetti au paiement de taxe prévue à l'article 20 ci-dessus ».
« Outre, la taxe forestière, le commerçant transporteur de bois est tenu de s'acquitter des taxes et impôts liés à l'exercice de sa profession ».
Article 22, *op. cit.* : « Le taux de la taxe est fonction de la nature du produit transporté (bois de chauffe, de charbon de bois ou différents types de bois d'œuvre ou de service) et de son lieu de prélèvement (exploitation incontrôlée, marché rural orienté ou marché rural contrôlé) ».

[428] Article 7 de la loi de finances 2010.

[429] Cf. article 203 nouveau de la loi de finances tel que modifié par la loi n° 015/PR/2017 portant rectification de la loi n° 033/PR/2016 du 31 décembre 2016 portant Budget Général de l'État pour 2017.
Aussi, il faut noter que le tarif et les matières soumises à cette taxe sont reconfigurés par la loi de finances 2020 et survivent sous l'emprise de celles de 2021 et 2022.

équipements servant à la production et à la promotion des énergies renouvelables ainsi que les prestations y relatives » et « les intérêts des emprunts pour le financement des énergies renouvelables ».

En clair, il est à noter que le recours aux instruments économiques et financiers pour la protection de l'environnement permet de mobiliser des ressources financières qui peuvent être destinées à couvrir les coûts de la lutte contre la pollution, à favoriser les innovations en matière de prévention et de sauvegarde de l'environnement. Ils permettent également de lutter contre la pollution sans augmentation des charges pour le budget de l'État, puisque le coût est supporté par les agents pollueurs. Il en est de même en cas de dépollution qui est réalisée de manière efficiente et à moindre coût par le secteur privé.

Néanmoins, l'analyse des outils économiques et financiers de préservation de l'environnement offre un constat assez regrettable : l'absence d'un outil des marchés publics.

PARAGRAPHE II : LA NÉCESSITÉ D'ÉRECTION D'UN OUTIL DES MARCHÉS PUBLICS

Pour parachever la consécration des outils environnementaux d'ordre économique et financier, il apparait nécessaire d'en ériger un en matière des marchés publics. Cette nécessité se justifie certes **(A)**, mais il importe d'ébaucher un modèle d'outil à cet effet **(B)**.

A. JUSTIFICATION DE LA NÉCESSITÉ D'ÉRECTION D'UN OUTIL DES MARCHÉS PUBLICS

Les marchés publics sont de plus en plus considérés comme un instrument de politique publique et comme un levier pour impulser un changement économique, social et environnemental plus large[430].

---

430 OCDE, *L'intégrité dans les marchés publics. Les bonnes pratiques de A à Z*, Paris, Éditions OCDE, 2007, p. 18.

Cependant, il se trouve qu'au Tchad, l'instrument juridique encadrant les marchés publics méconnait cette dernière dimension (impulsion d'un changement environnemental et les préoccupations de développement durable). Tout lecteur du Code des marchés publics au Tchad (que ce soit celui abrogé de 2015 ou le nouveau), guidé par des motivations environnementalistes, s'en rendrait compte.

Tout au plus, le Code des marchés publics ne se préoccupe que de la moralisation de l'environnement des marchés publics[431].

Aussi, ledit code soumet les marchés publics au respect des principes de liberté d'accès à la commande publique, d'égalité de traitement des candidats, de transparence des procédures, de l'économie et d'efficacité[432]. Cependant, il est désormais un impératif qu'à ces principes, viennent s'ajouter des objectifs d'ordre environnemental. Ainsi, la passation des marchés publics devrait prendre en considération le respect de l'environnement et les objectifs du développement durable. Cela signifie que l'administration devra considérer mieux les offres des entreprises qui mettent en avant des services ou des produits issus du développement durable et respectueux de l'environnement[433].

---

[431] Il dispose en effet à son article 60 (1, e) que l'Autorité de Régulation des Marchés Publics (ARMP) a pour missions et attributions (entre autres) de « contribuer à la promotion d'un environnement transparent, offrant des voies de recours efficaces, et favorable au jeu de la concurrence et au développement d'entreprises et compétences nationales stables et performantes ». Il faut préciser que cet article du nouveau Code des marchés publics reprend *in extenso* les dispositions de l'article 49 (1, e) du code de 2015 abrogé.
Il s'agit clairement là de l'environnement pris dans son sens se rapportant aux conditions extérieures susceptibles d'agir sur le fonctionnement d'un système ou d'un dispositif qui, en l'occurrence, se trouve être les marchés publics.

[432] Article 3 alinéa 2 du nouveau Code des marchés publics.

[433] NABIH (Mohamed), *Droit des marchés publics. Aspects juridiques, financiers et contentieux*, Rabat, Konrad-Adenauer-Stiftung, 2014, p. 17.

Bien que pour l'heure, la réflexion sur la question d'érection d'un outil environnemental intéressant les marchés publics ne soit pas encore engagée, il est toutefois important de se prêter à un essai de modèle.

B. ESSAI SUR UN MODÈLE D'OUTIL DES MARCHÉS PUBLICS

La prise en compte des préoccupations environnementales dans les marchés tant publics que privés est une urgence, ce d'autant plus qu'il est donné de constater que leur réalisation cause d'énormes dommages à l'environnement.

À cet égard, et pour faciliter la tâche aux maîtres d'ouvrage, il est impératif de prévoir la possibilité de créer un groupe de travail au sein de la commission des marchés, avec pour mission d'élaborer des guides et des documents destinés à aider les administrations à intégrer l'environnement et le développement durable dans les marchés. Ces documents devront permettre aux maîtres d'ouvrage de proposer, au fur et à mesure, dans les appels d'offres, des clauses ou des critères relatifs au développement durable, afin que les administrations s'approprient ce concept et fasse connaître aux prestataires l'existence d'une demande en matière d'écoproduits[434].

Au Tchad, il est regrettable que dans le nouveau Code des marchés publics, le pouvoir réglementaire n'ait pas intégré les préoccupations environnementales. Or, il aurait fallu imposer des normes de performance ou de moyens et d'établir des mécanismes de contrôle afin de s'assurer du respect de l'application par les agents économiques des normes environnementales.

C'est en ce sens qu'en ce qui concerne les conditions de création des entreprises susceptibles d'impacter autant sur l'environnement que sur la santé humaine et animale, l'article 14 du décret n° 743/PR/PM/MC/2010 du 16 septembre 2010 portant procédures administratives de création d'entreprise est

---

[434] *Ibidem*, pp. 67-68.

assez rigoureux[435]. Mais à la vérité, aucune entreprise n'est insusceptible de porter atteinte à l'environnement. C'est pourquoi, il y a lieu de soumettre toutes les entreprises, certes certaines moins que d'autres, aux exigences environnementales, aussi bien avant qu'après leur création.

À l'évidence, l'une des conditions nécessaires à l'émergence, c'est d'approfondir l'approche du développement durable par le renforcement de la gouvernance environnementale et l'intégration de la perspective de l'économie verte dans les politiques de développement[436].

Bien au-delà des diverses formules contractuelles que l'administration aura intérêt à adapter aux exigences environnementales, il serait judicieux d'envisager l'intégration des mêmes exigences dans l'encadrement des contrats de droit privé ayant pour prétexte ou directement pour objet l'environnement, qu'une personne publique y soit partie ou non.

---

435 Article 14 du décret sus référencé : « Les activités de bâtiments et Travaux publics, l'exploitation des mines, de l'or ou des métaux précieux, de manière générale l'exploitation des richesses du sous-sol et l'exercice de toute activité susceptible d'avoir un effet sur l'environnement et la santé humaine et animale sont soumis de manière systématique à une autorisation préalable des services techniques concernés.
Un arrêté interministériel précisera pour chaque activité, après consultation des organisations compétentes, les conditions d'exercice dans le cas d'une création, d'une reprise, d'une extension d'entreprise ou d'une ouverture de succursale ou de filiale ».

436 Ministère de l'Économie et de la Planification du Développement, *Plan national de développement 2017-2021*, chapitre II, titre II.1, §134, p. 32.

CONCLUSION DU CHAPITRE II

Dans l'optique de favoriser une meilleure connaissance de l'environnement, de prévenir les effets pernicieux des activités humaines sur ce dernier et d'optimiser les actions des acteurs environnementaux au Tchad, un certain nombre d'outils sont contenus dans divers textes environnementaux. Ces derniers sont de nature à optimiser l'administration de l'environnement au Tchad et ce, grâce à une triple vertu.

D'abord, les outils d'administration de l'environnement favorisent la promotion de l'environnement auprès de toutes les couches sociales.

Puis, ils permettent la prévention des risques d'impact des activités humaines sur l'environnement.

Enfin, ils mettent en exergue les enjeux économiques et financiers en matière environnementale.

CONCLUSION DU TITRE I

Autant il existe une chaîne d'acteurs intervenant à des échelles variables dans la préservation de l'environnement au Tchad, de même, il est prévu une mosaïque d'outils, conçus pour le besoin de la cause environnementale, qui éclairent chaque acteur sur l'étendue de ses responsabilités, lui permettent de jauger le niveau de ses performances ainsi que de repérer plus clairement son champ d'action en matière environnementale. Ces outils protéiformes constituent à cet égard les leviers de l'effectuation des compétences reconnues aux divers acteurs du droit tchadien de l'environnement.

À l'analyse, l'administration de l'environnement au Tchad est perfectible, aussi bien du point de vue de ses acteurs (non pas au regard de leur pluralité, mais plutôt en raison de la consistance de leurs compétences) que de celui des outils de mise en œuvre des compétences prévues par les textes en vigueur.

De fait, une lecture, même distraite, de ce titre offre un constat patent selon lequel l'État dispose de lourdes charges en matière environnementale au point que ses manquements à chaque niveau créent un vide qu'aucun autre acteur n'est pratiquement en mesure de combler. Il est alors impérieux pour l'État, parce qu'il est désormais urgent de priser la dynamique collective en matière environnementale, de démocratiser de plus en plus la gestion de l'environnement et ce, en responsabilisant d'autres acteurs afin de relever les défis écologiques somme toute monstres.

Par ailleurs, au rang des outils d'administration de l'environnement, il est regrettable qu'il n'ait pas été prévu un outil d'audit environnemental, variante de l'outil d'évaluation. Cet outil importe en ce qu'il intéresse tous les secteurs de l'environnement et peut s'opérer périodiquement ou, en cas de besoin, ponctuellement afin de suivre le niveau de respect des normes établies (audit de conformité environnementale), d'assurer la garantie d'une qualité, d'un label (audit de certification), et de vérifier les performances environnementales d'un processus de production. Le Professeur Emmanuel Dieudonné KAM YOGO a pu écrire à ce sujet que : « L'audit environnemental facilite le contrôle opérationnel des pratiques susceptibles d'avoir des incidences sur l'environnement, ainsi que l'évaluation de la conformité de ces pratiques avec les normes édictées et les politiques environnementales »[437].

---

[437] KAM YOGO (Emmanuel Dieudonné), *Manuel judiciaire de droit de l'environnement en Afrique*, *op. cit.*, p. 26.

TITRE II : LE CONTENTIEUX DE L'ENVIRONNEMENT AU TCHAD

Le mot contentieux trouve son origine dans un mot latin, *contentiosus*, qui signifie « querelle », « débat », « discussion », donc contestation. Appliqué au droit de l'environnement, on parle du « contentieux de l'environnement ».

L'expression « contentieux de l'environnement » peut être appréhendée sous une double dimension. D'une part, elle désigne l'ensemble des litiges qui naissent des rapports entre l'Homme et son environnement. D'autre part, le contentieux de l'environnement se rapporte à l'ensemble des procédés juridiques qui permettent d'obtenir la solution juridictionnelle ou non juridictionnelle des litiges que suscitent les activités des différents acteurs impliqués dans le domaine environnemental ou pouvant impacter sur l'environnement.

Tout bien considéré, on peut saisir la locution « contentieux de l'environnement » comme étant l'ensemble des litiges relatifs aux atteintes portées contre l'environnement, peu importe la nature de l'auteur de ces atteintes, ainsi que des mécanismes de règlement desdits litiges.

Ainsi conçu, le contentieux de l'environnement intéresse tout ce qui touche au règlement des litiges environnementaux : organisation structurelle du contentieux, règles de procédure, répartition des compétences, mécanismes pratiques de recours contentieux, etc.

De ce point de vue, le contentieux de l'environnement au Tchad se réalise aussi bien dans un cadre juridictionnel **(chapitre II)** qu'au sein des structures ou par le biais des mécanismes non juridictionnels **(chapitre I)**.

CHAPITRE I : LE CONTENTIEUX EXTRAJURIDICTIONNEL DE L'ENVIRONNEMENT

Les mécanismes extrajuridictionnels de règlement des litiges participent de la prévention du contentieux juridictionnel. En matière environnementale au Tchad, deux types d'autorités interviennent dans le règlement non juridictionnel des litiges environnementaux. Il s'agit d'un côté des autorités administratives **(section I)** et de l'autre, de leurs collaboratrices, les autorités traditionnelles et coutumières **(section II)**.

SECTION I : LE CHAMP DE COMPÉTENCE DES AUTORITÉS ADMINISTRATIVES DANS LA GESTION DES ATTEINTES ENVIRONNEMENTALES

Le traitement des atteintes à l'environnement ne relève plus de la compétence exclusive du juge ; plusieurs autorités administratives sont en effet également habilitées à constater, sanctionner et prononcer la réparation des atteintes à l'environnement **(§ I)** voire à transiger en ce sens **(§ II)**. Il s'agit là du pouvoir de « punir sans juger »[438].

PARAGRAPHE I : LA CONSTATATION, LA SANCTION ET LA RÉPARATION DES ATTEINTES ENVIRONNEMENTALES PAR LES AUTORITÉS ADMINISTRATIVES

La compétence de constatation, de sanction et de réparation dévolue aux autorités administratives en matière environnementale est tout aussi fondée **(A)** que fournie dans son contenu **(B)**.

---

[438] Lire, pour d'amples informations à ce sujet, DELMAS-MARTY (Mireille) et TEITGEN-COLLY (Catherine), *Punir sans juger ? De la répression administrative au droit administratif pénal*, Paris, Economica, 1992, 191 p.

A. LE FONDEMENT DE LA COMPÉTENCE DES AUTORITÉS ADMINISTRATIVES EN MATIÈRE DE CONSTATATION, DE SANCTION ET DE RÉPARATION DES ATTEINTES ENVIRONNEMENTALES

Le législateur tchadien a rapidement pris conscience de la nécessité de sanctionner mécaniquement les atteintes à l'environnement. C'est pourquoi, probablement dans le souci de désengorger les juridictions de certaines affaires, il fait participer de façon active les autorités administratives dans la répression des atteintes environnementales. Il en ressort ainsi de la compulsation de la loi-cadre[439].

Mieux, la loi-cadre élargit les types d'infractions soumis à la sanction de l'autorité administrative en charge de l'environnement[440].

Aussi, la loi-cadre accorde à l'administration en charge de l'environnement une marge de manœuvre lui permettant de surpasser un éventuel refus du délinquant écologique de remettre en état l'environnement : en faisant supporter les frais de restauration par ce dernier[441].

Le fondement de la compétence des autorités administratives en matière de constatation, de sanction et de réparation des atteintes environnementales est donc posé par la loi-cadre. Le contenu de cette compétence, lui, ressort des lois sectorielles.

---

[439] Article 101 de la loi-cadre : « Sans préjudice de l'application des sanctions pénales prévues à la présente loi et des réparations civiles, l'autorité chargée de l'environnement peut imposer à tout auteur d'une infraction ayant eu pour conséquence une dégradation de l'environnement de remettre en état celui-ci lorsque cela est possible ».

[440] Article 102, *op. cit.* : « La remise en état de l'environnement est également prononcée par l'autorité chargée de l'environnement à l'encontre de tout exploitant exerçant une activité occasionnant une dégradation de l'environnement, même si celle-ci ne résulte pas d'une infraction aux dispositions de la présente loi et de ses textes d'application ».

[441] Article 103, *op. cit.*

B. LE CONTENU DE LA COMPÉTENCE DES AUTORITÉS ADMINISTRATIVES EN MATIÈRE DE CONSTATATION, DE SANCTION ET DE RÉPARATION DES ATTEINTES ENVIRONNEMENTALES

Les lois sectorielles de l'environnement telles que la loi de 2008, celles portant Code de l'eau et Code d'hygiène, reconnaissent des compétences de constatation, de sanction et de réparation aux autorités administratives respectivement en matières halieutique, hydraulique et d'hygiène.

Dans la loi de 2008, il s'agit d'une mesure particulière (entre autres) de protection du domaine aquacole. C'est ce qui ressort de la lecture de l'article 219 de ladite loi[442].

Le Code de l'eau prévoit, pour sa part, quelques amendes administratives en matière hydraulique[443]. Le Code d'hygiène n'est pas du reste (articles 236 à 246)[444].

On en déduit que la sanction administrative des atteintes environnementales, tout comme la police administrative, est un acte administratif. Cependant, elle se distingue de cette dernière en ce qu'il s'agit de sanctionner un manquement à une obligation préexistante, et non prévenir un trouble à l'ordre public. De ce point de vue, la sanction administrative se rapproche de la police judiciaire. Mais là aussi, elle se

---

442 Article 219 de la loi de 2008 : « Lorsqu'ils sont de nature à détruire les frayères, les zones de reconstitution, les zones d'alimentation ou les réserves de nourriture de la faune aquacole, l'utilisation ou l'aménagement d'ouvrages, ainsi que l'exécution de travaux dans le lit des eaux sont soumis à autorisation préalable sous peine de poursuites ou d'amende administratives.
L'autorisation délivrée en application de l'alinéa précédent, fixe les mesures compensatoires visant la remise en état du milieu aquatique qu'elle couvre ».

443 Cf. articles 172, 174, 175, 177 et 178 du Code de l'eau.

444 Pour s'en convaincre en termes d'application, il faut se référer par exemple à l'arrêté n° 037/M/SG/DSTM/SHS/2003 du 05 mars 2003 fixant le taux d'amendes forfaitaires de non observation des règles d'hygiène dans la ville de N'Djaména, dont l'intitulé n'occulte pas le contenu, pris par la Commune de la capitale en application dudit code.

différencie de cette dernière, car elle permet de contraindre immédiatement le contrevenant, sans intervention du juge[445].

En sus de cette compétence intéressant la constatation, la sanction et la réparation des atteintes environnementales, les autorités administratives peuvent recourir à la transaction pour régler un litige environnemental.

PARAGRAPHE II : LA TRANSACTION

Définie comme « un contrat par lequel les parties terminent une contestation née, ou préviennent une contestation à naître »[446], la transaction, pour être valide, obéit à certaines conditions **(A)** et produit quelques effets **(B)** qu'il importe de dégager.

A. LES CONDITIONS DE VALIDITÉ DE LA TRANSACTION

La validité d'une transaction suppose sa matérialisation **(1)** et son rattachement à un objet non exclu de son champ **(2)**.

1. La transaction : un acte écrit et de volonté

Il est établi qu'une transaction doit être rédigée par écrit[447].

Au Tchad, la transaction en matière environnementale relève de la compétence des administrations chargées de

---

[445] L'illustration la plus complète et marquante de la sanction administrative en matière environnementale au Tchad est celle survenue courant 2014, marquée par une amende de 1,2 milliard de dollars infligée par le gouvernement à la filiale locale de la compagnie chinoise China National Petroleum Corporation (CNPC) pour atteintes portées à l'environnement. Cf. lien https://www.jeuneafrique.com/11419/economie/le-tchad-contraint-le-chinois-cnpc-payer-une-lourde-amende/, consulté le 14/11/2020.
Plus récemment, le ministre en charge de l'Environnement a suspendu tous les permis environnementaux relatifs aux opérations de recherches d'hydrocarbures liquides et gazeux dans les blocs pétroliers à elle octroyés. Cf. arrêté n° 012/PCMT/PMT/MEPDD/DGM/DGTEDD/DEELCPM/21 du 21 mai 2021.

[446] Article 2044 alinéa 1er du Code civil.

[447] Article 2044 alinéa 2, *op. cit.*

l'environnement au travers de leurs agents assermentés[448]. La transaction faite par ces derniers doit être actée.

À l'analyse de la législation en matière environnementale, deux lois font état de ce caractère de la transaction. Il s'agit de la loi n° 36/PR/94 du 03 décembre 1994 portant organisation de la commercialisation et du transport de bois dans les grandes agglomérations et la fiscalité qui lui est applicable et de la loi de 2008.

D'une part, le dernier alinéa de l'article 46 de la loi n° 36/PR/94 précitée dispose explicitement que : « La perception de toute transaction est obligatoirement subordonnée à la rédaction d'un procès-verbal constatant l'infraction et accordant le bénéfice de la transaction ».

D'autre part, la loi de 2008, moins explicite, parle de « procès-verbal de transaction » dont les montants sont fixés par voie réglementaire[449].

Par ailleurs, la transaction est un acte de volonté[450]. Il en résulte que pour qu'il y ait transaction en matière environnementale, il faut que le délinquant en exprime la volonté.

Il faut rappeler que le formalisme autour de l'acte transactionnel n'est pas fortuit. Le juge civil n'a d'ailleurs pas manqué, lorsqu'il en a eu l'opportunité, de le signifier dans le cadre d'une espèce[451].

Encore que l'infraction, objet de cette volonté exprimée de transiger, ne soit pas exclue du champ de la transaction.

---

[448] Article 287 alinéa 1er de la loi de 2008.

[449] Article 288, *op. cit.*

[450] Ce caractère découle des termes de l'article 287 alinéa 1er de la loi de 2008 : « Les agents assermentés des administrations chargées des forêts, de la faune et des ressources halieutiques, spécialement habilités par un acte réglementaire, peuvent transiger pour les infractions à la présente loi, avant la mise en mouvement de l'action publique, lorsqu'un délinquant en exprime le désir ».

[451] Cf. arrêt civil répertoire n° 121 du 09/11/2009 de la cour d'appel de Moundou, BOURNEBE André et autres c/ WATAÏ KALI.

2. Les exclusions du champ de la transaction

Tout n'est pas transigible. C'est pourquoi, certains cas liés aux infractions environnementales sont exclus du domaine de la transaction. Ces exclusions sont respectivement énumérées par la loi de 2008 ainsi que par la loi n° 36/PR/94 du 03 décembre 1994 précitée.

D'abord, aux termes de l'article 287 alinéa 2 de la loi de 2008 en ses différentes énumérations, la transaction est exclue en cas de récidive ; lorsque l'auteur de l'infraction est un agent de l'administration en charge des forêts, de la faune et des ressources halieutiques ; lorsque l'infraction a été commise contre une espèce forestière ou animale intégralement protégée ; ou lorsque l'infraction a été commise dans une forêt classée ou dans une aire protégée.

Ensuite, la loi n° 36/PR/94 sus-citée exclut quant à elle la transaction en ce qui concerne le montant de la taxe forestière[452] et en cas de récidive[453].

Il faut toutefois relever que deux textes réglementaires (arrêtés interministériels) pris en 2018 contrarient ce qui précède et, par ainsi, suscitent quelques remous au sein de l'opinion publique[454]. Lesquels arrêtés tendent à abroger certaines dispositions de la loi de 2008 ainsi que celles de la loi n° 36/PR/94 précitée. Mais l'on peut finalement, sinon de douter de la légalité de ces textes réglementaires, du moins de s'en interroger[455].

---

[452] Article 44 alinéa 2 de la loi n° 36/PR/94 précitée : « Toutefois, aucune transaction ne peut avoir lieu sur le montant de la taxe forestière ».

[453] Article 48, *op. cit.*

[454] Il s'agit en effet de l'arrêté n° 004 portant interdiction des transactions relatives aux infractions commises en matière de forêts, de la faune et des ressources halieutiques et de l'arrêté n° 022 portant interdiction du transport et de la commercialisation du bois-énergie sur le territoire national.

[455] Pour peu de se référer au principe de parallélisme des formes, on peut aisément tirer, en l'espèce, les conséquences de droit qui s'imposent. Cf. GUINCHARD (Serge) et DEBARD (Thierry) (dir.), *op. cit.*, p. 780.

Le juge administratif tchadien a réaffirmé avec force le respect de ce principe dans une espèce. Cf. arrêt répertoire n° 009/CS/CA/SC/2009 du 25/02/2009,

De toutes les manières, pour revenir à la transaction, objet de ces développements, il faut noter qu'elle emporte des conséquences juridiques notables, du moins au regard des lois sus référencées qui la consacrent.

B. LES EFFETS DE LA TRANSACTION

La transaction produit un effet extinctif des poursuites **(1)**. Cependant, elle peut être nulle et de nul effet dans certains cas **(2)**.

1. L'effet extinctif de la transaction

La transaction, lorsqu'elle est réalisée dans les formes prescrites par la loi, éteint l'action publique[456], représente une forme de sanction et, bien que résultant d'un accord, ne peut donc pas être réduite à une nature purement contractuelle. De même, la loi de 2008 dispose qu'elle met définitivement fin à toute poursuite[457].

La loi n° 36/PR/94 du 03 décembre 1994 portant organisation de la commercialisation et du transport de bois dans les grandes agglomérations et la fiscalité qui lui est applicable, pour sa part, dispose que : « La transaction peut intervenir avant ou après jugement, au fond, à l'initiative du contrevenant »[458] car, « on peut transiger sur l'intérêt civil qui résulte d'un délit »[459]. Cependant, elle précise que « dans le second cas [au cas où la transaction intervient après jugement], la transaction laisse subsister les peines corporelles »[460] puisqu'elle n'empêche pas la poursuite du ministère public[461].

Cour suprême (chambre administrative, section contentieuse), reproduit dans la *Revue Juridique Tchadienne*, n° 24, août 2013, pp. 23-24.

[456] Article 2 alinéa 2 du Code de procédure pénale.

[457] Article 288 de la loi de 2008.

[458] Article 45 alinéa 1er de la loi n° 36/PR/94 précitée.

[459] Article 2046 alinéa 1er du Code civil.

[460] Article 45 alinéa 2 de la loi n° 36/PR/94 précitée.

[461] Article 2046 alinéa 2 du même code.

Toutefois, l'effet extinctif de la transaction n'exclut pas qu'elle puisse encourir nullité.

2. Les cas de nullité de la transaction

Toute transaction qui a été obtenue ou dont l'obtention a été facilitée par la corruption ou par des infractions assimilées ou connexes est nulle[462].

Pour la loi de 2008, lorsque le montant de la transaction n'a pas été antérieurement acquitté par le délinquant dans les délais fixés dans le procès–verbal de transaction, la poursuite peut être engagée[463]. Puisque la transaction a échoué, ledit délinquant doit être conduit devant les autorités judiciaires[464].

La loi n° 36/PR/94 précitée réserve, elle aussi, le même sort dans les mêmes conditions[465].

SECTION II : LE RÈGLEMENT DES LITIGES RELATIFS À L'ENVIRONNEMENT DEVANT LES AUTORITÉS TRADITIONNELLES ET COUTUMIÈRES

Dans un esprit conciliatoire propre aux mœurs africaines[466], les autorités traditionnelles et coutumières jouent au Tchad un rôle plus ou moins crucial dans le règlement des litiges environnementaux **(§ I)**. Lequel règlement connait par ailleurs un destin qu'il faille étudier **(§ II)**.

---

[462] Article 61 du Code de procédure pénale.

[463] Article 288 de la loi de 2008.

[464] Article 279, *op. cit.*

[465] Article 47 de la loi n° 36/PR/94 précitée : « Lorsque la transaction consentie n'est pas acquittée dans les délais fixés par l'acte de transaction, il est procédé aux poursuites judiciaires ».

[466] « Généralement en Afrique, selon les mœurs et coutumes traditionnelles, se tenir loin du prétoire, n'avoir jamais à plaider tant comme demandeur que comme défendeur, est un signe de sagesse et une raison d'être fier de sa moralité et de son comportement social ». V. MBAYE (Kéba), *Les droits de l'homme en Afrique*, *op. cit.*, p. 54.

PARAGRAPHE I : LE CHAMP DE COMPÉTENCE DES AUTORITÉS TRADITIONNELLES ET COUTUMIÈRES EN MATIÈRE DE RÈGLEMENT DES LITIGES ENVIRONNEMENTAUX

Il n'est pas du tout aisé d'établir la compétence des autorités traditionnelles et coutumières au Tchad, encore moins de situer le domaine de cette compétence. Cela ne signifie pas pour autant qu'elles n'en disposent pas. En matière environnementale, leurs compétences intéressent aussi bien les litiges civils et coutumiers **(A)** que ceux pénaux **(B)**.

A. LES COMPÉTENCES DES AUTORITÉS TRADITIONNELLES ET COUTUMIÈRES EN MATIÈRE DE RÈGLEMENT DES LITIGES ENVIRONNEMENTAUX CIVILS ET COUTUMIERS

Il faut de prime abord relever que la loi-cadre est silencieuse sur la compétence des autorités traditionnelles et coutumières en matière de contentieux environnemental. Toutefois, la lecture combinée de deux lois offrent une piste de réponse : la loi organique n° 13/PR/2010 du 25 août 2010 portant statuts et attributions des autorités traditionnelles et coutumières et celle de 2008.

L'une, la loi organique précitée, en même temps qu'elle reconnait la compétence des autorités traditionnelles et coutumières dans le règlement des litiges, précise également le type de litiges liquidables par leurs soins et les désigne en outre comme des actrices de la protection de l'environnement[467].

L'autre, la loi de 2008 à vocation sectorielle, rattache implicitement cette compétence au secteur forestier. Elle prévoit en effet la possibilité d'affecter à un groupe bien défini ou une communauté villageoise, une portion (« forêt sacrée ») du domaine des collectivités autonomes ou de l'État en vue d'une

[467] Article 7 alinéa 1er de la loi organique n° 13/PR/2010 précitée : « Les autorités traditionnelles et coutumières disposent du pouvoir de conciliation en matière civile et coutumière ».

protection sacrée et spéciale des sites et des écosystèmes[468]. En outre, elle dispose que la gestion d'une forêt sacrée « est faite suivant les coutumes, us et pratiques locales des concernés »[469].

Toutefois, il convient de voir ce qu'il en est de la compétence des autorités traditionnelles et coutumières en matière de contentieux pénal de l'environnement.

B. LES COMPÉTENCES DES AUTORITÉS TRADITIONNELLES ET COUTUMIÈRES EN MATIÈRE D'ATTEINTES ENVIRONNEMENTALES PÉNALES

En matière pénale, les autorités traditionnelles et coutumières « peuvent concourir au règlement des réparations coutumières »[470]. Mieux, elles veillent au bon ordre et à la sûreté publique, participent au maintien de l'ordre public, recherchent les auteurs des crimes, délits et contraventions notamment en matière de police rurale, d'hygiène et de voirie, procèdent à l'arrestation des criminels, des délinquants, des prisonniers évadés et les remettent ou les font remettre aux autorités judiciaires[471]. Au demeurant, elles peuvent aussi accomplir toute mission qui peut leur être confiée par les autorités judiciaires[472]. *In fine*, la loi organique n° 13/PR/2010 sus-citée les associe, à son article 8, aux actions de développement et dispose sans circonlocutions qu'elles assurent la protection de l'environnement.

L'analyse commune de ces dispositions permet de déduire que les autorités traditionnelles et coutumières participent au règlement non juridictionnel des litiges environnementaux et ce, en matière civile, coutumière et pénale. Plus particulièrement,

---

[468] Article 31 de la loi de 2008.

[469] Article 32 alinéa 2, *op. cit.*

[470] Article 7 alinéa 4 de la loi organique n° 13/PR/2010 du 25 août 2010 portant statuts et attributions des autorités traditionnelles et coutumières.

[471] Article 2 de l'ordonnance n° 006 du 06 mai 1970 portant attribution aux chefs traditionnels de certaines fonctions de police judiciaire.

[472] Article 11, *op. cit.*

pour ce qui concerne les litiges trouvant leur objet dans le périmètre d'une forêt sacrée, les autorités traditionnelles et coutumières territorialement compétentes peuvent trancher en application de leurs coutumes, us et pratiques locales.

Toutefois, le sort du règlement traditionnel et coutumier des litiges environnementaux mérite d'être connu.

PARAGRAPHE II : LE DESTIN DU RÈGLEMENT TRADITIONNEL ET COUTUMIER DES LITIGES ENVIRONNEMENTAUX

Le règlement des litiges par les autorités traditionnelles et coutumières n'offre qu'une première issue à un litige. Il peut ne constituer donc qu'une première étape au règlement d'un litige environnemental, allant de la constatation de la conciliation ou de la non-conciliation **(A)** à la remise des délinquants écologiques aux autorités judiciaires **(B)**.

A. LA CONSTATATION DE LA CONCILIATION OU DE LA NON-CONCILIATION

Les autorités traditionnelles et coutumières ne disposant que d'un pouvoir de conciliation en matière civile et coutumière, les litiges qui sont portés à leur connaissance peuvent connaitre deux sorts : la conciliation ou la non-conciliation.

Dans le premier cas, c'est-à-dire s'il y a conciliation, celle-ci est contenue dans un procès-verbal signé des deux parties et de l'autorité conciliatrice. Lequel procès-verbal est transmis à l'autorité judiciaire par la voie hiérarchique qu'est le Ministère en charge de l'Administration du Territoire[473]. Toutefois, la conciliation ne fait pas obstacle à l'action publique[474].

De même, dans le second cas où il y a non conciliation, les autorités traditionnelles et coutumières sont tenues de transmettre l'affaire aux autorités judiciaires[475].

---

[473] Article 7 alinéa 2 de la loi organique n° 13/PR/2010 précitée.
[474] Article 7 alinéa 4, *op. cit.*
[475] Article 7 alinéa 3, *op. cit.*

Mais dans tous les cas, le contentieux porté devant les autorités traditionnelles et coutumières, qu'il ait débouché ou non sur une conciliation, peut connaitre un autre destin, celui d'être confié aux instances juridictionnelles.

Incompétentes à liquider les affaires de nature pénale, les autorités traditionnelles et coutumières peuvent toutefois y jouer un rôle non négligeable.

B. LA REMISE DES DÉLINQUANTS AUX AUTORITÉS JUDICIAIRES COMPÉTENTES

Au Tchad, le législateur-délégué de 1970 a reconnu aux autorités traditionnelles et coutumières un certain nombre de compétences en matière de règlement des litiges de nature pénale (cf. ordonnance n° 006/70 du 06 mai 1970 portant attribution aux chefs traditionnels de certaines fonctions de police judiciaire).

En effet, il ressort de la lecture de l'article 2 de l'ordonnance sus référencée qu'elles « recherchent les auteurs des crimes, des délits et des contraventions » ainsi qu'elles « procèdent à l'arrestation des criminels, des délinquants, des prisonniers évadés et les remettent ou les font remettre aux autorités judiciaires ».

Cette compétence des autorités traditionnelles et coutumières fait de celles-ci des collaboratrices de choix de l'institution judiciaire au Tchad. Par conséquent, elles ont une partition à jouer en matière de contentieux juridictionnel de l'environnement.

CONCLUSION DU CHAPITRE I

La justice environnementale est trop imposante pour être placée entre les seules mains de l'appareil judiciaire. C'est eu égard à ce constat que le législateur tchadien confie entre autres la charge de faire justice à la cause environnementale à des acteurs non-juridictionnels. Ceux-ci sont de deux ordres : d'un côté, les autorités administratives et de l'autre, les autorités traditionnelles et coutumières.

D'une part, les autorités administratives, notamment celles des institutions en charge de la protection de l'environnement et celles de police, permettent de constater des atteintes environnementales, d'identifier et d'appréhender leurs auteurs, de sanctionner et de faire réparer les atteintes qui relèvent de leurs compétences, par exemple par le mécanisme de la transaction.

D'autre part, les autorités traditionnelles et coutumières ont un rôle important à jouer en matière de justice environnementale dans leurs circonscriptions territoriales respectives. En effet, en sus de leur apport en la matière aux côtés des autorités administratives, les autorités traditionnelles et coutumières exercent une réelle justice coutumière environnementale, même si leur pouvoir se trouve limité et qu'elles semblent n'être pas encore assez outillées pour répondre efficacement aux exigences nouvelles dans le domaine de l'environnement.

CHAPITRE II : LE CONTENTIEUX JURIDICTIONNEL DE L'ENVIRONNEMENT

Le droit à/de l'environnement ne trouve sa pleine signification que dans la mesure de sa justiciabilité[476]. Il n'existe cependant pas au Tchad de juridiction spécialisée en matière environnementale. C'est pourquoi, le contentieux juridictionnel de l'environnement, dans le contexte tchadien, peut être soumis, selon les cas, respectivement aux offices des juridictions de droit commun **(section I)** ainsi qu'à ceux des juridictions spécialisées **(section II)**.

SECTION I : LE CONTENTIEUX DE L'ENVIRONNEMENT DEVANT LES JURIDICTIONS DE DROIT COMMUN

Les juridictions de droit commun s'occupent de la part du contentieux de l'environnement non expressément dévolu à des juridictions spécialisées. Il s'agit des offices des juges administratif **(§ I)** et judiciaires **(§ II)**.

PARAGRAPHE I : LE CONTENTIEUX DE L'ENVIRONNEMENT DEVANT LES JURIDICTIONS ADMINISTRATIVES

Les acteurs du droit tchadien de l'environnement, qu'ils soient des personnes publiques ou des personnes privées agissant dans le cadre d'une mission de service public, peuvent poser ou prendre des actes décisoires et/ou faisant grief[477]. De tels actes peuvent donc faire l'objet d'un recours devant le juge

---

[476] SIME (Rose Nicole), « L'intégration et l'harmonisation des normes de droit international de l'environnement dans le droit africain » *in* GRANIER (Laurent) (coord.), *op. cit.*, p. 166.

[477] À l'exception des actes de gouvernement ainsi que ceux du pouvoir législatif et de l'autorité judiciaire. Cf. arrêt KOUÉ TAO Moïse c/ État tchadien, cité par Association Internationale des Hautes Juridictions Administratives (AIHJA), *Le contrôle des actes administratifs par les cours et tribunaux administratifs*, Congrès de Sidney, 2010, p. 2.

administratif[478]. Mais avant toute saisine du juge administratif, il existe des préalables exigibles **(A)** à la suite desquels peut s'ouvrir le contentieux administratif de l'environnement **(B)** devant la juridiction administrative compétente dont la détermination est fonction du type de litige **(C)**.

A. LES PRÉALABLES AU CONTENTIEUX ADMINISTRATIF DE L'ENVIRONNEMENT : LES RECOURS ADMINISTRATIFS

La plupart des comportements de l'administration ainsi que des actes qui en découlent, méconnaissant les règles environnementales, peuvent faire l'objet de recours devant le juge administratif. Mais avant la saisine de ce dernier, la personne préjudiciée par un acte administratif peut (dans certains cas) ou doit (dans d'autres cas) saisir préalablement l'autorité administrative, auteure de l'acte querellé, ou son supérieur hiérarchique s'il en existe. Il s'agit des recours administratifs préalables[479].

Dans certains cas, la saisine du juge administratif ne peut prospérer qu'après l'échec d'un recours auprès de l'administration. C'est ainsi qu'au Tchad, même si en principe le recours administratif préalable n'est pas une formalité obligatoire pour la saisine du juge administratif, il n'en demeure pas moins que cette exigence subsiste dans certains cas.

---

[478] Sur la question de la justice administrative au Tchad, lire NGUENA DJOUFACK (Arsène Landry) et VAMALAMOU (Brahim), *La spécialisation de la justice administrative au Tchad*, Paris, L'Harmattan, coll. Études africaines, 2022, 270 p.

[479] Les recours administratifs préalables se divisent en recours gracieux, adressés à l'autorité même dont émane la mesure critiquée et en recours hiérarchiques, portés devant un supérieur hiérarchique de l'auteur de la décision contestée. Encore faut-il qu'existe un supérieur hiérarchique, ce qui n'est pas toujours le cas puisque diverses autorités ne sont pas soumises au pouvoir hiérarchique : c'est le cas par exemple des Autorités Administratives Indépendantes (AAI).

De fait, de manière générale, le recours administratif relève de la faculté du requérant[480]. Toutefois, pour ce qui concerne certains actes (décrets, actes réglementaires du gouvernement et des organismes collégiaux à compétence nationale et décisions individuelles prises par le président de la République) dont la chambre administrative de la Cour suprême connait du contentieux d'annulation en premier et dernier ressort, le recours administratif préalable est une formalité obligatoire[481].

Mais la chambre administrative de la Cour suprême, dans une de ses récentes décisions[482], rendue sous l'emprise de l'ordonnance n° 015/PR/2018, semble rendre obligatoire le respect du délai de quatre (4) mois prévu à l'article 21 alinéa 1er de la loi n° 012/PR/2013 du 17 juin 2013 portant organisation et fonctionnement des juridictions statuant en matière de contentieux administratif[483] dans le cas où, bien que n'étant pas obligé par la loi de le faire (article 22 alinéa 1er de la loi sus référencée)[484], le requérant introduit tout de même auprès de l'administration un recours gracieux ou hiérarchique. Implicitement, le juge administratif postule, par cette décision, que le recours en annulation fait après introduction d'un recours

---

[480] Article 22 alinéa 1er de la loi n° 012/PR/2013 du 17 juin 2013 portant organisation et fonctionnement des juridictions statuant en matière de contentieux administratif.

[481] Article 143 de l'ordonnance n° 002/PR/2021 du 24 février 2021 portant attributions, organisation, fonctionnement et règles de procédure devant la Cour suprême.

[482] Cf. ordonnance d'irrecevabilité n° 022/CS/CA/SC/2020 du 03/11/2020, ISSA IDRISS TOM c/ Ministère de l'Administration du Territoire et des Collectivités Territoriales Décentralisées (État tchadien).

[483] Article 21 alinéa 1er de la loi n° 012/PR/2013 précitée : « Le silence gardé par une autorité publique pendant une durée de quatre mois sur une réclamation vaut décision implicite de rejet de cette réclamation ».

[484] Article 22 alinéa 1er, *op. cit.* : « Sauf disposition législative ou réglementaire contraire, le demandeur n'est pas tenu de former un recours administratif préalable lorsqu'il saisit une juridiction administrative d'un recours en annulation ».

gracieux ou hiérarchique, sans que le délai de quatre (4) mois ne soit épuisé, encourt irrecevabilité[485].

Pourtant, on ne peut tenir rigueur de cette formalité qu'en matière fiscale où, exceptionnellement, le recours administratif préalable (recours gracieux ou hiérarchique) est obligatoire (cf. article 22 alinéa 3 de la loi sus référencée).

En effet, l'adage selon lequel « on ne surprend pas l'administration en justice », survit en matière fiscale, et bien évidemment, il s'applique également en matière de recours en annulation devant la chambre administrative de la Cour suprême. De fait, en matière fiscale, peu importe le degré de la juridiction administrative saisie, « le recours gracieux ou hiérarchique est obligatoire »[486]. En matière environnementale, le recours administratif préalable obligatoire (RAPO) peut par exemple être effectué lorsqu'un contribuable se croit réclamer à tort le paiement d'une taxe environnementale.

L'échec d'un règlement à l'amiable offre à l'administré une variante de recours contentieux, mais à choisir cependant avec précaution, sous peine d'irrecevabilité.

B. LA TYPOLOGIE DU CONTENTIEUX ADMINISTRATIF DE L'ENVIRONNEMENT : LES RECOURS CONTENTIEUX

Le juge administratif statue sur quatre types de recours qui forment ce qu'il est convenu d'appeler les quatre branches du contentieux administratif. C'est une classification qui a été proposée, à la fin du XIXe siècle par Édouard LAFERRIÈRE

[485] « Considérant que la requête a été enregistrée au greffe de la Cour Suprême le 29 avril 2020 sous le n° 007/CS/CA/SC/2020, c'est-à-dire un (1) mois et vingt-cinq (25) jours après le recours hiérarchique et gracieux. Le requérant n'a pas attendu le délai imparti au Ministère de répondre. Ceci est en violation de l'article 22 de la loi n° 012/PR/2013 ; en conséquence elle est entachée d'irrégularité ; cela entraine ipso-facto l'irrecevabilité de la requête pour vice de forme ». Cf. ordonnance d'irrecevabilité n° 022/CS/CA/SC/2020 sus-citée.

[486] Article 22 alinéa 3 de la loi n° 012/PR/2013 précitée.

(1841-1901)[487] reprenant des travaux publiés par Léon AUCOC (1828-1910)[488]. Il s'agit du contentieux de l'annulation ou pour excès de pouvoir **(1)**, du contentieux de la pleine juridiction ou plein contentieux **(2)**, du contentieux de l'interprétation **(3)** et du contentieux de la répression **(4)**. Cette typologie du contentieux administratif peut se ramener dans le domaine de l'environnement[489].

1. Le contentieux de l'annulation ou de l'excès de pouvoir

Toute décision prise par une autorité administrative[490] en méconnaissance de la légalité est susceptible de constituer un excès de pouvoir, et peut faire l'objet d'une annulation contentieuse par le biais d'un recours pour excès de pouvoir. C'est donc, le recours pour excès de pouvoir, une voie de droit tendant à faire annuler, par le juge, toute décision administrative illégale par le jeu de l'exception d'illégalité (le principe étant celui de la légalité) et ce, pour quatre motifs alternatifs regroupés en deux catégories : il s'agit d'une part des moyens

---

[487] LAFERRIÈRE (Édouard), *Traité de la juridiction administrative et des recours contentieux*, Paris, Berger-Levrault, Tome 1, 1887, pp. 15 et s.

[488] AUCOC (Léon), *Conférences sur l'administration et le droit administratif faites à l'École des ponts et chaussées*, *Vve Ch. Dunod*, 1885, 3e éd., Tome I, p. 471, cité par DUPUIS (Georges), GUÉDON (Marie-José) et CHRÉTIEN (Patrice), *op. cit.*, p. 48.

[489] Cependant, adossé au contexte environnemental, le contentieux administratif n'est envisagé qu'en perspective car, le juge administratif tchadien, toute proportion gardée, semble ne s'être pas encore illustré en la matière. V. Association Internationale des Hautes Juridictions Administratives (AIHJA), *Contribution de la Chambre administrative de la Cour Suprême du Tchad : Le juge administratif et le droit de l'environnement*, Congrès de Carthagène, 2013, p. 2.

[490] Toute décision, à l'exception cependant des types de décisions relevés au début du présent paragraphe. Cf. note de bas de page n° 477, *supra*.

Toutefois, dans la mesure où une personne privée est investie d'une mission de service public, elle peut produire des actes administratifs unilatéraux susceptibles de recours. Cf. TC, 15 janvier 1968, *Compagnie Air France c/ Epoux Barbier* ; CE, Ass., 31 juillet 1942, *Monpeurt*.

d'illégalité externe (incompétence[491] et vice de forme ou de procédure[492]) et d'autre part, des moyens d'illégalité interne (détournement de pouvoir[493] et violation de la règle de droit[494]). Cette classification procède d'une décision fondamentale (CE, 20 février 1953, *Société Intercopie*, Rec. p. 88).

Ainsi, au constat d'au moins un de ces moyens d'illégalité, le juge administratif saisi en recours pour excès de pouvoir peut annuler un acte administratif intéressant l'environnement.

Du reste, il demeure qu'un acte annulé est réputé n'avoir jamais existé, mais peut subsister en certains de ses aspects dans la mesure où il n'a été annulé que partiellement. Cette réalité est

---

[491] On peut envisager une telle hypothèse dans le domaine environnemental si par exemple un ministre, autre que celui en charge de l'Environnement, valide unilatéralement une étude d'impact environnemental (incompétence positive) ou si un Maire venait à s'abstenir de prononcer une amende en matière d'hygiène dans sa circonscription, croyant à tort que cela relève de la compétence du Préfet (incompétence négative).

[492] Ce sera le cas par exemple lorsqu'une étude d'impact environnemental n'aura pas été soumise par le département en charge de l'environnement à la consultation publique (cf. arrêté n° 041/MERH/SG/CACETALDE/2013 du 09 juillet 2013 portant réglementation des consultations publiques en matière d'études d'impact sur l'environnement) ; ou si l'autorité administrative, par une décision, approuve un projet de nature à subir préalablement une étude d'impact, sans que cette condition n'eût été remplie. Cf. article 8 du décret n° 630/PR/PM/MERH/2010 portant réglementation des études d'impact sur l'environnement : « Si une requête déposée devant une juridiction administrative contre une autorisation ou une décision d'approbation d'un projet visé à l'article 6 [projet de catégorie A ou B] est fondée sur l'absence d'étude d'impact, le juge des référés, saisi d'une requête de suspension de la décision, y fait droit dès que cette absence est constatée ».

[493] Il est en effet envisageable qu'une autorité administrative environnementale use des compétences à lui conférées pour atteindre d'autres fins que celles en matière environnementale ou précisément celles d'un aspect quelconque de l'environnement.

[494] Au Tchad, la perspective de la violation de la règle de droit en matière environnementale est imminente. De fait, les administrations tchadiennes en charge de l'environnement, parce qu'elles semblent n'avoir pas une bonne connaissance des textes relatifs à l'environnement, sont enclines à tomber dans un tel travers.

également valable dans le cadre du contentieux de pleine juridiction.

2. Le contentieux de la pleine juridiction ou plein contentieux

Le contentieux de la pleine juridiction est ainsi dénommé parce que c'est la branche du contentieux dans laquelle le juge administratif est doté de larges pouvoirs de décision. Contrairement au contentieux de l'annulation où le juge administratif se borne à annuler l'acte querellé, dans le contentieux de la pleine juridiction, il peut condamner pécuniairement l'administration, annuler l'acte en tout ou en partie, ou le réformer seulement. Appartiennent à ce contentieux : les litiges relatifs aux contrats administratifs ; les litiges nés de l'exécution des travaux publics ; les litiges fondés sur la responsabilité de l'État (recours en indemnité) ; le contentieux de l'imposition ; et enfin les litiges portant sur les avantages pécuniaires ou statutaires reconnus aux fonctionnaires ou agents de l'administration[495].

Appliqué au domaine environnemental, le contentieux de la pleine juridiction peut être envisagé dans sa dimension de la responsabilité de l'État pour faute[496]. Mieux, « il y a aussi les perspectives de la responsabilité sans faute (cas de la responsabilité pour risque, par exemple l'exposition de certaines personnes à des risques ; dommages des travaux publics ; ouvrages publics dangereux ; dommages causés par une activité dangereuse, par exemple la destruction d'un immeuble insalubre) »[497].

Cependant, le juge administratif n'est pas saisi dans tous les cas à l'effet d'annuler ou de réformer un acte, ou même

---

[495] Article 2 de l'ordonnance n° 26-67 du 21 mars 1967 portant organisation et fonctionnement de la cour d'appel du Tchad.
[496] V. KAM YOGO (Emmanuel Dieudonné), *Manuel judiciaire de droit de l'environnement en Afrique*, *op. cit.*, p. 174.
[497] *Ibidem*.

d'allouer des compensations pécuniaires aux victimes de l'administration. Il peut en effet connaitre, en outre, du contentieux de l'interprétation.

3. Le contentieux de l'interprétation

Il s'agit ici de recours en déclaration, le pouvoir du juge se bornant à déclarer le sens ou la légalité d'un acte, sans l'annuler ou le réformer. De ce point de vue, il est qualifié de contentieux résiduel. C'est un contentieux qui recèle deux variantes de recours : le recours en interprétation et le recours en appréciation de la légalité.

Le recours en interprétation a pour objet de faire préciser par le juge la signification exacte du contenu d'un acte administratif ou d'une décision que celui-ci a rendue[498]. Il peut être direct (notamment dans le cas de l'interprétation d'une décision juridictionnelle), mais il est le plus souvent un recours incident à l'occasion d'une instance devant le juge judiciaire (le juge civil et le juge pénal n'étant pas compétents pour interpréter une décision administrative individuelle)[499] ou plus largement, devant une juridiction civile, commerciale, sociale ou pénale[500].

Le recours en appréciation de la légalité, tout comme celui en interprétation, est un recours incident qui dérive d'une instance en cours devant une juridiction civile, commerciale, sociale ou pénale. Le juge administratif saisi se prononce par une déclaration relative à la régularité d'un acte, après avoir tranché la ou les question(s) posée(s) par l'autorité judiciaire. Une déclaration d'illégalité n'a pas pour effet d'annuler l'acte mais d'écarter son application.

Ainsi, le contentieux de l'interprétation peut constituer une des garanties de l'efficacité du droit de l'environnement. Car, la possibilité de se rassurer de la légalité d'un acte administratif environnemental, au cours d'un procès civil ou pénal avant

---

[498] Cf. article 53 de la loi n° 012/PR/2013 précitée.
[499] Cf. article 2 du Code pénal.
[500] Cf. article 11 alinéa 1er de la loi n° 012/PR/2013 précitée.

toute application, participe du rehaussement de la qualité de la justice environnementale. Un acte administratif pris en méconnaissance des textes environnementaux se verrait déclaré inapplicable à une espèce pendante devant l'office du juge judiciaire.

Par ailleurs, aussi curieux que cela puisse paraitre, le juge administratif peut connaitre du recours répressif et ce, dans le cadre du contentieux dit de la répression.

4. Le contentieux de la répression

Dans ce type de contentieux, le juge administratif inflige des sanctions ou prononce des amendes. Cette compétence appartient le plus souvent à des juridictions spécialisées : aux juridictions financières (la Cour des Comptes), mais aussi aux juridictions professionnelles qui assurent une fonction disciplinaire (Conseil supérieur de la magistrature ou Tribunal militaire).

Le contentieux de la répression comprend notamment le contentieux disciplinaire de la fonction publique, le contentieux des sanctions administratives (retrait d'une licence, fermeture d'un débit de boissons, retrait du permis de conduire ou de chasser, etc.) et le contentieux des contraventions de grande voirie.

Il va de soi que c'est dans sa dimension des sanctions administratives que ce contentieux se rapporte le plus au domaine environnemental. Le juge administratif peut donc retirer une licence, un permis ou toute autorisation donnant un certain nombre de droits à son titulaire en matière environnementale (prospection ou exploitation en matières faunique, forestière, de ressources halieutiques, hydraulique, minière, etc.)[501].

---

[501] On peut envisager une telle hypothèse en matière des mines. De fait, à la lecture de l'article 63 (i) du Code minier, l'autorisation de prospection peut être retirée à tout moment pour « non-respect des dispositions relatives à la protection de l'environnement, la santé ou la sécurité des personnes ».

Toutefois, si le choix du type de recours contentieux importe, celui de l'instance juridictionnelle compétente n'en demeure pas moins crucial.

C. LA DÉTERMINATION DE LA JURIDICTION ADMINISTRATIVE COMPÉTENTE

La détermination de la juridiction administrative compétente pour chacun des recours sus-cités est réglée par le législateur qui pose en effet que la chambre administrative territorialement compétente est celle du ressort du domicile ou du siège social du demandeur[502]. Les chambres administratives des Tribunaux de grande instance statuent en juges de droit commun, les chambres administratives des cours d'appel sont, quant à elles, juges du second degré et la chambre administrative de la Cour suprême intervient comme la juridiction de cassation.

Ainsi, les cours d'appel connaissent en appel des demandes tendant à la reformation partielle ou à l'infirmation des jugements rendus par les juridictions du premier degré[503]. Cependant, les chambres administratives des cours d'appel peuvent être saisies pour statuer sur une affaire en premier ressort lorsqu'il y a carence de la juridiction administrative de première instance[504].

Les chambres administratives des cours d'appel et celles des Tribunaux de grande instance sont chapeautées ou coiffées par la chambre administrative de la Cour suprême. Cette dernière est la juridiction suprême en matière administrative. Elle est

---

502 Article 14 de la loi n° 012/PR/2013 précitée.

503 Article 15, *op. cit.*

504 On parle de carence de juridiction toutes les fois qu'aucun audiencement ou aucun jugement n'est intervenu à l'issu des délais accordés à la juridiction saisie pour publier l'audiencement de l'affaire ou pour rendre son jugement. Cf. article 18 alinéa 1er et article 19 alinéa 1er de la loi n° 012/PR/2013 précitée.

chargée de deux principales fonctions : l'une consultative[505] et l'autre contentieuse[506].

Par ces entrefaites, il y a lieu d'observer que les juridictions administratives ont pour trait commun d'être juges de l'urgence. À cet effet, lorsque l'urgence le justifie et à moins que les exigences de l'ordre public ne s'y opposent, le juge des référés de la chambre administrative peut ordonner la suspension d'une décision administrative ou le versement d'une provision[507].

Toutefois, le contentieux de l'environnement peut également connaitre son destin devant les juges judiciaires.

PARAGRAPHE II : LE CONTENTIEUX DE L'ENVIRONNEMENT DEVANT LES JUGES JUDICIAIRES

Pour garantir l'effectivité et l'efficacité du droit de l'environnement, des sanctions aussi bien pénales que civiles sont prévues à l'effet de réprimer et/ou de réparer les atteintes environnementales. D'où l'intérêt d'examiner tour à tour les contentieux pénal **(A)** et civil **(B)** de l'environnement.

A. LE CONTENTIEUX PÉNAL DE L'ENVIRONNEMENT

Le contentieux pénal de l'environnement relève du pouvoir du juge pénal, juge répressif. Celui-ci est compétent pour la sanction des infractions[508].

---

505 Cf. articles 57-61 de l'ordonnance n° 002/PR/2021 précitée.

506 Cf. articles 55-56, *op. cit.*

507 Article 7 de la loi n° 012/PR/2013 précitée.

508 Toutefois, il procède de la lecture de la loi n° 011/PR/2013 du 17 juin 2013 portant Code de l'organisation judiciaire que la juridiction répressive compétente, statuant en premier ressort, est d'une part les justices de paix, à l'exception de celles des arrondissements de la ville de N'Djaména qui ne sont pas compétentes en la matière, et des infractions prévues par la loi sur la presse, la législation économique, fiscale et des changes (cf. articles 53 alinéa 1er et 55) et d'autre part, le Tribunal de grande instance (article 34). Il y a lieu de préciser par ailleurs qu'en matière pénale, la justice de paix est saisie par voie de flagrant délit ou de citation directe (article 61). Les cours d'appel,

C'est ainsi qu'il est prévu une batterie de sanctions contre les délinquants écologiques. Chaque infraction répressible est composée de trois éléments : l'élément légal, l'élément matériel ou l'*actus reus* et l'élément moral ou le *mens rea*. L'*actus reus* est donc l'acte ou le fait de porter atteinte à l'environnement et le *mens rea*, l'intention d'y porter atteinte. Il suit de là qu'en matière environnementale, la tentative de commission d'une infraction est largement punissable[509].

De manière générale, on classe les infractions en crimes, délits et contraventions[510]. En matière environnementale, cette classification prévaut. Les premiers (crimes) sont cependant faiblement prévus en la matière **(1)** et les seconds (délits et contraventions), le sont largement **(2)**. Il en découle une analyse particulière du contentieux pénal de l'environnement **(3)**.

1. Le laconisme des infractions environnementales assimilables aux crimes

Les infractions environnementales qualifiées de crimes ne sont pas nombreuses et sont essentiellement prévues par le Code pénal. Il convient de préciser également que ces crimes environnementaux sont d'une part liés à la piraterie et aux actes

---

quant à elles, connaissent des décisions rendues en premier ressort en matière correctionnelle et de simple police (article 66 alinéa 1er).

Par ailleurs, tel que le prévoit le Code de procédure pénale en son article 16, « le jugement des crimes appartient aux cours criminelles ».

Au demeurant, au sens des dispositions de l'article 505 du Code de procédure pénale, toute décision en matière pénale, pourvu qu'elle ne soit pas inattaquable par nature ou par prescription, peut être annulée par la Cour suprême en cas de violation de la loi sur pourvoi en cassation formé par le ministère public ou par la partie à laquelle il est fait grief.

[509] Le juge répressif tchadien en a fait une application exemplaire dans une espèce du 05 juillet 2019 (cf. jugement correctionnel répertoire n° 2243/2019, Ministère public et Ministère de l'Environnement et de la Pêche c/ BOH SOUGOUDJI ABDOULAYE). Dans cette affaire, le prévenu, poursuivi pour tentative d'abattage des animaux sauvages, a écopé d'une peine de six (06) mois d'emprisonnement avec sursis.

[510] Article 16 alinéa 1er du Code pénal.

illicites dirigés contre l'aviation civile et d'autre part, ils se rapportent aux crimes de guerre et plus spécialement à ceux résultant de violations graves des Conventions de Genève du 12 août 1949 ainsi que ceux résultant des violations des lois et coutumes applicables aux conflits armés internationaux. C'est ainsi qu'est considéré comme coupable d'acte illicite contre la sécurité de l'aviation civile et puni de l'emprisonnement à vie, quiconque « utilise un aéronef en service dans le but de provoquer la mort, ou de causer des dommages corporels graves ou des dégâts graves à des biens ou à l'environnement »[511]. Est punie de la même peine un certain nombre d'infractions similaires[512]. Il y a lieu de préciser que pour ces infractions, l'action publique est imprescriptible[513].

Pour ce qui concerne les infractions environnementales relatives aux crimes de guerre, le Code pénal prévoit un ensemble de sanctions[514]. En sus de ces infractions environnementales assimilables aux crimes contenues dans le Code pénal, une autre loi punissait de la peine de mort certaines infractions environnementales[515].

Aussi, il existe une autre catégorie d'infractions assimilables aux actes criminels. Il s'agit des infractions qualifiées de crime de haute trahison (voir *infra*). L'on doit malgré tout observer que les infractions environnementales assimilables aux délits et contraventions sont plus massives que celles criminelles.

2. La consistance des infractions environnementales assimilables aux délits et contraventions

Relever toutes les infractions relatives à l'environnement assimilables aux délits et contraventions serait un exercice

---

[511] Article 280 alinéa 2 (j) du Code pénal.

[512] Article 283, *op. cit.*

[513] Article 284, *op. cit.*

[514] Cf. articles 286 alinéa 1er, 286 alinéa 1er (d), 286 alinéa 1er (k) et 286 alinéa 1er (u), *op. cit.*

[515] Cf. loi n° 034/PR/2015 du 05 août 2015 portant répression des actes de terrorisme (article 14), version non révisée, prévoyant la peine de mort.

dédaléen, tant il est donné de constater que dans chaque secteur du domaine de l'environnement, les textes juridiques y relatifs prévoient des infractions et des sanctions qui s'y rapportent. Il n'est cependant pas exclu qu'une étude future audacieuse et fournie en fasse son objet.

Ici, il s'agit simplement de cibler arbitrairement quelques délits et contraventions relatifs à l'environnement contenus à la fois dans les textes législatifs et ceux réglementaires dits d'application, notamment le Code pénal, la loi-cadre, la loi de 2008, le décret n° 904/PR/PM/MERH/2009 du 06 août 2009 portant réglementation des pollutions et nuisances à l'environnement ainsi que le décret n° 630/PR/PM/MERH/2010 du 04 août 2010 portant réglementation des études d'impacts sur l'environnement.

Le Code pénal prévoit quelques délits relatifs à l'environnement[516]. La part importante des délits et contraventions environnementaux se trouve cependant contenue dans les textes intéressant directement l'environnement. C'est le cas de la loi-cadre[517] ; du décret n° 904/PR/PM/MERH/2009 précité qui soumet la violation de ses dispositions aux sanctions prévues aux articles 51 à 54, 63, 64, 67, 70, 71, 77 et 79 de la loi-cadre[518] ; et du décret n° 630/PR/PM/MERH/2010 précité qui sanctionne les éventuelles violations de ses dispositions conformément aux lois en vigueur y relatives[519]. Mais le plus gros lot revient à la loi de 2008, peut-être parce qu'elle porte sur trois secteurs différents (forêts, faune et ressources halieutiques).

En effet, il résulte de l'examen de cette loi que des sanctions pénales sont apercevables tant à la phase de procédure

---

[516] Cf. articles 352, 423, 424, 425, 426, 471, 472 et 518 du Code pénal.

[517] Cf. articles 14, 19, 22, 26, 30, 36, 40, 44, 51, 52, 54, 63, 64, 67, 70, 77, 79, 90, 91, 95 et 104 de la loi-cadre.

[518] Cf. article 214 du décret n° 904/PR/PM/MERH/2009 du 06 août 2009 portant réglementation des pollutions et nuisances à l'environnement.

[519] Cf. article 41 du décret n° 630/PR/PM/MERH/2010 du 04 août 2010 portant réglementation des études d'impacts sur l'environnement.

(recherches et constatations des infractions[520] ; saisies et confiscations[521] ; poursuite et jugement[522]) qu'à celle de la qualification des infractions et de la prévision de leurs sanctions (infractions et sanctions en matières de forêts[523], de faune[524] et de pêche[525] ainsi que celles communes à ces trois matières[526]).

Toutefois, l'on doit considérer le fait que d'autres textes relatifs à l'environnement tels que les Codes d'hygiène et de l'eau ainsi que la loi n° 14/PR/95 du 13 juillet 1995 relative à la protection des végétaux, prévoient des infractions délictuelles et contraventionnelles, et également des sanctions y afférentes.

Par ailleurs, le Code pénal sert de référence optionnelle aux décrets prévoyant des contraventions et par là, permet de prévenir un vide juridique[527].

Il suit de ce qui précède que le contentieux pénal de l'environnement est assez fourni voire touffu. Néanmoins, son analyse permet d'en donner un aperçu synthétique.

3. L'analyse du contentieux pénal de l'environnement

L'étude du contentieux pénal de l'environnement, au regard des types d'infractions et des sanctions prévus en la matière, permet de dégager deux principales catégories de peines. Il

---

520 Cf. articles 277-281 de la loi de 2008.

521 Cf. articles 282-286, *op. cit.*

522 Cf. articles 290-297, *op. cit.*

523 Cf. articles 298-309, *op. cit.*

524 Cf. articles 310-317, *op. cit.*

525 Cf. articles 318-325, *op. cit.*

526 Cf. articles 326-330, *op. cit.*

527 Le Code pénal dispose en effet à son article 519 que : « Les décrets portant dispositions pénales, pourront prévoir que les contraventions aux dispositions qu'ils édictent seront punies des peines portées à l'article précédent [article 518].

Au cas de silence du décret et au cas de contraventions à tous autres règlements légalement faits par l'autorité administrative, les peines portées à l'article précédent seront appliquées ».

s'agit d'une part des sanctions privatives de liberté[528] et d'autre part, des sanctions pécuniaires[529]. Il existe cependant d'autres possibilités offertes au juge pénal : les peines alternatives, les mesures de sûreté, les peines accessoires et les peines complémentaires.

Dans le domaine de l'environnement, la sanction d'amende importe en ce qu'elle constitue une source importante pour le financement des projets à vocation environnementale. Cela se fait par le biais des fonds d'affectation institués dans certains secteurs de l'environnement et au profit desquels sont recouvrés les produits des amendes prononcées au titre des infractions relatives à l'environnement. C'est notamment le cas des amendes prononcées au titre de la loi de 2008 dont les 90% sont affectés au Fonds Spécial en faveur de l'Environnement

---

[528] La sanction privative de liberté, comme son nom l'indique, « consiste en l'incarcération du condamné dans un établissement pénitentiaire ». V. COLB (Patrick) et LETURMY (Laurence), *Droit pénal général. L'infraction, l'auteur et les peines*, Gualino, Paris, 2000, p. 159. Il s'agit de l'emprisonnement définit à l'article 21 du Code pénal.
En matière environnementale, le juge répressif a fait jurisprudence. À titre illustratif, cf. jugement correctionnel répertoire n° 136/20 du 20/04/2020, Tribunal de grande instance de N'Djaména, Ministère Public c/ TAHER CHERIF, ADIGUEL ISSA, HASSANE BICHARA, ISMAEL RAHAMI, HACHIM AHMAT et DJAKISSAM SERANDI.
Il est cependant des cas où, conformément à l'article 450 du Code de procédure pénale, un condamné à une peine d'emprisonnement peut être mis en liberté si cette condamnation est assortie de sursis. Dans le domaine de l'environnement, le juge pénal s'est illustré en ce sens en 2010. Cf. jugement correctionnel répertoire n° 20/2010 du 09/03/2010, Tribunal de première instance d'Abéché, Ministère public c/ ALHADJI ALI IDRISS ; cf. jugement correctionnel répertoire n° 1948/2019 du 14 juin 2019, Tribunal de grande instance de N'Djaména, Ministère public et Ministère de l'Environnement et de la Pêche c/ OUIDANDI FARME et DJIMADOUMADJI Nestor.

[529] Les sanctions pécuniaires sont définies comme « l'obligation de verser une somme d'argent, en considération de l'infraction commise, au trésor public ». Lire COLB (Patrick) et LETURMY (Laurence), *op. cit.*, p.157. En ce sens, lire également CANIN (Patrick), *Droit pénal général*, 5e éd., Paris, Hachette Supérieur, 2009, p. 124 et PRADEL (Jean), *Droit pénal comparé*, Paris, Dalloz, 1995, p. 579.

(FSE)[530] ou celles prononcées au titre du Code de l'eau qui sont destinées au Fonds National de l'Eau (FNE)[531].

En outre, le juge pénal peut prononcer des peines alternatives (peine de jour-amende[532] et travaux d'intérêt général[533]) ou des mesures de sûreté (l'internement dans une maison de santé[534] et la confiscation spéciale[535]). Aussi, le juge répressif peut prononcer des peines accessoires qui constituent des variantes de la dégradation civique[536]. Des peines complémentaires ne sont pas à exclure (l'interdiction de séjour ; l'interdiction du territoire ; l'interdiction de certains droits ; la confiscation de certains biens ; la fermeture d'un établissement ;

---

530 Article 331 de la loi de 2008.

531 Article 152 alinéa 2 (point 3) du Code de l'eau.

532 Article 25 du Code pénal.

533 Article 26, *op. cit.* Les travaux d'intérêt général peuvent porter sur la préservation de l'environnement (assainissement, plantation, entretien du couvert végétal, etc.).

534 Articles 37 et 38, *op. cit.* On peut envisager qu'une personne qui se livre à des pratiques sexuelles avec un animal tel que prévu à l'article 352 alinéa 1er du Code pénal, pourrait, s'il s'avère qu'elle a des troubles mentaux, être internée dans une maison d'internement psychiatrique.

535 Article 39, *op. cit.* La confiscation spéciale ressort par exemple aux termes de l'article 284 de la loi de 2008 que : « Après leur saisie, les produits forestiers, fauniques et halieutiques obtenus ou détenus en violation des dispositions de la présente loi ou de ses textes d'application, ainsi que les armes, engins et instruments ayant servi à commettre l'infraction, seront confisqués au profit de l'État par décision judiciaire. Il en va de même pour la confiscation des véhicules et autres moyens de transport utilisés pour la commission de l'infraction ».
C'est à ce titre que dans le jugement correctionnel répertoire n° 136/20 du 20/04/2020 rendu par le Tribunal de grande instance de N'Djaména, relatif à l'infraction d'atteinte aux espèces animales, dans l'affaire Ministère Public c/ TAHER CHERIF, ADIGUEL ISSA, HASSANE BICHARA, ISMAEL RAHAMI, HACHIM AHMAT et DJAKISSAM SERANDI, le juge répressif a ordonné la confiscation par l'État tchadien et le dépôt au Musée National de dix-sept (17) défenses d'éléphants abattus.

536 Cf. article 27 du Code pénal.
Cependant, en matière environnementale, pour trouver le fondement de la peine de dégradation civique, il faut se référer aux articles 70 et 71 de la loi-cadre.

l'interdiction d'exercer une profession ou une activité ; la publicité de la condamnation)[537].

Il est loisible d'envisager ou de rattacher ces différentes infractions et sanctions au domaine de l'environnement. Cependant, une question épineuse se pose avec acuité, celle de la capacité du juge à trancher des litiges environnementaux comportant des éléments plus ou moins techniques. C'est à ce titre que s'offre au juge pénal deux possibilités : d'une part le recours aux agents assermentés des administrations en charge de l'environnement[538] et d'autre part, le recours à l'expertise[539].

Par ailleurs, sauf dérogation spéciale, en matière environnementale, la mise en mouvement de l'action publique, l'instruction d'une affaire et la détermination de la juridiction pénale compétente se font suivant les prescriptions du Code de procédure pénale[540].

Au demeurant, la loi pénale étant d'interprétation stricte[541], le juge pénal applique la loi et se garde de prêter des intentions à celui qui l'a faite. Toutefois, cette réalité n'est pas la même devant l'office du juge civil.

B. LE CONTENTIEUX CIVIL DE L'ENVIRONNEMENT

Le juge civil est compétent pour régler les litiges qui s'élèvent entre les personnes privées[542]. En matière environnementale, on parle du contentieux civil de l'environnement. Ce dernier tire son fondement pour l'essentiel des articles 1382 et suivants du Code civil. Cette réparation doit être intégrale c'est-à-dire que le fautif doit réparer le dommage

---

[537] Article 28 et suivants du Code pénal.

[538] Cf. article 291 de la loi de 2008.

[539] Cf. articles 178-180 du Code de procédure pénale.

[540] Il s'agit des articles 15 à 17 du Code de procédure pénale.

[541] Article 1er du Code pénal.

[542] La juridiction civile compétente varie toutefois selon l'importance de l'affaire. Cf. la loi n° 011/PR/2013 du 17 juin 2013 portant Code de l'organisation judiciaire.

qu'il a causé, tout le dommage et rien que le dommage car au Tchad, depuis l'avènement de la IVe République, il est de principe constitutionnel établi que « tout dommage causé à l'environnement doit faire l'objet d'une juste réparation »[543].

En matière environnementale, le fautif est souvent qualifié de « pollueur ». Ainsi, le pollueur sera considéré comme responsable s'il commet une faute (article 1382 du Code civil)[544]. La pollution peut tenir à la violation d'une réglementation ou au comportement négligent ou imprudent du pollueur (article 1383). Toutefois, le pollueur est également responsable, même sans faute, du fait des personnes ou des choses qu'il a sous sa garde (articles 1384 à 1386)[545]. En matière de responsabilité civile du fait des animaux (article 1385), l'État tchadien en a déjà fait les frais[546].

---

[543] Cf. article 57 alinéa 2 de la Constitution révisée du 04 mai 2018.

[544] Le juge civil a, dans une espèce, condamné Les Brasseries du Tchad (BDT) au paiement des dommages et intérêts à l'État tchadien sur la base de l'article 1382 du Code civil pour « déversement massif des effluents de couleur rouge foncée et d'une odeur toxique qui ont pollué considérablement le fleuve Chari avec des dégâts énormes notamment la mort des poissons [...] ». Cf. jugement civil répertoire n° 234/2019 du 16/10/2019, Tribunal de grande instance de N'Djaména, Ministère de l'Environnement et de la Pêche (État tchadien) c/ Les Brasseries du Tchad (BDT).

[545] C'est d'ailleurs sur la base de l'article 1384 du Code civil que le Professeur Abdoulaye WADE estime que certains pays africains comme l'Algérie, la Mauritanie, le Mali, le Niger et le Tchad, auxquels appartient principalement le désert, devraient empêcher les sables de leur domaine de causer des dégâts chez les voisins, sous peine d'en être juridiquement responsables. V. WADE (Abdoulaye), *Un destin pour l'Afrique. L'avenir d'un continent*, Neuilly-sur-Seine, Éditions Michel Lafon, 2005, p. 28.

[546] Le juge civil l'a en effet condamné pour les dommages causés par un animal sauvage en soutenant que : « Attendu que l'État tchadien à travers une loi spéciale, loi 14/PR/2008 protège l'environnement dans son ensemble, (...) qu'il a un devoir de surveillance générale sur l'ensemble du territoire, qu'étant donné que l'hippopotame fait partie des biens de l'État, il doit répondre des faits dommageables causés par son animal ». Cf. jugement civil répertoire n° 213/2012 du 26/09/2012, Tribunal de première instance de Sarh, MAHAMAT AHMAT BABA c/ État tchadien.

L'analyse des litiges environnementaux en matière civile laisse émerger particulièrement un type de litiges. Il s'agit des troubles de voisinage. La responsabilité pour troubles de voisinage peut être mise en œuvre dès lors que les nuisances dépassent le seuil d'inconvénients normaux de voisinage, compte tenu des circonstances de temps et de lieu.

Cependant, les rôles des différentes juridictions, et précisément ceux de la juridiction civile, donnent à constater la dominance du contentieux de l'environnement, et même ceux du contentieux juridictionnel tout court, par les litiges fonciers.

Il demeure par ailleurs qu'un litige civil en matière environnementale ne diffère pas fondamentalement des autres litiges civils. Ainsi, il peut soit suivre une procédure normale ou, lorsque le péril est éminent ou imminent, passer préalablement par une procédure d'urgence qui relève de la compétence de la juridiction du président statuant tantôt comme juge des référés, tantôt comme juge des requêtes[547].

C'est à ce titre que, statuant en matière des référés, dans une affaire de trouble de voisinage par nuisances sonores[548], la juridiction présidentielle du Tribunal de grande instance de N'Djaména a ordonné à un bar la diminution des effets sonores[549]. Le juge des référés aurait même pu aller plus loin, si

---

[547] Cf. articles 507 et 514 de la loi n° 028/PR/2020 du 31 décembre 2020 portant Code de procédure civile, commerciale et sociale.

[548] Au sens du décret n° 904/PR/PM/MERH/2009 du 06 août 2009 portant réglementation des pollutions et nuisances à l'environnement (article 3), est considérée comme nuisance auditive ou sonore « toute émission sonore entraînant une gêne, un danger immédiat ou différé, une entrave, un préjudice immédiat ou différé pour la santé d'un organisme, de l'environnement, ou du fonctionnement d'un système ».

[549] Cf. ordonnance de référé civil répertoire n° 156/2019 du 23/04/2019, Tribunal de grande instance de N'Djaména, YOLLA AGUENADE ZONGRE c/ BAR « QUEBEC ». Cependant, le juge des référés aurait pu être beaucoup plus précis quant au niveau d'émission acoustique convenable. Or, en l'espèce, il ne se borne qu'à ordonner « la diminution des effets sonores par le Bar QUEBEC » sans toutefois fixer les limites d'émission sonore à ne pas

le requérant lui en faisait la demande[550], en ordonnant l'insonorisation de ce bar ou, dans une moindre mesure, l'installation d'atténuateurs de sons[551].

Par ailleurs, il y a lieu de relever que le président de la Cour suprême peut, lui aussi, lorsque la Haute cour est saisie d'un pourvoi et sur requête d'une partie, ordonner en référé le sursis à exécution d'un arrêt de la cour d'appel si cette exécution doit provoquer un préjudice irréparable. On est donc, avec ces mesures, en présence d'un instrument à la fois utile et efficace.

Du juge administratif aux juges judiciaires, on peut observer que le contentieux environnemental est essentiellement porté devant les juridictions ordinaires. Mais une lecture du cadre juridictionnel permet d'envisager, en perspective, le contentieux de l'environnement devant les juridictions d'exception.

SECTION II : LE CONTENTIEUX DE L'ENVIRONNEMENT DEVANT LES JURIDICTIONS SPÉCIALISÉES

Vital qu'il est, l'environnement fait l'objet d'une protection juridictionnelle. Et le plus souvent ce sont, comme on vient de le voir, le juge administratif et les juges judiciaires qui sont chargés de trancher les litiges environnementaux. Cependant, exceptionnellement, le juge constitutionnel **(§ I)** et ceux du crime de haute trahison et des comptes **(§ II)** peuvent connaitre du contentieux de l'environnement.

---

excéder. En effet, la juridiction présidentielle aurait dû tout bonnement faire application de l'article 191 du décret n° 904/PR/PM/MERH/2009 précité.

[550] « Le juge n'est appelé à statuer que sur les questions dont il est saisi ». Cf. CE, 15 décembre 1937, *Ministre des finances*, Rec. CE, p. 1030.

[551] Cf. article 202 alinéa 1er du décret n° 904/PR/PM/MERH/2009 du 06 août 2009 portant réglementation des pollutions et nuisances à l'environnement.

PARAGRAPHE I : LE CONTENTIEUX DE L'ENVIRONNEMENT DEVANT LE JUGE CONSTITUTIONNEL

Au Tchad, l'office du juge constitutionnel est ouvert à deux types de contentieux. Il statue d'une part en matière constitutionnelle **(A)** et d'autre part, en matière de règlement des litiges institutionnels **(B)**.

A. LE CONTENTIEUX DE L'ENVIRONNEMENT DEVANT LE JUGE CONSTITUTIONNEL STATUANT EN MATIÈRE CONSTITUTIONNELLE

Dans le contentieux constitutionnel au Tchad, il n'existe pas de voie de recours spécifique en matière environnementale. Les voies procédurales du contrôle de constitutionnalité permettent d'accéder au juge constitutionnel mais aucune règle ne prévoit une interprétation spéciale en matière environnementale.

Le juge constitutionnel est compétent, en sus du contentieux des élections nationales et du référendum, pour examiner la constitutionnalité des lois. Il n'est donc pas exclu que le juge constitutionnel puisse contrôler la constitutionnalité des lois relatives à l'environnement. De ce point de vue, le contentieux de l'environnement devant le juge constitutionnel participe du verdissement du contentieux constitutionnel. Mais encore faut-il pouvoir le saisir avant que ne s'ouvre son office. Alors, qui peut saisir le juge constitutionnel ?[552]

La particularité des juridictions dites d'exception gîte en partie dans les règles organisant leur saisine. Au Tchad, la loi limite la saisine du juge constitutionnel à quelques catégories

[552] « Qui » car, pour paraphraser le Professeur Célestin KEUTCHA TCHAPNGA (1962-2017), un animal par exemple ne peut pas saisir le juge constitutionnel. Il écrivait en effet qu' « un animal ne peut pas saisir le juge administratif ». Cf. KEUTCHA TCHAPNGA (Célestin), *Précis du contentieux administratif au Cameroun. Aspect de l'évolution récente*, Paris, L'Harmattan, 2013, p. 165.

d'autorités publiques[553] et de citoyens[554]. Mais il est des cas où le juge constitutionnel tchadien peut s'autosaisir[555].

Dans tous les cas, le contrôle de constitutionnalité des lois est abstrait. Ainsi, même dans l'hypothèse où un juge ordinaire soumet, par la voie de la question préjudicielle, un problème de constitutionnalité au juge constitutionnel, l'opération intellectuelle faite par le juge constitutionnel n'en reste pas moins un contrôle abstrait, du moins en ce qui le concerne, puisqu'il ne fait que confronter la norme litigieuse à la constitution pour vérifier la conformité de l'une à l'autre[556].

De fait, le juge constitutionnel soulève d'office toute violation de la constitution par une loi contestée ou un traité soumis à son examen[557]. Dans le cas où celui-ci, après contrôle d'une loi ou d'un traité, ne constate aucune irrégularité à la constitution, l'Assemblée nationale peut, selon les cas, promulguer, ratifier ou approuver le texte contrôlé[558].

---

[553] Il s'agit du président de la République (l'autorité exécutive), du président de l'Assemblée nationale et d'au moins un dixième (1/10) des membres de l'Assemblée nationale (les autorités législatives) qui peuvent saisir la chambre constitutionnelle de la Cour suprême à l'effet qu'elle se prononce sur la constitutionnalité d'une loi avant sa promulgation. On est donc là en présence d'un contrôle *a priori*, c'est-à-dire intervenant avant que la loi ne produise des effets. Cf. article 168 de l'ordonnance n° 002/PR/2021 du 24 février 2021 portant attributions, organisation, fonctionnement et règles de procédure devant la Cour suprême.

[554] Il s'agit de la faculté reconnue aux justiciables de soulever l'exception d'inconstitutionnalité devant une juridiction ordinaire dans une affaire les concernant. Cf. article 169 alinéa 1er de l'ordonnance n° 002/PR/2021 précitée et article 168 alinéa 4 de la Constitution révisée du 04 mai 2018.

[555] Article 65 de l'ordonnance n° 002/PR/2021 précitée : « La chambre constitutionnelle statue obligatoirement sur la constitutionnalité des lois organiques et des lois sur les libertés publiques et les droits de l'homme avant leur promulgation […] ». Il va sans dire qu'en pareil cas, le juge constitutionnel est tenu de statuer, qu'il soit saisi ou pas.

[556] BADET (Gilles), *Les attributions originales de la Cour constitutionnelle du Bénin*, Cotonou, Friedrich-Ebert-Stiftung, 2013, pp. 27-28.

[557] Article 175 de l'ordonnance n° 002/PR/2021 précitée.

[558] Article 268, *op. cit.*

Pour le reste, la juridiction constitutionnelle, chambre de la Cour suprême[559], statue en dernier ressort et ses décisions sont sans recours[560]. À ce titre, le juge constitutionnel se présente comme le gardien de la constitution[561]. Il l'est autant pour le bon fonctionnement des institutions publiques.

B. LE CONTENTIEUX DE L'ENVIRONNEMENT DEVANT LE JUGE CONSTITUTIONNEL STATUANT EN MATIÈRE DE RÈGLEMENT DES LITIGES INSTITUTIONNELS

Le « contentieux institutionnel »[562], il faut le dire d'emblée, est un contentieux atypique. Braqué sur la matière environnementale, il peut paraitre nouveau. Et pourtant, il faut remarquer que la Constitution du 31 mars 1996 le prévoyait déjà. Cependant, il relevait de la compétence du Conseil

---

Cependant, aux termes de l'article 177 de l'ordonnance n° 002/PR/2021 précitée, il ressort que : « Un texte déclaré non conforme à la Constitution par la Chambre Constitutionnelle ne peut être promulgué.
S'il a été déjà mis en application, il doit être retiré de l'ordonnancement juridique.
Toutefois, lorsque la Chambre Constitutionnelle estime qu'une disposition incriminée est séparable du reste du texte, il peut être promulgué sans ladite disposition.
Dans le cas où la Chambre Constitutionnelle déclare que la loi dont elle a été saisie contient une disposition contraire à la Constitution et constate en même temps qu'elle est inséparable de l'ensemble de cette loi, le Président de la République doit demander à l'Assemblée Nationale une nouvelle lecture ».

559 Article 168 alinéa 12 de la Constitution révisée du 04 mai 2018.

560 Article 168 alinéa 13, *op. cit.*

561 Lire à ce sujet NGOLD MOUADJIMTOG (Rosin), *Le gardien de la constitution au Tchad*, Mémoire de Master Recherche en Droit Public, Université de Dschang, 2017, 191 p.

562 Si les litiges de conformité des règles législatives et infra-législatives aux normes constitutionnelles sont désignés par le vocable « contentieux constitutionnel », il est loisible de qualifier de « contentieux institutionnel » les conflits opposant les institutions de l'État.

constitutionnel[563] avant que le récent texte régissant la Cour suprême (ordonnance n° 015/PR/2018) ne fasse de ce contentieux la compétence des chambres réunies de ladite cour. La juridiction constitutionnelle étant réduite en une chambre de la Cour suprême par la nouvelle constitution, et surtout en vertu de l'ordonnance n° 015/PR/2018 précitée qui régissait cette cour, il en résulte que le juge constitutionnel partageait, jusqu'à la promulgation du texte en vigueur régissant la Cour suprême (ordonnance n° 002/PR/2021), cette compétence en collégialité avec ses pairs des autres chambres de la Cour suprême.

Par conséquent, c'est un contentieux qui relevait des chambres réunies de la Cour suprême : la chambre judiciaire, la chambre administrative, la chambre constitutionnelle et la chambre non permanente[564]. Cependant, avec la promulgation de l'ordonnance n° 002/PR/2021 du 24 février 2021 portant attributions, organisation, fonctionnement et règles de procédure devant la Cour suprême, c'est le retour au *statu quo ante*, c'est-à-dire que cette compétence d'arbitrer les conflits d'attributions entre les institutions étatiques est à nouveau dévolue au juge constitutionnel[565].

De fait, pour atteindre les objectifs tendant à la préservation de l'environnement, l'État déploie toutes ses institutions

---

[563] Article 166 alinéas 5 et 6 de la Constitution non révisée du 31 mars 1996. Les révisions constitutionnelles intervenues en 2005 et 2013 ont maintenu cette compétence au Conseil constitutionnel.

[564] La loi constitutionnelle n° 017/PR/2020 du 14 décembre 2020 portant révision de la Constitution du 04 mai 2018 fait passer la composition de la Cour suprême de cinq (5) à quatre (4) chambres, en rétablissant la Cour des Comptes comme une institution distincte. En effet, cette dernière était, avec la Constitution du 04 mai 2018 dans sa version non révisée, réduite en une chambre de la Cour suprême. Par contre, l'ordonnance n° 002/PR/2021 du 24 février 2021 régissant la Cour suprême y ajoute les chambres réunies comme formation à part entière (article 42).

[565] L'article 67 de l'ordonnance n° 002/PR/2021 précitée énonce à ce sujet que : « La Chambre constitutionnelle est l'organe régulateur du fonctionnement des institutions et des activités des pouvoirs publics. Elle règle les conflits d'attributions entre les institutions de l'État ».

concernées à l'œuvre. Au regard de l'immensité des défis environnementaux, celles-ci se doivent d'être hyperactives. Cependant, de là peuvent naître des conflits de compétences qui risqueraient d'impacter plus ou moins, selon leur ampleur, la mise en œuvre des politiques publiques environnementales.

La perspective des conflits d'attributions entre les institutions de l'État en charge de l'environnement est donc fortement envisageable. Mais il est heureux de constater qu'il existe à cet effet un mécanisme juridictionnel de résorption, permettant de les annihiler ou, à tout le moins, de les surmonter.

Mais mieux encore, le contentieux institutionnel de l'environnement pourrait voir l'intervention du président de la République qui, selon la constitution, « assure, par son arbitrage, le fonctionnement régulier des pouvoirs publics ainsi que la continuité de l'État »[566]. En clair, il est le dernier rempart, sinon de l'effectivité, du moins de l'effectuation du droit de l'environnement au Tchad, quand bien même qu'il peut être justiciable devant le juge du crime de haute trahison.

PARAGRAPHE II : LE CONTENTIEUX DE L'ENVIRONNEMENT DEVANT LES JUGES DU CRIME DE HAUTE TRAHISON ET DES COMPTES

Au Tchad, la loi prévoit une intervention plus ou moins accrue du juge en matière de contentieux de l'environnement. En effet, en la matière, même le juge du crime de haute trahison peut sanctionner un certain nombre d'atteintes **(A)** et celui des comptes peut intervenir pour contrôler l'économie environnementale **(B)**.

A. LE CONTENTIEUX DE L'ENVIRONNEMENT DEVANT LE JUGE DU CRIME DE HAUTE TRAHISON

Le juge du crime de haute trahison a la stature d'une juridiction spécialisée par excellence **(1)**. Cependant, au-delà de

[566] Article 65 alinéa 4 de la constitution.

cette considération, son office peut intéresser l'environnement **(2)**.

1. Le statut du juge du crime de haute trahison

Autrefois appelé Haute cour de justice[567] et réduit aujourd'hui en chambre non permanente de la Cour suprême[568], le juge du crime de haute trahison fait office de juridiction politique répressive[569].

Saisi par l'Assemblée nationale[570], le juge du crime de haute trahison est compétent pour juger le président de la République, le Vice-président de la République (actuellement le Premier ministre de Transition) et les ministres ainsi que leurs complices en cas de haute trahison[571]. Aussi, cette compétence s'étend au domaine de l'environnement. C'est à ce titre qu'il est loisible de parler du contentieux de l'environnement devant le juge du crime de haute trahison.

2. La compétence du juge du crime de haute trahison en matière environnementale

En matière environnementale, sont assimilées à la haute trahison, les violations graves et caractérisées des droits de l'Homme, le trafic de drogues et l'introduction des déchets toxiques ou dangereux en vue de leur transit, dépôt ou stockage sur le territoire national[572].

---

[567] Cf. Constitution du 31 mars 1996.

[568] Cf. Constitution du 04 mai 2018.

[569] La justice politique désigne les juridictions spéciales instituées pour connaître des activités politiques contraires à l'intérêt général de l'État (l'intérêt de la magistrature ordinaire exigeant qu'elle ne soit pas mêlée aux controverses politiques). V. GUINCHARD (Serge) et DEBARD (Thierry) (dir.), *op. cit.*, pp. 635-636.

[570] Au moins un quart de ses membres ou à l'initiative du Ministère public. Cf. article 70 de l'ordonnance n° 002/PR/2021 précitée.

[571] Article 65 de l'ordonnance précitée et article 168 alinéa 8 de la Constitution révisée du 04 mai 2018.

[572] Article 66 alinéa 2 de l'ordonnance précitée et article 168 alinéa 10 de la constitution révisée, *op. cit.*

Le juge du crime de haute trahison est lié par la définition des crimes et délits ainsi que par la détermination des peines résultant des lois pénales en vigueur au moment où les faits ont été commis[573]. À ce titre, on peut relever l'article 86 alinéa 1er du Code pénal aux termes duquel le crime de trahison est puni de la peine d'emprisonnement à vie. Mieux, ces infractions environnementales, assimilées aux crimes de haute trahison, sont punies de travaux forcés à perpétuité. Il en ressort ainsi de la lecture combinée des articles 64 et 55 de la loi-cadre[574].

De toutes les manières, en matière de crime de haute trahison, la mise en accusation du président de la République et des membres du gouvernement, emporte leur suspension de leurs fonctions[575] et toute condamnation en la matière entraine la déchéance de ceux-ci des charges et fonctions à eux dévolues[576]. Une telle décision est insusceptible de recours[577].

Par ailleurs, il faut souligner que la constitution de partie civile n'est pas recevable devant le juge du crime de haute trahison[578] et qu'au surplus, la réparation civile en la matière relève des juridictions de droit commun[579]. Ainsi, la réparation des dommages environnementaux résultant d'un crime de haute trahison relève des juridictions ordinaires.

---

573 Article 69, *op. cit.*

574 Article 64 de la loi-cadre : « Toute personne qui aura contrevenu aux dispositions de l'article 55 ci-dessus sera punie des travaux forcés à perpétuité ».
Article 55, *op. cit.* : « Le transit, l'importation, le stockage, l'enfouissement, le déversement sur le territoire national des déchets toxiques ou polluants étrangers sont interdits ».

575 Article 180 de l'ordonnance n° 002/PR/2021 précitée.

576 Article 193, *op. cit.*

577 Article 194, *op. cit.*

578 Article 79, *op. cit.*

579 Article 80, *op. cit.*

B. LE CONTENTIEUX DE L'ENVIRONNEMENT DEVANT LE JUGE DES COMPTES

Le contentieux de l'environnement n'est pas étranger au juge des comptes. En effet, la Cour des Comptes peut intervenir en la matière sous sa casquette de la plus haute juridiction en matière de contrôle de l'exécution du budget de l'État **(2)**. Toutefois, avant d'ouvrir son office juridictionnel, elle peut, dans certains cas, agir au préalable en sa qualité d'institution supérieure de contrôle des finances publiques **(1)**.

1. Les préalables possibles au contentieux de l'environnement devant la juridiction des comptes

Instituée par la loi constitutionnelle n° 013/PR/2013 du 03 juillet 2013 révisant pour la seconde fois la Constitution du 31 mars 1996, conformément à la directive du 19 décembre 2011 de la CEMAC qui impose à chaque État membre d'en disposer indépendamment des Cours suprêmes, la Cour des Comptes du Tchad est composée de quatre chambres : la chambre des affaires budgétaires et financières, la chambre de contrôle et d'audit, la chambre de discipline budgétaire et la chambre juridictionnelle[580]. Cette dernière chambre, comme son nom l'indique, est celle qui s'occupe du contentieux juridictionnel. Elle peut donc, selon les cas, connaitre en dernier lieu des affaires connues au préalable des autres chambres qui ont des attributions bien définies.

D'abord, il ressort de l'article 27 de l'ordonnance n° 003/PR/2021 du 24 février 2021 portant organisation, attributions, fonctionnement et règles de procédure devant la Cour des Comptes que la chambre des affaires budgétaires et financières est chargée d'une part d'assurer le contrôle de l'exécution des lois de finances par l'élaboration du rapport sur son exécution ainsi que la déclaration générale de conformité y

---

[580] Article 26 de l'ordonnance n° 003/PR/2021 du 24 février 2021 portant organisation, attributions, fonctionnement et règles de procédure devant la Cour des Comptes.

relative. D'autre part, elle certifie la régularité, la sincérité et la fidélité des comptes de l'État.

Ces attributions se rapportent aisément à la matière environnementale en ce sens que cette chambre, dans l'accomplissement de ses missions, peut aussi bien veiller à l'exécution des dispositions de la loi de finances intéressant l'environnement que permettre à l'État de mesurer la fiabilité de sa comptabilité générale (y compris celle relative aux comptes dédiés à l'environnement). L'ouverture de son office en ces matières est cependant réservée à la saisine d'un certain nombre de personnalités[581].

Puis, la chambre de contrôle et d'audit, elle, est chargée : de contrôler les comptes des services intérieurs et extérieurs de l'État, des collectivités autonomes et des entreprises publiques, des établissements publics, des entités bénéficiant des subventions de l'État et des ressources provenant de la générosité publique ; d'évaluer les politiques publiques ; de contrôler les revenus des ressources extractives et certifier les déclarations du secteur extractif ; et d'examiner les comptes des partis politiques en vue de leur éligibilité à la subvention publique et les comptes des campagnes électorales conformément à la loi[582].

De toutes ces attributions de la chambre de contrôle et d'audit, il n'y a que la dernière attribution (examen des comptes des partis politiques) qui n'a pas de lien probant avec l'environnement, quoiqu'au Tchad, les partis politiques contribuent à « la promotion de la gestion rationnelle et durable des ressources naturelle et la préservation de l'environnement »[583]. Cependant, la première attribution (contrôle des comptes des services intérieurs et extérieurs des

---

[581] Il s'agit du président de la République, du président du Sénat, du président de l'Assemblée Nationale, du Président de la Cour des Comptes et du Procureur Général près la Cour des Comptes. Cf. article 80 alinéa 3, *op. cit.*

[582] Article 28, *op. cit.*

[583] Cf. article 19 alinéa 2 de la loi n° 32/PR/2019 du 22 juillet 2019 portant Charte des Partis politiques en République du Tchad.

personnes publiques et des institutions bénéficiant des subventions de l'État et des ressources provenant de la générosité publique) et la seconde (évaluation des politiques publiques) sont de nature à permettre à la chambre de contrôle et d'audit de procéder au contrôle des fonds alloués à la cause environnementale[584] et d'apprécier les politiques publiques environnementales (une sorte de contrôle de la planification environnementale). Et l'avant-dernière (contrôle des revenus des ressources extractives et certification des déclarations du secteur extractif) permet à n'en point douter la surveillance des revenus générés par l'exploitation minière.

Néanmoins, la chambre de contrôle et d'audit de la Cour des Comptes exerce ces attributions selon un programme annuel défini par cette dernière ou sur demande particulière du président de la République, des membres du gouvernement ou du Parlement[585].

Enfin, la chambre de discipline budgétaire, elle, vérifie la régularité des dépenses décrites dans les comptabilités publiques et s'assure, à partir de ces dernières, du bon emploi des crédits, des fonds et valeurs gérés par les services de l'État ou d'autres personnes morales de droit public ; et sanctionne les fautes de gestion et les gestions de fait[586].

Il suit de là que cette chambre veille à la conformité des dépenses publiques aux exigences liées à l'utilisation par les personnes publiques des crédits, fonds et valeurs. Suivant le même mode de saisine que la chambre des affaires budgétaires et financières (cf. article 80 alinéa 3 de l'ordonnance n° 003/PR/2021 sus-citée), la chambre de discipline budgétaire peut être amenée à sanctionner des fautes de gestion et les gestions de fait y relatives. En matière environnementale, ces

---

[584] Tels que ceux alloués au FSE en vertu de l'article 23 du décret n° 0494/PCMT/PMT/MEPDD/2022 du 21 février 2022 portant organisation et fonctionnement du Fonds Spécial en faveur de l'Environnement.

[585] Article 80 alinéa 2 de l'ordonnance n° 003/PR/2021 précitée.

[586] Article 29, *op. cit.*

attributions serviraient à prévenir et sanctionner les détournements du portefeuille dédié aux secteurs environnementaux, sans préjudice des sanctions pouvant résulter d'un éventuel contentieux juridictionnel.

2. Le contentieux de l'environnement devant le juge des comptes statuant comme juridiction de contrôle de l'exécution du budget de l'État

La Cour des Comptes n'est pas qu'une institution de contrôle des finances publiques. C'est aussi une juridiction de jugement en la matière. Cela n'est d'ailleurs pas étonnant car, son appellation est assez révélatrice à cet égard. Toutefois, c'est une juridiction singulière au moins à deux points de vue : d'abord du point de vue de sa saisine et ensuite, au regard des matières pouvant être soumises à son office.

En effet, en matière juridictionnelle, la Cour des Comptes ne peut s'autosaisir, sauf en cas de production et de jugement des comptes[587]. Cependant, elle peut être saisie par les membres du gouvernement, les Présidents des institutions, les représentants des collectivités autonomes et les entités publiques sur les faits relevés à la charge des fonctionnaires et agents placés sous leur autorité[588].

Par ailleurs, l'office de la Cour des Comptes s'ouvre en matière juridictionnelle au travers de sa chambre juridictionnelle. Cette dernière est chargée de juger les comptes des comptables publics ainsi que de déclarer et juger les comptes des comptables de fait[589].

Pour l'heure, le juge des comptes ne s'est pas encore illustré en matière environnementale. Néanmoins, son intervention n'est pas à exclure. Elle peut être saisie pour connaitre des écarts de gestion des fonds environnementaux pour en juger de la conformité aux bonnes pratiques.

---

[587] Article 80 alinéa 1er, *op. cit.*
[588] Article 80 alinéa 4, *op. cit.*
[589] Article 30 alinéa 2, *op. cit.*

CONCLUSION DU CHAPITRE II

Il est assez ardu de faire le bilan du contentieux juridictionnel de l'environnement au Tchad, tant il est mitigé. Toutefois, pour Allah-Adoumbeye DJIMADOUMNGAR, son effectivité ne souffre d'aucun doute et le juge tchadien, qui en est un acteur majeur, fait en la matière preuve d'audace et d'originalité, nonobstant les difficultés liées à la problématique de la spécialisation des juges au sein des différentes chambres des Tribunaux de grande instance, des cours d'appel et de la Cour suprême[590].

Ce constat s'arcboute sans doute sur des statistiques de la jurisprudence en matière d'environnement, pour le compte de l'année 2017, qui font état de vingt-cinq (25) décisions rendues par les justices de paix et les Tribunaux de grande instance[591]. Pour le juge tchadien, peu outillé et non spécialisé en matière environnementale, ces chiffres sont en effet élogieux.

Toutefois, dans beaucoup de compartiments (entre autres en matières administrative, constitutionnelle, des comptes), le contentieux juridictionnel de l'environnement n'est pas assez fourni. Et ce n'est certainement pas par absence d'atteintes environnementales.

---

[590] DJIMADOUMNGAR (Allah-Adoumbeye), « L'effectivité du procès environnemental au Tchad », *Revue Pluridisciplinaire Africaine de l'Environnement*, n° 3, août 2021, pp. 91-103.

[591] Cf. Annuaire Statistique de la Justice tchadienne, édition 2017.

CONCLUSION DU TITRE II

Le droit tchadien de l'environnement n'est pas un rouleau compresseur face aux atteintes environnementales. Il est meublé de sorte à concéder, dans bien des cas, des options transactionnelles (relevant de la compétence des autorités administratives) ou conciliatoires (essentiellement réalisables devant les autorités traditionnelles et coutumières). Aussi, ses règles laissent émerger des cas exonératoires de responsabilité[592]. Ce qui, tout bien considéré, forme un philtre au contentieux juridictionnel de l'environnement.

Toutefois, il y a lieu de relever que la part belle du contentieux de l'environnement au Tchad est du ressort des instances juridictionnelles, allant des plus traditionnelles (administratives, civiles et répressives) aux plus exceptionnelles (constitutionnelle, celles du crime de la haute trahison et des comptes). Ce qui n'occulte pas pour autant les lacunes normatives, structurelles et sociales dont souffre la justice environnementale tchadienne.

En effet, il est donné de constater que les règles environnementales ne dégagent pas nettement la clé de répartition des compétences entre ces diverses instances juridictionnelles. De même, le milieu judiciaire est cruellement dépourvu de ressources humaines (magistrats, avocats, experts affectés aux juridictions, agents et officiers de police judiciaire, agents assermentés, etc.) qualifiées en matière environnementale.

Pour ce qui est des considérations sociales, il faut observer que les acteurs du droit tchadien de l'environnement semblent être assez réfractaires au contentieux juridictionnel de manière générale et, plus spécialement, à celui intéressant l'environnement. Cet état des choses peut trouver sa

---

[592] L'exonération de poursuite pour abattage des animaux menaçant gravement les personnes et leurs biens en est un exemple parmi tant d'autres. Cf. article 205 alinéa 1er de la loi de 2008.

justification dans la propension de la société tchadienne à recourir aux modes traditionnels et coutumiers alternatifs de résolution des conflits.

Au rang des causes de l'inconsistance du contentieux juridictionnel de l'environnement, la lenteur de l'institution judiciaire, le coût et la complexité des procédures d'accès à la justice ainsi que le phénomène de la corruption ne sont pas en reste[593]. Aussi, l'indépendance du juge demeure l'un des défis majeurs au Tchad. L'affaire GALI est à cet effet évocatrice[594].

Mais l'on ne saurait laisser en marge, en ce qui concerne par exemple le contentieux administratif de l'environnement, la crainte des administrés de faire l'objet d'une cabale dans leurs futures relations avec l'administration[595] et surtout qu'au Tchad, il est de jurisprudence établi que « partant du principe de séparation de pouvoirs, le juge ne peut donner des injonctions à l'administration »[596].

---

[593] Ces quatre facteurs, qui entravent une bonne administration de la justice, ont été rappelés avec force, en date du 18/12/2020, par Monsieur AMIR ABDOULAYE ISSA, en son temps 2e Substitut du Procureur Général près la cour d'appel de N'Djaména, dans ses réquisitions lors de la cérémonie de prestation de serment de sortie des avocats.

[594] L'affaire GALI porte le nom d'un député de l'opposition politique tchadienne, GALI NGOTÉ GATA, qui avait été arrêté et inculpé pour complicité de braconnage. V. Abba, *Gali Ngoté Gata Pierre. L'empêcheur de tourner en rond*, n° 025, 15 décembre 2012, p. 8.

[595] Généralement, les autorités administratives au Tchad prennent personnellement les recours contentieux initiés contre les actes qu'ils prennent. Les administrés, terrifiés à l'idée de devenir des *« personæ non gratæ »* dans les services publics, jettent le plus souvent l'éponge.

[596] Cf. arrêt répertoire n° 016/CS/CA/SC/2010 rendu par la chambre administrative, section contentieuse, de la Cour suprême en date du 30/07/2010, Les Brasseries du Tchad (BDT) c/ Ministère de l'Intérieur et de la Sécurité Publique (État tchadien). Dans cette espèce, la Haute cour a énoncé sans détours que le juge administratif peut annuler les actes de l'administration ou condamner celle-ci pécuniairement, mais ne peut lui prescrire, ni lui interdire tel ou tel acte ou opération, encore moins se substituer à elle. À l'évidence, cet arrêt de la Cour suprême met à mal la réalisation du contentieux de pleine juridiction ou plein contentieux au Tchad.

CONCLUSION DE LA SECONDE PARTIE

La mise en œuvre d'un droit participe de sa vivification. La dynamique du droit tchadien de l'environnement repose essentiellement sur deux piliers : d'une part ses acteurs et d'autre part, les mécanismes d'effectuation que prévoient ses différentes sources.

À la réalité, tous les composants sociaux sont acteurs du droit de l'environnement dont les règles leur font supporter des obligations et leur concèdent des droits en rapport avec les différentes composantes de l'environnement.

L'inexécution des unes (obligations) et l'abus des autres (droits) sont justiciables. Il s'agit du contentieux de l'environnement, que ce soit devant ou en dehors des instances juridictionnelles, qui constitue l'un des remparts de la préservation de l'environnement. Le contentieux de l'environnement permet en effet la promotion de ce dernier en ce qu'il revêt un caractère éducatif et assure sa protection de par les sanctions qui en découlent.

Pour finir, il faut retenir que le droit tchadien de l'environnement est imbu d'éléments empiriques de nature à favoriser sa mise en œuvre. C'est donc, au regard de son contenu, un droit assez dynamique, abstraction faite de sa matérialisation qui est mise à mal par quelques dysfonctionnements structurels et conjoncturels.

CONCLUSION GÉNÉRALE

Un droit en construction car jeune de par le caractère récent de ses textes fondateurs, le droit tchadien de l'environnement souffre d'un mal commun au droit tchadien dans son ensemble. Certes consacré, il est cependant en manque de vulgarisation et par conséquent, sclérosé pour l'essentiel. Serait-il donc en train de tomber en désuétude ?

Il peut paraitre comme un procès de ce droit, mais il faut remarquer que le droit de l'environnement peut être qualifié, dans une certaine mesure, de « droit de l'urgence ». Car, on doit l'admettre, il est institué en réponse à un état écologique mondial qui frise la catastrophe. On peut donc s'étonner de ce qu'au Tchad, la politique et les pratiques environnementales soient souvent menées à contrecourant de la législation intéressant l'environnement.

C'est donc un impératif pour le pays de Toumaï de replacer les normes environnementales au cœur de toutes les décisions, initiatives, etc. intéressant l'environnement, afin d'honorer ses engagements pris sur la scène internationale, régionale et sous régionale en la matière. Pour ce faire, la connaissance de son arsenal juridique relatif à l'environnement est un préalable indispensable.

C'est pourquoi, pour cerner le droit de l'environnement de cet État membre de la CEMAC, il importe de l'étudier, tout d'abord, en l'appréhendant dans sa généralité ; puis, en ce qui concerne son contenu, en fouillant dans l'histoire de sa formation, en découvrant la diversité de ses règles ; et enfin, relativement à sa dynamique, en identifiant ses artisans et ses outils ainsi qu'en envisageant sa justiciabilité.

POSTFACE

S'il y a un autre métier que j'aurais aimé exercer pour défendre notre planète et les peuples autochtones, c'est celui d'avocat ou de juge, parce que le droit est l'une des armes les plus efficaces pour protéger la nature et l'environnement.

Pour les peuples autochtones, ce combat mérite d'être mené, ce d'autant que les droits fondamentaux et les droits des peuples autochtones reconnus dans la Déclaration des Nations Unies sur les droits des peuples autochtones du 13 septembre 2007 et pour l'environnement sont intimement liés. Lesquels peuples autochtones veillent à transmettre de génération en génération l'obligation de protéger leurs terres et le bon fonctionnement de nos écosystèmes.

Il existe une règle commune à de nombreuses communautés partout à travers le monde : « avant de décider quoi faire, pense à ce qu'auraient fait les 7 générations avant la tienne, et pense aux conséquences qu'aura ton action sur les 7 générations à venir ». Cette règle a, pour nous peuples autochtones, valeur de loi. Elle permet en effet d'obliger chacun à mesurer les conséquences de son action sur l'environnement, et à agir pour le protéger, ou même le réparer afin que les générations à venir puissent à leur tour profiter de la nature et à la nature.

Cette règle inhérente aux peuples autochtones est perçue très tôt dans les premiers textes fondateurs du droit international de l'environnement. Ainsi, la Déclaration de Stockholm, qui a 50 ans en 2022, prévoit en son Principe 1 que : « L'homme a un droit fondamental à la liberté, à l'égalité et à des conditions de vie satisfaisantes, dans un environnement dont la qualité lui permettra de vivre dans la dignité et le bien-être. Il a le devoir solennel de protéger et d'améliorer l'environnement pour les générations présentes et futures ».

Aujourd'hui, cela semble normal, presque banal, de parler du droit des générations futures. L'humanité commence à réaliser qu'elle doit tout à la nature, et que sans elle, elle n'est rien. Les peuples autochtones ne l'ont, eux, jamais oublié. Car pour nous, la nature, ce n'est pas que le contraire de la ville, espace bâti ; c'est bien plus que cela. En effet, elle constitue une sorte d'école où nos jeunes reçoivent leur éducation. Aussi, c'est notre supermarché où l'on s'approvisionne en aliments divers. De même, par ses vertus médicinales, la nature fait office d'hôpitaux, de centres de santé ou de pharmacies où nous trouvons notre médecine traditionnelle.

Le droit de l'environnement est aujourd'hui riche de par son contenu, mais il est encore en construction. Chaque année, dans les négociations internationales sur le climat, sur la biodiversité, nous écrivons de nouveaux textes qui permettent à l'humanité de se rapprocher de la nature. Ainsi, dans mes combats récents, j'ai travaillé à inscrire les peuples autochtones et leurs droits dans le préambule de l'Accord de Paris. Sans relâche, nous devons nous battre pour que ces droits soient reconnus, et qu'ils soient effectifs sur le terrain.

Au Tchad, nous faisons face à une crise environnementale majeure. Aux défis de la pauvreté, des inégalités et du développement, s'ajoutent le changement climatique, l'effondrement de la biodiversité ainsi que l'avancée du désert. Nous devons ardemment lutter pour défendre nos droits individuels et collectifs face aux pollutions, à l'accaparement des terres, à la tentation des conflits autour des ressources naturelles qui se raréfient.

Dans ce combat, le droit de l'environnement constitue une arme précieuse, et ceux qui sont à son service sont des combattants pour la planète.

Ce livre que j'ai l'honneur de postfacer est donc au service de tous ceux qui se battent pour la cause environnementale et qui, de ce fait, se mobilisent pour garantir un avenir prometteur à l'humanité. Il révèle non seulement la richesse de notre droit de l'environnement, mais montre en outre qu'il est méconnu.

Pourtant, le droit de l'environnement joue un rôle à la fois préventif, dissuasif et curatif, et il apparait indispensable pour la réclamation des droits fondamentaux dans le domaine de l'environnement, notamment le droit de vivre dans un environnement sain.

Dans un pays aussi riche, d'une grande variété d'écosystèmes, du désert de l'Ennedi à la forêt tropicale en passant par les savanes, la connaissance des règles de droit de protection de l'environnement est nécessaire.

Et ce droit est vivant. Il doit être enrichi, complété, mais aussi appliqué. Car, le tout n'est pas de légiférer et de réglementer, encore faut-il pouvoir vulgariser les textes dans leur lettre ainsi que dans leur esprit, y adosser des mesures d'accompagnement et, seulement ainsi, les faire jouer pleinement leur rôle, c'est-à-dire leur permettre de prévenir, dissuader et réparer. Surtout qu'au pays de Toumaï, le saccage environnemental, à un rythme accéléré, est largement dû aux faits des Hommes (braconnage, coupe illicite de bois, orpaillage, empiètement agricole, le non-respect des couloirs de transhumance, commerce illicite d'espèces sauvages, etc.) et ce, beaucoup plus par ignorance et par pauvreté que par cupidité.

C'est aussi dans le sens de pallier à cet état des choses que s'inscrit cet ouvrage, notamment en vulgarisant le droit tchadien de l'environnement et finalement, en contribuant de ce fait à la construction de l'écocitoyenneté au Tchad.

Je tiens à saluer ses auteurs, animés de l'esprit éco-citoyen. Plutôt que de décrire le droit, ils donnent par ce livre des moyens à tous ceux qui en ont besoin de l'utiliser.

Puissent les lecteurs de cet ouvrage précieux en faire bon usage. C'est une arme de plus pour défendre notre mère nourricière la terre, et notre patrie le Tchad.

HINDOU OUMAROU IBRAHIM est écologiste et membre de la communauté Mbororo du Tchad. Elle a commencé à défendre les droits des peuples autochtones et à protéger l'environnement dès ses seize (16) ans, en fondant l'Association pour les Femmes et les Peuples Autochtones du Tchad (AFPAT). Vice-présidente de l'instance permanente de l'ONU pour les questions autochtones, elle est par ailleurs membre du Comité de coordination des peuples autochtones (IPACC) et a été coprésidente du Forum international des peuples autochtones sur le changement climatique lors de la Conférence des Nations Unies sur les changements climatiques (COP21) à Paris. Plusieurs fois primée, elle a reçu notamment : le prix Danielle Mitterrand en 2017, le prix international pour les réfugiés en 2020, le prix d'excellence environnementale, le prix Rolex pour l'Entreprise en 2021. Ambassadrice itinérante de son pays le Tchad, elle est en outre ambassadrice des Objectifs de Développement Durable (ODD) auprès des Nations Unies, ambassadrice du projet EDEN et *Exploratrice National Geographic*, membre du Conseil d'administration de *Conservation International* et *senior fellow Lui-Walton*, membre du Comité consultatif de l'EAT. Elle a été reconnue par la BBC comme l'une des femmes leaders de *TIME magazine* dans le changement climatique.

GLOSSAIRE

Aire protégée : Une portion de terre vouée spécialement à la protection et au maintien de la diversité biologique, ainsi que des ressources naturelles et culturelles associées, et gérées par des moyens efficaces, juridiques ou autres (cf. article 2 (8) de la loi-cadre).

Biodiversité ou diversité biologique : La variabilité des espèces animales ou végétales ; macro ou microscopiques, tout comme celle de leurs biotopes et de leurs caractères génétiques (cf. article 2 (4) de la loi-cadre et article 2 de la Convention sur la diversité biologique du 05 juin 1992).

Biotope : L'ensemble de facteurs climatiques et édaphiques caractérisant le milieu où vivent les végétaux et les animaux (cf. article 2 (5) de la loi-cadre).

Bruit : Tout phénomène physique qui engendre une sensation auditive gênante ou désagréable (cf. article 3 point 39 du décret n° 904/PR/PM/MERH/2009 du 06 août 2009 portant réglementation des pollutions et nuisances à l'environnement).

Changements climatiques : Changements de climat attribués directement ou indirectement à une activité humaine altérant la composition de l'atmosphère mondiale et qui viennent s'ajouter à la variabilité naturelle du climat observée au cours de périodes comparables (cf. article 1er (2) de la Convention-cadre des Nations Unies sur les changements climatiques).

Chasse : Tout acte tendant à tuer, blesser, poursuivre, rechercher, inquiéter, viser, capturer, piéger un animal en liberté ou détruire, ramasser des œufs d'oiseaux ou de reptiles (cf. article 142 de la loi de 2008).

Déchet : Tout résidu gazeux, liquide ou solide résultant d'un processus d'infraction, d'exploitation, de transformation, de production, de consommation, d'utilisation, de contrôle ou traitement, dont la qualité ne permet pas de réutiliser ou de le traiter ou, plus généralement, tout bien meuble abandonné ou destiné à l'être (cf. articles 2 (13) de la loi-cadre et 3 point 9 du décret n° 904/PR/PM/MERH/2009 précité).

Désertification : Dégradation des terres dans les zones arides, semi-arides et subhumides sèches par suite de divers facteurs, parmi lesquels les variations climatiques et les activités humaines (cf. article 1er (a) de la Convention des Nations Unies sur la lutte contre la désertification).

Développement durable : Un processus de développement qui répond aux besoins des générations présentes sans pour autant compromettre la capacité des générations futures de répondre aux leurs (cf. article 2 (19) de la loi-cadre).

Dommage écologique : Tout dommage subi par le milieu naturel, les personnes et les biens, et affectant l'équilibre écologique. Il peut s'agir des dommages de pollution causés par l'Homme et subis par des patrimoines identifiables et particuliers ; des dommages subis par des éléments inappropriés du milieu naturel (cf. article 3 point 15 du décret n° 904/PR/PM/MERH/2009 précité).

Écosystème : Le complexe dynamique formé de communauté de plantes, d'animaux et de microorganismes et de leur environnement non violent qui, par leur interaction forme une unité fonctionnelle (cf. article 2 (3) de la loi-cadre).

Environnement : L'ensemble des éléments naturels et artificiels qui favorisent l'existence, l'évolution et le développement du milieu, des organismes vivants et des activités de l'Homme dans le respect de l'équilibre écologique (cf. article 2 (1) de la loi-cadre).

Étude d'impact : Le document requis dans les conditions établies par la loi, permettant d'apprécier, d'évaluer et de mesurer les effets directs et indirects, à court, moyen et long terme sur l'environnement de tout projet soumis à cette procédure (cf. article 2 (14) de la loi-cadre).

Faune : L'ensemble des animaux sauvages, vivant en liberté dans leur milieu naturel ou maintenus en captivité (cf. article 95 de la loi de 2008).

Forêts : Les espaces occupés par des formations végétales d'arbres et d'arbustes, à l'exclusion de celles résultant d'activités agricoles (cf. article 13 (1) de la loi de 2008).

Gaz à effet de serre : Constituants gazeux de l'atmosphère, tant naturels qu'anthropiques, qui absorbent et réémettent le rayonnement infrarouge (cf. article 1er (5) de la Convention-cadre des Nations Unies sur les changements climatiques).

Gestion durable : Une gestion qui maintient la diversité biologique, la productivité, les facultés de régénération, la vitalité des ressources et leur capacité à satisfaire de manière pérenne les fonctions économiques, écologiques et sociales pertinentes, sans causer de préjudice à d'autres écosystèmes (cf. article 4 point 1 de la loi de 2008).

Hygiène : L'ensemble des mesures, des principes et des pratiques de propreté visant à préserver et à améliorer la santé de l'individu, de la famille et de la communauté (cf. article 2 point 21 du Code d'hygiène).

Installations classées pour la protection de l'environnement (ICPE) : Toute installation exploitée ou détenue par toute personne physique ou morale, publique ou privée, qui peut présenter les dangers ou des inconvénients, soit pour la commodité du voisinage, soit pour la santé, la sécurité, la salubrité publique, soit pour l'agriculture, soit pour la pêche, soit pour la protection de la nature et de l'environnement, soit pour la conservation des sites et des monuments et qui est visée dans la nomenclature des installations classées pour la protection de l'environnement établie par un texte d'approche (cf. article 2 (22) de la loi-cadre).

Loi de 2008 : Loi n° 14/PR/2008 du 10 juin 2008 portant régime des forêts, de la faune et des ressources halieutiques.

Loi-cadre ou loi-cadre de 1998 : Loi n° 14/PR/98 du 17 août 1998 définissant les principes généraux de la protection de l'environnement.

Nuisance auditive : Toute émission sonore entraînant une gêne, un danger immédiat ou différé, une entrave, un préjudice immédiat ou différé pour la santé d'un organisme, de l'environnement, ou du fonctionnement d'un système (cf. article 3 point 36 du décret n° 904/PR/PM/MERH/2009).

Nuisance olfactive : Tout dégagement d'odeur incommodante entraînant une gêne, une sensation d'irritation, une entrave, un préjudice pour la santé humaine ou l'environnement (cf. article 3 point 37 du décret n° 904/PR/PM/MERH/2009 précité).

Nuisance : Tout facteur, à caractère permanent, continu ou discontinu, qui constitue une gêne, un danger immédiat ou différé, une entrave, un préjudice immédiat ou différé pour la santé d'un organisme, de l'environnement, ou pour le fonctionnement d'un système (cf. article 3 point 4 du décret n° 904/PR/PM/MERH/2009 précité).

Pollution : Toute contamination ou modification directe ou indirecte de l'environnement provoquée par tout acte susceptible d'entraîner une gêne ou un danger pour la santé, la salubrité publique, la sécurité ou le bien-être des personnes ou une atteinte ou des dommages à l'environnement ou aux biens (cf. articles 2 (9) de la loi-cadre et 3 point 2 du décret n° 904/PR/PM/MERH/2009 précité).

Ressources halieutiques : Tout organisme vivant dans l'eau et pouvant en être retiré (cf. article 211 (2) de la loi de 2008).

Sécheresse : Phénomène naturel qui se produit lorsque les précipitations ont été sensiblement inférieures aux niveaux normalement enregistrés et qui entraîne de graves déséquilibres hydrologiques préjudiciables aux systèmes de production des ressources en terres (cf. article 1er (c) de la Convention des Nations Unies sur la lutte contre la désertification).

Zone protégée : Toute zone géographiquement délimitée qui est désignée, ou réglementée et gérée en vue d'atteindre des objectifs spécifiques de conservation (cf. article 2 de la Convention sur la diversité biologique du 05 juin 1992).

Zones humides : Des étendues des marais, fanges de tourbière ou d'eau, naturelles ou artificielles, permanentes ou temporaires, où l'eau est stagnante ou courante, douce ou saumâtre ou salée (cf. article 2 (6) de la loi-cadre).

BIBLIOGRAPHIE

I. OUVRAGES

A. OUVRAGES GÉNÉRAUX

1. ATANGANA AMOUGOU (Jean-Louis) (dir.), *Le Cameroun et le droit international*, Paris, Pedone, 2014, 376 p.

2. BADET (Gilles), *Les attributions originales de la Cour constitutionnelle du Bénin*, Cotonou, Friedrich-Ebert-Stiftung, 2013, 480 p.

3. BANIARA YOYANA (Jean) et MAGNANT (Jean-Pierre), *Introduction aux droits coutumiers du Tchad*, Yaoundé, Afrédit, 2013, 362 p.

4. BAYART (Jean-François), *Les études postcoloniales. Un carnaval académique*, Paris, KHARTALA, 2010, 126 p.

5. CANIN (Patrick), *Droit pénal général*, 5e éd., Paris, Hachette Supérieur, 2009, 160 p.

6. COLB (Patrick) et LETURMY (Laurence), *Droit pénal général. L'infraction, l'auteur et les peines*, Paris, Gualino, 2000, 215 p.

7. COQUERY-VIDROVITCH (Catherine), *Petite histoire de l'Afrique. L'Afrique au sud du Sahara. De la préhistoire à nos jours*, Paris, La Découverte, 2011, 224 p.

8. COURBE (Patrick) et BERGÉ (Jean-Sylvestre), *Introduction générale au droit*, 13e éd., Paris, Dalloz, coll. Les mémentos Dalloz, 2013, 196 p.

9. DELMAS MARTY (Mireille) et TEITGEN-COLLY (Catherine), *Punir sans juger ? De la répression administrative au droit administratif pénal*, Paris, Economica, 1992, 191 p.

10. DJIMASSAL (Patrick), *L'administration publique au Tchad à l'ère de la décentralisation*, Paris, L'Harmattan, coll. Études africaines, 2019, 352 p.

11. DJITA ISSA (Djarangar), *Le dictionnaire pratique du français du Tchad*, Paris, L'Harmattan, coll. Études africaines, 2014, 410 p.

12. DUPUIS (Georges), GUÉDON (Marie-José) et CHRÉTIEN (Patrice), *Droit administratif*, 10e éd., Paris, Dalloz, 2007, 695 p.

13. DURAND (Claude), *Les anciennes coutumes pénales du Tchad*, Paris, L'Harmattan, coll. Pour mieux connaître le Tchad, 2002, 500 p.

14. FAVOREU (Louis), GAÏA (Patrick), GHEVONTIAN (Richard), MESTRE (Jean-Louis), PFERSMANN (Otto), ROUX (André) et SCOFFONI (Guy), *Droit constitutionnel*, 21e éd., Paris, Dalloz, 2019, 1135 p.

15. GNIMPIEBA TONNANG (Édouard), *L'ordre juridique communautaire de la CEMAC*, Paris, L'Harmattan, 2016, 246 p.

16. GUILHAUDIS (Jean-François), *Relations internationales contemporaines*, Lonrai, Éditions du Juridis-Classeur, 2002, 856 p.

17. ISLAM (Roumeen) (dir.), *Le droit d'informer. Le rôle des médias dans le développement économique*, Banque mondiale, 2005, 406 p.

18. KELSEN (Hans), *Théorie pure du droit. Introduction à la science du droit*, Neuchatel, Éditions de la Baconnière, 1953, 205 p.

19. KEUTCHA TCHAPNGA (Célestin), *Précis du contentieux administratif au Cameroun. Aspect de l'évolution récente*, Paris, L'Harmattan, 2013, 324 p.

20. KOLBERT (Elizabeth), *La sixième extinction : comment l'homme détruit la vie*, Laval, Guy Saint-Jean Éditeur, 2015, 295 p.

21. LAFERRIÈRE (Édouard), *Traité de la juridiction administrative et des recours contentieux*, Paris, Berger-Levrault, Tome 1, 1887, 724 p.

22. LAFLEUR (Jean-Michel) et MARFOUK (Abdeslam), *Pourquoi l'immigration ?*, Liège, Academia-L'Harmattan, coll. Carrefours, 2017, 135 p.

23. LÉVÊQUE (Christian) et MOUNOLOU (Jean-Claude), *Biodiversité, dynamique biologique et conservation*, 2e éd., Paris, DUNOD, 2008, 259 p.

24. MARTIN (Solange) et GASPARD (Albane), *Changer les comportements, faire évoluer les pratiques sociales vers plus de durabilité*, Angers, ADEME Éditions, septembre 2016, 179 p.

25. MBAYE (Kéba), *Les droits de l'homme en Afrique*, 2e éd., Paris, A. PEDONE, 2002, 312 p.

26. MERCADAL (Barthélémy), *Code pratique OHADA. Traités, Actes uniformes et Règlements annotés*, Levallois-Perret, Editions Francis Lefebvre, 2019, 2046 p.

27. NABIH (Mohamed), *Droit des marchés publics. Aspects juridiques, financiers et contentieux*, Rabat, Konrad-Adenauer-Stiftung, 2014, 365 p.

28. NAAH NAH (Sylvestre), *Aperçu sur la procédure pénale au Cameroun*, Yaoundé, Afrédit, 2015, 517 p.

29. NÉBARDOUM (Derlemari), *Le labyrinthe de l'instabilité politique au Tchad*, Paris, L'Harmattan, 1998, 170 p.

30. NGUENA DJOUFACK (Arsène Landry) et VAMALAMOU (Brahim), *La spécialisation de la justice administrative au Tchad*, Paris, L'Harmattan, coll. Études africaines, 2022, 270 p.

31. PARDO (Thierry), *Une éducation sans école*, Montréal, Les Éditions Écosociété, 2014, 171 p.

32. RICCI (Jean-Claude), *Droit administratif*, 4e éd., Paris, Hachette, coll. Les Fondamentaux, 2004, 159 p.

33. ROUSSET (Michel) et ROUSSET (Olivier), *Droit administratif. L'action administrative*, 2e éd., Grenoble, Presses Universitaires de Grenoble, coll. Le droit en plus, Tome I, 2004, 213 p.

34. SARR (Felwine), *Afrotopia*, Paris, Éditions Philippe Rey, 2016, 155 p.

35. SYLLA (Lanciné) (dir.), *Tribalisme et parti unique en Afrique noire*, Paris, Fondation nationale des sciences politiques, 1977, 391 p.

36. WADE (Abdoulaye), *Un destin pour l'Afrique. L'avenir d'un continent*, Neuilly-sur-Seine, Éditions Michel Lafon, 2005, 261 p.

37. WIHTOL DE WENDEN (Catherine), *L'immigration. Découvrir l'histoire, les évolutions et les tendances des phénomènes migratoires*, Paris, Eyrolles, 2017, 171 p.

B. OUVRAGES SPÉCIFIQUES

1. ABDELKERIM (Marcelin) et NDINGANGAR TEADOUM (Emmanuel), *Traité du droit de l'environnement. La problématique de la protection de l'environnement en droit positif tchadien*, Saint-Denis, Edilivre, Tome 1, 2018, 457 p.

2. CABALLERO (Francis), *Essai sur la notion juridique de nuisance*, Paris, L.G.D.J, 1979, 361 p.

3. CANIVET (Guy), LAVRYSEN (Luc) et GUIHAL (Dominique) (dir.), *Manuel judiciaire de droit de l'environnement*, Nairobi, PNUE, 2006, 267 p.

4. CHIU (Victoria) et LE QUINO (Alexis) (dir.), *La protection de l'environnement par les juges constitutionnels*, Paris, L'Harmattan, coll. Droit comparé, 2021, 288 p.

5. CORVOL (Andrée) (dir.), *Les sources de l'histoire de l'environnement. Le XIXe siècle*, Paris-Québec, L'Harmattan, 1999, 502 p.

6. DE MARI (Éric) et TAURISSON-MOURET (Dominique) (dir.), *L'impact environnemental de la norme en milieu contraint. Exemples du droit colonial et analogies contemporaines*, Paris, Victoires Éditions, 2012, 240 p.

7. DELNOY (Michel), *La participation du public en droit de l'urbanisme et de l'environnement*, Bruxelles, Éditions Larcier, 2007, 923 p.

8. DORMOY (Daniel) et KUYU (Camille) (dir.), *Droit(s) et changements climatiques*, Saint-Ouen, Les Éditions du Net, 2020, 700 p.

9. DOUMBÉ-BILLÉ (Stéphane), MIGAZZI (Caroline), NERI (Kiara), PACCAUD (Françoise) et SMOLINSKA (Anna Maria), *Droit international de l'environnement*, Bruxelles, Larcier, 2013, 226 p.

10. EGAN (Michael), *Barry Commoner and the Science of Survival. The Remaking of American Environmentalism*, MIT Press, 2007, 320 p.

11. FONBAUSTIER (Laurent), MARTIN (Gilles), FONTAINE (Lauréline), ROBERT (Jacques-Henri), GRARE-DIDIER (Clothilde), TRÉBULLE (François Guy), LE BARS (Thierry) et VAN LANG (Agathe) (dir.), *Le droit et l'environnement*, Association Henry Capitant, Paris, Dalloz, coll. Thèmes et commentaires, 2010, 182 p.

12. GENDREAU (Francis), GUBRY (Patrick) et VÉRON (Jacques) (dir.), *Populations et environnement dans les pays du Sud*, Paris, Éditions KARTHALA-CEPED, 1996, 322 p.

13. GILLET-GOINARD (Florence) et MONAR (Christel), *Toute la fonction qualité, santé-sécurité, environnement*, Paris, DUNOD, 2015, 513 p.

14. GRANIER (Laurent) (coord.), *Aspects contemporains du droit de l'environnement en Afrique de l'Ouest et Centrale*, Gland, UICN, 2008, 223 p.

15. KAM YOGO (Emmanuel Dieudonné), *Manuel judiciaire de droit de l'environnement en Afrique*, Québec, IFDD, 2018, 236 p.

16. KAMTO (Maurice), *Droit de l'environnement en Afrique*, Paris, EDICEF/AUPELF, 1996, 416 p.

17. LEDUC (Gaétan Alfred) et RAYMOND (Michel), *L'évaluation des impacts environnementaux. Un outil d'aide à la décision*, Sainte-Foy (Québec), Éditions MultiMondes, 2000, 403 p.

18. LEMOALLE (Jacques) et MAGRIN (Géraud) (dir.), *Le développement du lac Tchad : situation actuelle et futurs possibles*, Marseille, IRD Editions, coll. Expertise collégiale, 2014, 638 p.

19. MORAND-DEVILLER (Jacqueline), *Droit de l'environnement,* Paris, PUF, coll. Que sais-je ?, 2010, 128 p.

20. NASSER HASSANE (Mahamat), *Dispositions et normes environnementales des lois pétrolières en Afrique centrale. Projets d'exportation du brut tchadien et du pipeline Tchad-Cameroun*, Paris, L'Harmattan, coll. Les études africaines, 2017, 278 p.

21. NGUINTA HEUGANG DIEKOUAM (Léonelle Flore), *La protection de l'environnement en période de conflit armé*, Paris, L'Harmattan, coll. Problématiques africaines, 2015, 225 p.

22. PRIEUR (Michel) et DOUMBÉ-BILLÉ (Stéphane) (dir.), *Droit, forêts et développement durable*, Bruxelles, Bruylant, 1996, 352 p.

- PRIEUR (Michel), *Droit de l'environnement*, 5e éd., Paris, Dalloz, coll. Précis, 2003, 1101 p.
- PRIEUR (Michel), *Droit de l'environnement*, 7e éd., Paris, Dalloz, 2016, 1228 p.
- PRIEUR (Michel), *L'évaluation des impacts sur l'environnement pour un développement rural durable : étude juridique*, Cahiers FAO, étude législative n° 53, Rome, 1994, 142 p.
- PRIEUR (Michel), *Le droit de l'environnement*, Paris, Dalloz, 2004, 1032 p.

23. RAIMOND (Christine), SYLVESTRE (Florence), ZAKINET (Dangbet) et MOUSSA (Abderamane) (éd.), *Le Tchad des lacs. Les zones humides sahéliennes au défi du changement global*, Marseille, IRD Éditions, 2019, 365 p.

24. REBEYROL (Vincent), *L'affirmation d'un ''droit à l'environnement'' et la réparation des dommages environnementaux*, Paris, Lextenso, 2010, 420 p.

25. ROCHE (Catherine), *L'essentiel du droit de l'environnement*, 7e éd., Paris, Gualino, coll. Les Carrés, 2014-2015, 150 p.

26. ROMI (Raphaël), *Droit de l'environnement*, 7e éd., Paris, Montchrestien, 2010, 640 p.

27. RUPPEL (Olivier Christian) et KAM YOGO (Emmanuel Dieudonné) (dir.), *Droit et Politique de l'Environnement au Cameroun. Afin de faire de l'Afrique l'arbre de vie*, 7e éd., Yaoundé, Presse de l'UCAC, 2018, 714 p.

28. SITACK YOMBATINA (Béni), *Droit et filière intégrée de la gomme arabique au Tchad*, Bruxelles, Editions Academia, coll. Publications de l'Institut universitaire André Ryckmans, n° 3, 2009, 257 p.

29. ZARKA (Jean-Claude), *Le nouveau droit de l'environnement*, 1ère éd., Paris, Gualino, coll. Droit en Poche, 2020, 80 p.

C. OUVRAGES LEXICOLOGIQUES

1. GUINCHARD (Serge) et DEBARD (Thierry) (dir.), *Lexique des termes juridiques*, 24e éd., Paris, Dalloz, 2016, 1163 p.

2. LEMAIRE (Frans) et (Emmanuelle), *Dictionnaire de l'environnement*, Verviers, Presses de marabout s.a., coll. marabout université, 1975, 317 p.

II. THÈSES DE DOCTORAT ET MÉMOIRES DE MASTER

A. THÈSES DE DOCTORAT

1. ALIYOU (Sali), *Le transfert de compétences aux collectivités territoriales décentralisées au Cameroun*, Thèse de Doctorat/Ph.D en Droit Public, Université de Dschang, 04 juin 2016, 765 p.

2. CARUANA (Nicolas), *La fiscalité environnementale. Entre impératifs fiscaux et objectifs environnementaux, une approche conceptuelle de la fiscalité environnementale*, Thèse de Doctorat en Droit Public, Université Aix-Marseille, 2015, 473 p.

3. LE CORNEC (Jacques), *Les chefferies du Tchad et l'évolution politique*, Thèse de Doctorat en science politique,

Université de Paris, présentée et soutenue publiquement le 5 juillet 1961, mise à jour au 31 décembre 1962, 374 p.

4. LY (Ibrahima), *Problématique du Droit de l'environnement dans le Processus de développement économique et social d'un pays africain : l'exemple du Sénégal*, Thèse de Doctorat d'État en droit, Université Cheikh Anta Diop, 1994, 458 p.

B. MÉMOIRES DE MASTER

1. GALY (Djamto), *Les compétences des collectivités autonomes en matière de préservation de l'environnement au Tchad*, Mémoire de Master Recherche en Droit Public, Université de Dschang, Juillet 2019, 115 p.

2. MAFOGANG PETCHOU (Ballerine Larissa), *La responsabilité différenciée des États en droit de l'environnement*, Mémoire de Master Recherche en Droit Public, Université de Dschang, Année académique 2017-2018, 143 p.

3. NGOLD MOUADJIMTOG (Rosin), *Le gardien de la constitution au Tchad*, Mémoire de Master Recherche en Droit Public, Université de Dschang, 2017, 191 p.

III. ARTICLES

A. ARTICLES DE DOCTRINE

1. ARAMA (Yannick), KERVAREC (Fabienne) et VERENA (Mattheiß), « Gestion concertée de l'environnement : itinéraire vers des engagements volontaires forcés », *La revue électronique en sciences de l'environnement*, vol. 9, n° 1, mai 2009, pp. 1-18.

2. BARRIO DE PEDRO (José Carlos), « La participation communautaire dans la conservation des ressources naturelles : intérêt et limites dans le cadre du développement local en Afrique centrale (Tchad) », *Cahiers Agricultures*, vol. 22, n° 4, juillet-août 2013, pp. 319-325.

3. BEN MAHDI (Cissé) et BUGNICOURT (Jacques), « Quelle formation pour l'aménagement des environnements africains ? », *Tiers-Monde*, Tome 19, n° 73, 1978, pp. 61-91.

4. BOUQUET (Christian), « Le déficit pluviométrique au Tchad et ses principales conséquences », *Cahiers d'outre-mer*, n° 107, juillet-septembre 1974, pp. 245-270.

5. BRÉDIF (Hervé) et CHRISTIN (Didier), « La construction du commun dans la prise en charge des problèmes environnementaux : menace ou opportunité pour la démocratie ? », *La revue électronique en sciences de l'environnement*, vol. 9, n° 1, mai 2009, pp. 1-9.

6. BRIANT (Vincent de), « La coadministration dans le domaine de l'environnement : un levier inattendu pour la clarification des compétences », *RJE*, n° spécial, 2013, pp. 27-40.

7. CHAPELLE (Sophie), « Les nouvelles figures du climatoscepticisme », *Passerelle*, n° 13 du 11-2015, pp. 49-53.

8. CLUZEL-MÉTAYER (Lucie), « La construction d'un service public de la donnée », *Revue française d'administration publique*, n° 167, 2018, pp. 491-500.

9. Confédération Syndicale Internationale (CSI), « Une transition juste : proposition des syndicats pour s'assurer que personne n'est laissé sur la touche dans un avenir sans carbone », *Passerelle*, n° 13 du 11-2015, pp. 219-224.

10. DAGOU (Paboung), « Les pratiques foncières dans le bassin occidental du Mayo-Kebbi » *in* Actes de Colloque Scientifique de N'Djaména : *La question foncière au Tchad*, 28 juin au 1er juillet 2004, pp. 57-76.

11. DEBOS (Marielle), « Fluid loyalties in a regional crisis : chadian ex liberator's in the Central Africa Republic », *African Affairs*, vol. 107, n° 107, april 2008, pp. 225-241.

12. DELORD (Julien) et SÉBASTIEN (Léa), « Ethique et environnement à l'aube du 21ème siècle : la crise écologique implique-t-elle une nouvelle éthique environnementale ? », *VertigO – La revue en sciences de l'environnement*, vol. 10, n° 1, avril 2010, pp. 1-21.

13. DJIKOLOUM BÉNAN (Benjamin), « Analyse critique du droit foncier tchadien » *in* Actes de Colloque Scientifique de N'Djaména : *La question foncière au Tchad*, 28 juin au 1er juillet 2004, pp. 39-56.

14. DJIMOTOUM YONOUDJIM (Yannick) et GALY (Djamto), « Les prémices d'une réglementation des énergies renouvelables au Tchad », *RADE*, n° 6, 2021, pp. 171-181.

15. DUMONT (Gérard-François), « Géopolitique et populations au Tchad », *Outre-Terre*, n° 20, 2007/3, pp. 263-288.

16. GUY (Franck), LIEBERMAN (Daniel), PILBEAM (David), PONCE DE LEON (Marcia), LIKIUS (Andossa), MACKAYE (Hassane), VIGNAUD (Patrick), ZOLLIKOFER (Christoph) et

BRUNET (Michel), « Affinités morphologiques du crâne de *Sahelanthropus tchadensis*, Toumaï : le plus ancien représentant de la famille humaine », *M/S : médecine sciences*, vol. 22, n° 3, mars 2006, pp. 250-251.

17. HOUDEINGAR NGARIMADEN (David), « L'accès à la terre en Afrique subsaharienne », *Rencontres Lascaux*, Pays-de-la-Loire (France), 2009, 21 p.

18. KAMTO (Maurice), « La singularité du droit international de l'environnement » *in Études en hommage à Alexandre-Charles KISS, Les hommes et l'environnement*, Paris Frison-Roche, 1997, pp. 315-322.

19. KONATÉ (Aenza), « Pour une démocratie environnementale en Afrique : de nouveaux droits de citoyenneté indispensables à l'effectivité du droit de l'environnement », *RADE*, n° 1, 2014, pp. 37-59.

20. KOPP (André), « L'exploitation de la Gomme au Territoire du Tchad », *Revue de botanique appliquée et d'agriculture coloniale*, 20e année, bulletin n° 228-229, août-septembre 1940, pp. 564-578.

21. KUASSI MONKOTAN (Jean-Baptiste), « La protection de l'environnement en Afrique, une responsabilité de l'Administration : soliloque sur une idée aussi « sotte que grenue », *Revue juridique Thémis*, 1999, pp. 127-145.

22. LUNEL (Pierre), BRAUN (Pierre), FLANDIN-BLETY (Pierre) et TEXIER (Pascal), « Pour une histoire du droit de l'environnement », *RJE*, n° 1, 1986, pp. 41-46.

23. MAHAMAT SALEH (Ibni Oumar), « Le Tchad objet d'un double enjeu », *Nouvelles Fondations*, n° 5, 2007/1, pp. 134-138.

24. MALAFOSSE (Antoine), « Tchad, une continuité de conflits », *S.E.R.*, 2008, Tome 409, pp. 19-29.

25. MBAYE (Kéba), « Le Monde Noir et les Droits de l'homme », *Revue internationale des Droits de l'homme*, 1970, p. 690 et suiv.

26. MERCIER (Jean), « Gérer l'environnement, mais aussi l'information sur l'environnement », *Études internationales*, vol. 25, n° 3, 1994, pp. 583–593.

27. NAIM-GESBERT (Éric), « Maturité du droit de l'environnement », *RJE*, n° 2, 2010, pp. 231-240.

28. POUCHEPADASS (Jacques), « Colonisation et environnement », *Revue française d'histoire d'outre-mer*, société française d'histoire d'outre-mer, Paris, 2e trimestre 1993, pp. 5-22.

29. POUYAUD (Bernard) et COLOMBANI (Jacques), « Les variations extrêmes au lac Tchad : l'assèchement est-il possible ? », *Annales de Géographie*, Tome 98, n° 545, janvier-février 1989, pp. 1-23.

30. PRIEUR (Michel), « Le droit à l'environnement et les citoyens : la participation », *RJE*, n° 4, 1988, pp. 397-417.

31. SEIGNOBOS (Christian) et MADJIGOTO (Robert), « Le prix des "arbres sauvages" : petite chronique des compensations du Consortium Esso aux paysans tchadiens », *Annales de Géographie*, Tome 114, n° 646, 2005, pp. 643-663.

32. SHIVA (Vandana), « Le sol, pas le pétrole : l'ère du pétrole, du dérèglement climatique et des guerres contre la planète et les peuples », *Passerelle*, n° 13 du 11-2015, pp. 155-161.

33. SIETCHOUA DJUITCHOKO (Célestin), « Aspects de l'évolution des coutumes ancestrales dans le Droit public des chefferies traditionnelles au Cameroun », *Revue générale de droit*, 32 (2), 2002, pp. 352-381.

34. STONE (Christopher), « Should trees have standing? Towards legal rights for natural objects », *Southern California Law Review*, n° 45, 1972, pp. 450-501.

35. TIEGA (Anada), « Fondement, défis et perspectives d'une justice environnementale », *Revue Liaison Énergie-Francophonie,* n° 98, 3e trimestre 2014, pp. 80-83.

36. TUBIANA (Marie-José), « Tchad 1989 : les changements », *Journal des africanistes*, Tome 59, fascicule 1-2, 1989, pp. 185-200.

37. ZAVOLI (Philippe), « Cadre de vie », *RJE*, n° 1, 2014, pp. 107-122.

B. ARTICLES DE PRESSE

1. Abba Garde, *Dans les institutions publiques, les latrines sont insalubres*, n° 077, 30 juillet-10 août 2014, p. 7.

- Abba Garde, *Gali Ngoté Gata Pierre. L'empêcheur de tourner en rond*, n° 025, 15 décembre 2012, p. 8.

2. KEUNINGS (Roxane), « Un projet, deux objectifs, quatre étapes », *Symbioses*, n° spécial 2008, rééd. 2013, p. 5.

3. Le Progrès, *Le conseiller à l'environnement du chef de l'État et autres sont en prison : Soukaya est arrêté pour coupe de bois, 5 autres personnes sont emprisonnées avec lui*, n° 4135, 10 juin 2015, pp. 1-3.

4. M'BATNA (Jean-Paul) *in Tchad Eco*, n° 13, janvier-mars 2017, pp. 8-9.

IV. TEXTES

A. TEXTES INTERNATIONAUX

1. Accord de coopération et de concertation entre les États d'Afrique Centrale sur la conservation de la faune sauvage, signé à Libreville au Gabon, le 16 avril 1983 pour protéger la faune sauvage menacée d'extinction.
2. Accord relatif à la création de la Commission du Bassin Lac Tchad (CBLT) signé le 24 mai 1964 à N'Djaména.
3. Charte de l'eau du lac Tchad adoptée en 2012.
4. Accord sur le règlement commun de la faune et de la flore du 03 décembre 1977 (Nigeria).
5. Charte africaine des droits de l'homme et des peuples du 27 juin 1981, ratifiée par le Tchad en 1986.
6. Convention Africaine pour la Conservation de la Nature et des Ressources Naturelles du 16 septembre 1968 (Alger), révisée le 11 juillet 2003 (Maputo), ratifiée par le Tchad le 20 janvier 2015.
7. Convention Cadre des Nations Unies sur les Changements Climatiques du 09 mai 1992, ratifiée par le Tchad le 07 juin 1994.
8. Convention de Bamako sur l'interdiction de porter à l'Afrique des déchets dangereux et sur le contrôle des mouvements transfrontaliers et la gestion des déchets dangereux produits en Afrique du 30 janvier 1991, signée par le Tchad à la même date.
9. Convention de Stockholm sur les Polluants Organiques Persistants du 22 mai 2001, ratifiée par le Tchad le 10 mars 2004.
10. Convention des Nations Unies sur la diversité biologique du 05 juin 1992, ratifiée par le Tchad le 07 juin 1994.
11. Convention des Nations Unies sur la lutte contre la Désertification du 17 juin 1994, adhérée par le Tchad le 26 juin 2018.
12. Convention portant création du CILSS du 19 septembre 1973 (Ouagadougou), ratifiée par le Tchad le 02 mars 1998.
13. Convention Ramsar du 02 février 1971 relative aux zones humides d'importance internationale, entrée en vigueur au Tchad le 13 octobre 1990.
14. Convention sur la conservation des espèces migratrices appartenant à la faune sauvage du 23 juin 1979 (Bonn), ratifiée par le Tchad le 21 novembre 1996.

15. Convention sur le Commerce international des espèces de faune et de flore sauvage menacées d'extinction du 03 mars 1979 (CITES, Washington), ratifiée par le Tchad en 1990.

16. Protocole d'accord entre le Cameroun et le Tchad concernant les aménagements hydrauliques sur le fleuve Logone signé en 1970 et modifié en 1976.

17. Protocole de Cartagena sur la prévention des risques biotechnologiques relatif à la Convention sur la diversité biologique, signé le 29 janvier 2000 et entré en vigueur le 11 septembre 2003, ratifié par le Tchad le 1er novembre 2006.

18. Protocole de Montréal sur la Couche d'Ozone relatif à la Convention sur les Polluants Organiques Persistants, ratifié par le Tchad le 26 mars 2019.

19. Traité constitutif de la CEN-SAD (Communauté des États saharo-sahéliens), signé le 04 février 1998, qui traduit la volonté politique des pays africains de promouvoir le développement du Sahara.

B. TEXTES NATIONAUX

a) Constitutions

1. Constitution du 31 mars 1996 révisée par les lois constitutionnelles n° 008/PR/2005 du 15 juillet 2005 et n° 013/PR/2013 du 03 juillet 2013 (abrogée).
2. Constitution du 04 mai 2018 révisée par la loi constitutionnelle n° 017/PR/2020 du 14 décembre 2020.
3. Charte de Transition du 21 avril 2021.

b) Textes de loi

1. Code civil français de 1958 rendu applicable au Tchad par l'Acte législatif n° 1 portant Constitution du 31 mars 1959 et par la loi constitutionnelle n° 2/62 du 16 avril 1962.
2. Loi n° 04 du 31 octobre 1959 sur le nomadisme en République du Tchad.
3. Loi n° 17 du 11 décembre 1959 relative à la licence de guide de chasse.
4. Ordonnance n° 27/INT/SUR du 28 juillet 1962 portant organisation des associations.
5. Ordonnance n° 3/PR-EFPC du 26 février 1965 relative à la profession de guide de chasse dans la République du Tchad.

6. Loi n° 23 du 22 juillet 1967 portant statut des biens domaniaux.

7. Loi n° 24 du 22 juillet 1967 sur le régime de la propriété foncière et des droits coutumiers.

8. Loi n° 25 du 22 juillet 1967 sur la limitation des droits fonciers.

9. Ordonnance n° 006 du 06 mai 1970 portant attribution aux chefs traditionnels de certaines fonctions de police judiciaire.

10. Ordonnance n° 15/PR du 29 juin 1970 portant création d'un permis de chasse pour le gibier d'eau ou sauvagine (canards, oies, sarcelles, etc.).

11. Ordonnance n° 72-33/PR/MELEF/PNR du 30 octobre 1972 portant protection intégrale des Addax et des Oryx.

12. Loi n° 025/PR/94 du 22 juillet 1994 portant adoption de la Déclaration de Politique de Population du Tchad.

13. Loi n° 36/PR/94 du 03 décembre 1994 portant organisation de la commercialisation et du transport de bois dans les agglomérations et la fiscalité qui lui est applicable.

14. Loi n° 14/PR/95 du 13 juillet 1995 relative à la protection des végétaux.

15. Loi n° 14/PR/98 du 17 août 1998 définissant les principes généraux de la protection de l'environnement.

16. Loi n° 16/PR/99 du 18 août 1999 portant Code de l'eau avec des dispositions sur la gestion des eaux fluviales, lacustres ou souterraines et exploitation des ouvrages hydrauliques (modifiée et complétée par l'Ordonnance n° 018/PR/2011 du 1er mars 2011).

17. Loi n° 006/PR/2007 du 02 mai 2007 relative aux hydrocarbures (modifiée par l'ordonnance n° 001/PR/2010 du 30 septembre 2010).

18. Loi n° 006/PR/2008 du 03 janvier 2008 instituant la Charte des investissements de la République du Tchad.

19. Loi n° 14/PR/2008 du 10 juin 2008 portant régime des forêts, de la faune et des ressources halieutiques (en cours de révision).

20. Loi n° 002/PR/2009 du 06 janvier 2009 portant sûreté radiologique et sécurité nucléaire.

21. Loi n° 006/PR/2010 du 12 janvier 2010 fixant les principes fondamentaux applicables en matière d'urbanisme.

22. Ordonnance n° 014/PR/2011 du 28 février 2011 portant Code d'hygiène.

23. Ordonnance n° 004/PR/2012 du 06 février 2012 portant création de l'Agence Nationale de la Grande Muraille Verte.

24. Ordonnance n° 024/PR/2012 du 03 septembre 2012 portant création d'un Corps des Sapeurs-Pompiers.

25. Loi n° 011/PR/2013 du 17 juin 2013 portant Code de l'organisation judiciaire.

26. Ordonnance n° 009/PR/2013 du 19 août 2013 portant création de l'Agence de Développement des Énergies Renouvelables (ADER).

27. Loi n° 034/PR/2015 du 05 août 2015 portant répression des actes de terrorisme (version non révisée, prévoyant la peine de mort).

28. Loi n° 035/PR/2015 du 18 août 2015 portant création d'une Agence Nationale de la Météorologie (ANAM).

29. Loi n° 001/PR/2017 du 08 mai 2017 portant Code pénal tchadien.

30. Loi n° 012/PR/2017 du 14 juillet 2017 portant Code de procédure pénale.

31. Ordonnance n° 004/PR/2018 du 21 février 2018 portant Code minier.

32. Ordonnance n° 015/PR/2018 du 31 mai 2018 portant attributions, organisation, fonctionnement et règles de procédure devant la Cour suprême (abrogée).

33. Ordonnance n° 018/PR/2018 du 07 juin 2018 portant attributions, organisation et fonctionnement du Corps de Police Judiciaire, la police judiciaire.

34. Loi n° 32/PR/2019 du 22 juillet 2019 portant Charte des Partis politiques en République du Tchad.

35. Loi n° 028/PR/2020 du 31 décembre 2020 portant Code de procédure civile, commerciale et sociale.

36. Ordonnance n° 002/PR/2021 du 24 février 2021 portant attributions, organisation, fonctionnement et règles de procédure devant la Cour suprême.

37. Ordonnance n° 003/PR/2021 du 24 février 2021 portant organisation, attributions, fonctionnement et règles de procédure devant la Cour des Comptes.

c) Décrets

1. Décret n° 36/PG/AGRI du 02 mars 1961 portant réglementation sur la protection et l'entretien des palmeraies.

2. Décret n° 80/PR/EFPC du 03 mai 1965 réglementant l'exercice des droits d'usage en matière forestière.

3. Décret n° 154/PR/T du 13 septembre 1965 portant sanction des infractions mineures commises dans les parcs nationaux.

4. Décret n° 206/PR/EFPC du 08 décembre 1965 rendant obligatoire la désinsectisation du poisson séché et fumé et créant une taxe de désinsectisation.

5. Décret n° 186/PR du 1er août 1967 portant application de la loi n° 24 du 22 juillet 1967 sur le régime de la propriété foncière et des droits coutumiers.

6. Décret 187/PR du 1er août 1967 portant application de la loi n° 25 du 22 juillet 1967 sur la limitation des droits fonciers.

7. Décret n° 188/PR du 1er août 1967 portant application de la loi n° 23 du 22 juillet 1967 relative au statut de biens domaniaux.

8. Décret n° 137/PR/TP/M du 19 juin 1968 portant réglementation de la navigation de plaisance et de la pêche fluviale dans les environs immédiats de ville de Fort-Lamy (actuel N'Djaména).

9. Décret n° 166/PR/EFPC du 28 août 1975 déterminant les attributions et portant organisation de l'administration des eaux, forêts, pêches et chasses.

10. Décret n° 72/PR/MEADR/83 du 09 avril 1983 instituant le Comité national du Comité permanent inter-État de lutte contre la sécheresse dans le sahel (CONACILSS).

11. Décret n° 024/PR/MTEF/DG/DEP/85 du 06 février 1985 portant modification de la taxe de circulation sur le poisson frais, séché et fumé et portant institution d'un permis de pêche, dont les articles 13, 14, 15 et 16 sont abrogés par la loi n° 14/PR/2008 du 10 juin 2008 portant régime des forêts, de la faune et des ressources halieutiques.

12. Décret n° 822/PR/MET/95 du 20 octobre 1995 portant création d'un Haut Comité National pour l'Environnement (HCNE).

13. Décret n° 97-470/PR/PM/97 du 24 octobre 1997 portant reconnaissance du caractère d'utilité publique de l'Agence pour l'Énergie Domestique et l'Environnement, en abrégé AEDE

14. Décret n° 10/PR/MA/99 du 07 janvier 1999 fixant les modalités d'application de la loi n° 14/PR/95 du 13 juillet 1995 relative à la protection des végétaux.

15. Décret n° 011/PR/MA/99 du 07 janvier 1999 portant création d'une Commission nationale de contrôle des pesticides à usage agricole.

16. Décret n° 215/PE/MES/2001 du 24 avril 2001 portant création de l'Observatoire du Foncier au Tchad.

17. Décret n° 1074/PR/PM/MP/2007 du 14 décembre 2007 portant institution du mécanisme de mise en œuvre et de suivi de l'Initiative de Transparence dans les Industries Extractives (ITIE).

18. Décret n° 1702/PR/PM/2008 du 23 décembre 2008 portant mise en place d'un Comité Interministériel de Lutte contre la dégradation de l'environnement et le braconnage (CILDEB).

19. Décret n° 904/PR/PM/MERH/2009 du 06 août 2009 portant réglementation des pollutions et nuisances à l'environnement.

20. Décret n° 615/PR/PM/ME/MSP/2010 du 02 août 2010 portant définition nationale de l'eau potable au Tchad.

21. Décret n° 630/PR/PM/MERH/2010 du 04 août 2010 portant réglementation des études d'impact sur l'environnement.

22. Décret n° 743/PR/PM/MC/2010 du 16 septembre 2010 portant procédures administratives de création d'entreprise.

23. Décret n° 168/PR/PM/MERH/2012 du 24 février 2012 portant organisation et fonctionnement du Fonds Spécial en faveur de l'Environnement (FSE), abrogé.

24. Décret n° 378/PR/PM/MAE/2014 du 05 juin 2014 portant promotion de l'éducation environnementale au Tchad.

25. Décret n° 379/PR/PM/MAE/2014 du 05 juin 2014 fixant les modalités de gestion du domaine forestier.

26. Décret n° 409/PR/PM/MAE/2014 du 19 juin 2014 fixant les conditions d'élaboration et les modalités de mise en œuvre des plans d'urgence en matière d'environnement.

27. Décret n° 1607/PR/PM/MPME/2014 du 16 décembre 2014 portant organisation et fonctionnement de l'Agence de Développement des Énergies Renouvelables (ADER).

28. Décret n° 2417/PR/PM/2015 du 17 décembre 2015 portant Code des marchés publics (abrogé).

29. Décret n° 521/PR/PM/MDAMN/2017 du 12 mai 2017 portant organisation et fonctionnement de l'Agence Nationale de la Météorologie (ANAM).

30. Décret n° 002130/PR/2020 du 15 octobre 2020 portant Code des marchés publics.

31. Décret n° 0494/PCMT/PMT/MEPDD/2022 du 21 février 2022 portant organisation et fonctionnement du Fonds Spécial en faveur de l'Environnement (FSE).

d) Arrêtés

1. Arrêté n° 039/PR/PM/MERH/SG/DGE/DEELCPN/2012 du 29 novembre 2012 portant guide général de réalisation d'une étude d'impact sur l'environnement.
2. Arrêté n° 041/MERH/SG/CACETALDE/2013 du 09 juillet 2013 portant réglementation des consultations publiques en matière d'études d'impact sur l'environnement.
3. Arrêté n° 092/M/SG/2014 du 23 mai 2014 portant organisation administrative de la Commune de la Ville de N'Djaména.
4. Arrêté n° 380/PR/PM/MAE/2014 du 05 juin 2014 fixant les modalités d'application du régime de la faune.
5. Arrêté n° 063/PR/MEEP/SG/2018 du 13 juillet 2018 portant création, attribution et fonctionnement des Comités Régionaux pour la protection de l'environnement.
6. Arrêté n° 064/PR/MEEP/SG/2018 du 13 juillet 2018 portant création, attribution et fonctionnement des Comités Départementaux pour la protection de l'environnement.
7. Arrêté n° 065/PR/MEEP/SG/2018 du 13 juillet 2018 portant création, attribution et fonctionnement des Comités Sous-Préfectoraux pour la protection de l'environnement.
8. Arrêté n° 066/PR/MEEP/SG/2018 du 13 juillet 2018 portant création, attribution et fonctionnement du Comité Régional pour la protection de l'environnement dans la Ville de N'Djaména.
9. Arrêté n° 074/PR/MEEP/SG/2018 du 13 juillet 2018 portant création, attribution et fonctionnement des Comités Communaux pour la protection de l'environnement.

C. TEXTES ÉTRANGERS

1. Loi n° 96/12 du 05 août 1996 portant loi-cadre relative à la gestion de l'environnement au Cameroun.

D. TEXTES NON JURIDIQUES

1. Déclaration de Stockholm sur l'environnement humain de 1972.

2. Déclaration de Rio sur l'environnement et le développement de 1992.

V. JURISPRUDENCE

1. CE, Sect., 7 février 1936, *Jamart*, Rec. p. 172.
2. CE, 15 décembre 1937, *Ministre des finances*, Rec. CE, p. 1030.
3. CE, 20 février 1953, *Société Intercopie*, Rec. p. 88.
4. CE, ass., 24 novembre 1961, *Fédération nationale des syndicats de police*, Leb., p. 658.
5. CE, 20 octobre 1989, *Nicolo*.
6. CIJ, Avis sur la licéité de la menace ou de l'emploi d'armes nucléaires, 8 juillet 1996, § 29.
7. Arrêt n° 010/CS/CA/SC/05 du 25/05/2005 rendu par la chambre administrative, section contentieuse, de la Cour suprême, FORELLI c/ État tchadien.
8. Arrêt répertoire n° 009/CS/CA/SC/2009 du 25/02/2009 rendu par la chambre administrative, section contentieuse, de la Cour suprême.
9. Arrêt civil répertoire n° 121 du 09/11/2009 de la cour d'appel de Moundou, BOURNEBE André et autres c/ WATAÏ KALI.
10. Arrêt répertoire n° 016/CS/CA/SC/2010 du 30/07/2010 rendu par la chambre administrative, section contentieuse, de la Cour suprême, Les Brasseries du Tchad (BDT) c/ Ministère de l'Intérieur et de la Sécurité Publique (État tchadien).
11. Jugement correctionnel répertoire n° 20/2010 du 09/03/2010, Tribunal de première instance d'Abéché, Ministère public c/ ALHADJI ALI IDRISS.
12. Jugement civil répertoire n° 213/2012 du 26/09/2012, Tribunal de première instance de Sarh, MAHAMAT AHMAT BABA c/ État tchadien.
13. CAA Marseille, 23 avril 2013, EURL Affi Grand Ouest, req. n° 11MA01731.
14. Décision n° 010/CC/SG/2014 du 23/12/2014, Requête du député SALEH KEBZABO et 28 autres relative au projet de loi portant Code pastoral en République du Tchad.
15. Ordonnance de référé civil répertoire n° 156/2019 du 23/04/2019, Tribunal de grande instance de N'Djaména, YOLLA AGUENADE ZONGRE c/ BAR « QUEBEC ».

16. Jugement correctionnel répertoire n° 1948/2019 du 14/06/2019, le Tribunal de grande instance de N'Djaména, Ministère public et Ministère de l'Environnement et de la Pêche c/ OUIDANDI FARME et DJIMADOUMADJI Nestor.

17. Jugement correctionnel répertoire n° 2243/2019 du 05/07/2019, Ministère public et Ministère de l'Environnement et de la Pêche c/ BOH SOUGOUDJI ABDOULAYE.

18. Jugement civil répertoire n° 234/2019 du 16/10/2019, Tribunal de grande instance de N'Djaména, Ministère de l'Environnement et de la Pêche (État tchadien) c/ Les Brasseries du Tchad (BDT).

19. Jugement correctionnel répertoire n° 136/20 du 20/04/2020, Tribunal de grande instance de N'Djaména, Ministère Public c/ TAHER CHERIF, ADIGUEL ISSA, HASSANE BICHARA, ISMAEL RAHAMI, HACHIM AHMAT et DJAKISSAM SERANDI.

20. Ordonnance d'irrecevabilité n° 022/CS/CA/SC/2020 du 03/11/2020 rendue par la chambre administrative, section contentieuse, de la Cour suprême, ISSA IDRISS TOM c/ Ministère de l'Administration du Territoire et des Collectivités Territoriales Décentralisées (État tchadien).

VI. COURS

1. ALIYOU (Sali), Droit de l'environnement, Cours en Master 1 Droit Public, Université de Dschang, Année académique 2020-2021, 56 p., inédit.

2. KISS (Alexandre), Introduction au droit international de l'environnement, 2e éd., Cours d'enseignement à distance en droit international de l'environnement de l'UNITAR (Institut des Nations Unies pour la Formation et la Recherche).

VII. AUTRES DOCUMENTS

1. Agence Nationale des Investissements et des Exportations, *L'abécédaire des exportations du Tchad*, 2020, 35 p.

2. Association Internationale des Hautes Juridictions Administratives (AIHJA), *Contribution de la Chambre administrative de la Cour Suprême du Tchad : Le juge administratif et le droit de l'environnement*, Congrès de Carthagène, 2013, 5 p.

3. Association Internationale des Hautes Juridictions Administratives (AIHJA), *Le contrôle des actes administratifs par les cours et tribunaux administratifs*, Congrès de Sidney, 2010, 6 p.

4. Commission de l'Union africaine, « Agenda 2063, L'Afrique que nous voulons », 2015, 12 p.

5. Groupe Mian Environnement, *Les emplois verts dans la transformation. Déployer le potentiel du secteur agro-industriel*, 35 p.

6. Ministère de l'Économie et de la Planification du Développement, *Examen National Volontaire 2019 de la République du Tchad*, 115 p.

- Ministère de l'Économie et de la Planification du Développement, « Vision 2030, Le Tchad Que Nous Voulons », Juillet 2017, 49 p.
- Ministère de l'Économie et de la Planification du Développement, *Plan National de Développement 2013-2015*, 15 p.
- Ministère de l'Économie et de la Planification du Développement, *Plan National de Développement 2017-2021*, 74 p.

7. Ministère de l'Environnement et de la Pêche, *Stratégie Nationale et Plan d'Actions sur la Diversité Biologique*, 2e éd., 2016, 92 p.

- Ministère de l'Environnement et de l'Eau, *Programme d'Action National de lutte contre la désertification*, N'Djaména, 2003, 117 p.

8. OCDE, *L'intégrité dans les marchés publics. Les bonnes pratiques de A à Z*, Paris, Éditions OCDE, 2007, 190 p.

- OCDE, *Le principe pollueur-payeur. Définition, Analyse, Mise en œuvre*, Paris, Éditions OCDE, 1975, 128 p.

9. YONOUDJIM (Charles) et CHERIF (Abdelsalam), *La problématique foncière au Tchad*, N'Djaména, Janvier 1994, 67 p.

VIII. SITES INTERNET

1. www.agriculture.gouv.td
2. www.cciama-tchad.com
3. www.hamadar.com
4. www.jeuneafrique.com

Structures éditoriales du groupe L'Harmattan

L'Harmattan Italie
Via degli Artisti, 15
10124 Torino
harmattan.italia@gmail.com

L'Harmattan Hongrie
Kossuth l. u. 14-16.
1053 Budapest
harmattan@harmattan.hu

L'Harmattan Sénégal
10 VDN en face Mermoz
BP 45034 Dakar-Fann
senharmattan@gmail.com

L'Harmattan Cameroun
TSINGA/FECAFOOT
BP 11486 Yaoundé
inkoukam@gmail.com

L'Harmattan Burkina Faso
Achille Somé – tengnule@hotmail.fr

L'Harmattan Guinée
Almamya, rue KA 028 OKB Agency
BP 3470 Conakry
harmattanguinee@yahoo.fr

L'Harmattan RDC
185, avenue Nyangwe
Commune de Lingwala – Kinshasa
matangilamusadila@yahoo.fr

L'Harmattan Congo
67, boulevard Denis-Sassou-N'Guesso
BP 2874 Brazzaville
harmattan.congo@yahoo.fr

L'Harmattan Mali
ACI 2000 - Immeuble Mgr Jean Marie Cisse
Bureau 10
BP 145 Bamako-Mali
mali@harmattan.fr

L'Harmattan Togo
Djidjole – Lomé
Maison Amela
face EPP BATOME
ddamela@aol.com

L'Harmattan Côte d'Ivoire
Résidence Karl – Cité des Arts
Abidjan-Cocody
03 BP 1588 Abidjan
espace_harmattan.ci@hotmail.fr

Nos librairies en France

Librairie internationale
16, rue des Écoles
75005 Paris
librairie.internationale@harmattan.fr
01 40 46 79 11
www.librairieharmattan.com

Librairie des savoirs
21, rue des Écoles
75005 Paris
librairie.sh@harmattan.fr
01 46 34 13 71
www.librairieharmattansh.com

Librairie Le Lucernaire
53, rue Notre-Dame-des-Champs
75006 Paris
librairie@lucernaire.fr
01 42 22 67 13

www.ingramcontent.com/pod-product-compliance
Lightning Source LLC
LaVergne TN
LVHW011248061026
849535LV00005B/1182
* 9 7 8 2 1 4 0 2 7 4 5 7 2 *